吉林师范大学教材出版基金资助

教育理论与实践指南

张英琦　宋良多 ◎主编

中国广播影视出版社

图书在版编目（CIP）数据

教育理论与实践指南 / 张英琦，宋良多主编. -- 北京 : 中国广播影视出版社，2025. 1. -- ISBN 978-7-5043-9330-2

Ⅰ. G40

中国国家版本馆CIP数据核字第2024DM1500号

教育理论与实践指南

张英琦　宋良多　主编

责任编辑：	王　萱　彭　蕙
封面设计：	古　利
责任校对：	龚　晨

出版发行：	中国广播影视出版社
电　　话：	010-86093580　010-86093583
社　　址：	北京市西城区真武庙二条9号
邮政编码：	100045
网　　址：	www.crtp.com.cn
电子信箱：	crtp8@sina.com

经　　销：	全国各地新华书店
印　　刷：	武汉鑫佳捷印务有限公司

开　　本：	710毫米×1000毫米　　1/16
字　　数：	210千字
印　　张：	16.5
印　　次：	2025年1月第1版　　2025年1月第1次印刷

书　　号：	ISBN 978-7-5043-9330-2
定　　价：	88.00元

（版权所有　翻印必究·印装有误　负责调换）

前　言

在当今社会，教育作为推动社会进步和个体发展的核心力量，其重要性不言而喻，而在新时代教育当有新作为。随着党的二十大和二十届三中全会的召开，教育领域迎来了新的发展机遇与挑战。面对快速变化的社会环境和个体发展的多样化需求，教育理论与实践的相关问题越发受到关注。因此，如何将二十大和二十届三中全会中关于教育改革的理念、目标与原则有效转化为实践指导，已成为当前教育领域亟待解决的关键问题。

本书涵盖教育理论与实践的多方面内容，从教育的基础理论审视出发，深入探讨教育的起源、发展、本质、目的、理念、功能以及教育学的研究体系，为读者构建坚实的教育理论基础。同时，本书对教育的核心体系进行了详细解读，包括教育的内容与主体、过程与活动、方法与评价，使读者能够全面把握教育的内在逻辑和运行机制。此外，还从教育模式的具体构建和多元实践的角度，探讨德育、智育、体育、美育以及劳育等多个维度的教育实践，使读者能够深入了解教育实践的多样性和复杂性。另外，在教育管理的具体实践和教育途径的创新实践部分，本书分别论述了学科管理、课程管理、质量管理以及信息化管理等多方面的实践策略，同时探讨了互联网、现代信息技术、新媒体以及数字化时代对教育创新的影响和要求。

本书共六章，其中张英琦（吉林师范大学）负责第一章、第二章、第三章、第六章内容编写，计13万字；宋良多（吉林师范大学）负责第四章、第五章内容编写，计8万字。

在行文特点上，本书注重理论与实践的紧密结合，既有对教育理论的深入剖析，又有对教育实践的具体指导。全书语言平实易懂，逻辑清晰严谨，注重用具体案例诠释抽象理论，使读者能够更容易地理解和掌握所学知识。同时，本书还注重内容的创新性和前瞻性，积极探讨新兴教育技术和教育模式在教育实践中的应用，以期为读者提供最新的教育理念和实践指导。总之，本书是一本既适合教育工作者作为专业参考的书籍,也适合广大读者作为了解教育理论与实践的入门读物。

本书是吉林师范大学2024年教育教学改革研究重点课题《新时代高校思政课教学质量提升"六协调"模式的探索与实践》。

目 录

第一章 教育的基础理论审视 ... 01
- 第一节 教育的起源与发展 ... 02
- 第二节 教育的本质与目的 ... 05
- 第三节 教育的理念与功能 ... 12
- 第四节 教育学的研究体系 ... 25
- 思考与练习 ... 31

第二章 教育的核心体系解读 ... 33
- 第一节 教育的内容与主体 ... 34
- 第二节 教育的过程与活动 ... 52
- 第三节 教育的方法与评价 ... 72
- 思考与练习 ... 78

第三章 教育模式的具体构建 ... 79
- 第一节 MOOC模式的具体构建 ... 80
- 第二节 创客教育模式的构建 ... 89
- 第三节 人本化教育模式构建 ... 96
- 第四节 校企合作模式的构建 ... 109
- 思考与练习 ... 121

第四章 教育维度的多元实践 ... 123
- 第一节 教育维度实践——德育 ... 124
- 第二节 教育维度实践——智育 ... 130
- 第三节 教育维度实践——体育 ... 141
- 第四节 教育维度实践——美育 ... 154

  第五节　教育维度实践——劳育 160
  思考与练习 168

第五章　教育管理的具体实践 171
  第一节　教育中的学科管理实践 172
  第二节　教育中的课程管理实践 179
  第三节　教育中的质量管理实践 203
  第四节　教育的信息化管理实践 217
  思考与练习 239

第六章　教育途径的创新实践 241
  第一节　互联网视域下的教育创新 242
  第二节　现代信息技术与教育创新 245
  第三节　新媒体视角下的教育创新 248
  第四节　数字化时代下的教育创新 250
  思考与练习 252

结束语 253

参考文献 254

第一章

教育的基础理论审视

第一节　教育的起源与发展

"教育作为人类社会特有的社会实践活动，是与人类社会同时产生的，并随着人类社会的发展而发展的。"[①]

一、教育的起源

教育，这一塑造人类文明、传承社会文化的重要机制，其起源问题历来是学术界探讨的热点。关于"教育从何而来，它产生的直接因素是什么？"这一根本性问题，在教育学术史上涌现了众多学说，每一种都试图以独特的视角揭开教育起源的神秘面纱。下文将深入探讨具有代表性的学说，以期进一步接近教育的本质。

第一，神话起源说：上苍意志的体现。神话起源说是人类关于教育起源的最古老观点，它根植于古代人们对自然和社会现象的朴素理解及对上苍的崇尚心理。如《尚书·泰誓》所言："天佑下民，作之君，作之师。"这种观点将教育的创造归功于神或天，认为教育的目的是体现神或天的意志。然而，这种解释显然带有浓厚的神秘主义色彩，反映了古代人们认知的局限性，缺乏科学依据。

第二，生物起源说：从动物行为到人类教育的演化。生物起源说，以法国社会学家勒图尔诺和英国教育家沛西·能为代表，沛西·能在《教育原理》一书中说："教育从它的起源来说，是一个生物学的过程，不只一切人类社会有教育，不管这个社会如何原始，即使在高等动物中也有低级形式的教育。我之所以把教育称之为生物学的过程，意思就是说，教育是与种族需要、种族生活相应的、天生的，而不是获得的表现形式；教育既无待周密的考虑使它产生，也无须科学予以指导，它是扎根于本能的不可避免的行为。"又说："生物的冲动是教育的主要动力。"[②]教育生物起源学说是教育学史上第一个正式提出的有关教育起源的学说，也是较早地把教育起源问题作为一个学术问题提出来的。他们的理念是以达尔文生物进化论为指导的。教育生物起源学说的出现标志着在教育起源问题上开始从神话解释转向科学解释。但其根本错误在于没有把握人类教育的目的性和

[①] 王作亮，张典兵.教育学原理[M].徐州：中国矿业大学出版社，2015.

[②] 沛西·能.教育原理[M].王承绪，等译.北京：人民教育出版社，1992.

社会性，从而没能区分出人类教育行为与动物教育行为之间的差别。

第三，心理起源说：无意识的模仿与类本能。美国教育学家孟禄对生物起源说进行了批判，提出了心理起源说。他认为教育的基础在于儿童对成人行为的无意识模仿，尤其是在原始社会中。这种观点虽看似与生物起源说不同，但实质上仍归于本能论，因为它将教育视为一种先天、遗传性的类本能，而非后天习得的文化和社会现象。孟禄的进步之处在于，他强调了这种本能是人类特有的，而非动物本能。

第四，劳动起源说：工具制造与教育的诞生。劳动起源说，以苏联教育学家米丁斯基和康斯坦丁诺夫为代表，他们基于恩格斯的"劳动创造了人本身"的原则，提出教育起源于劳动过程，同时强调劳动在教育起源中的决定性作用，得到了广泛认可，特别是在我国教育界产生了深远影响。

第五，交往起源说：人与人之间的互动与教育形态。交往起源说认为，教育起源于人类的交往活动，而非生产劳动。叶澜在其著作《教育学原理》中说："教育起源于人类的交往活动，而不是生产劳动，尽管人类社会最初的交往活动大量是在劳动中进行的，但我们依然不取生产劳动为教育的形态起源。"因为教育关系是人与人之间的关系，而劳动中的关系是人与物之间的关系，所以，劳动不是教育的形态起源，教育的形态只能是源于人与人之间的交往。

二、教育的发展

"教育是与人类社会一起发展变化的。教育的历史发展是教育史学科的基本内容。"[①]教育原理之所以要简述教育的历史沿革过程，其主要目的是从教育与社会的联系中洞察社会发展对教育发展的影响和制约，洞察教育发展的时代特点和变化，为阐明教育的基本规律奠定基础。

对教育的历史分期，学界存在多种观点：一是从生产力的角度出发，将教育划分为古代教育和现代教育两大阶段，这种划分凸显了生产力变革对教育形态的根本性影响。二是依据人类文化的进化，将教育分为元教育时代、异化教育时代、复归教育时代和自由教育时代，这一划分更多地关注了教育与人类文化、社会发展的内在关联。三是以教育自觉实施的程度为标准，将教育分为原始状态的教育阶段、学校的诞生和发展阶段以及学习化社会阶段，此观点强调了教育自觉

---

① 陈坤华，彭拥军，陈杰.现代教育学[M].湘潭：湘潭大学出版社，2012.

与社会发展阶段的对应关系。四是依据生产力发展水平及生产关系的性质,将教育划分为原始社会教育、古代社会教育(包括奴隶社会教育和封建社会教育)和现代社会教育(包括资本主义社会教育和社会主义社会教育),这一划分方式更为细致地揭示了教育与社会经济形态之间的紧密联系。本书倾向于第四种观点,并将教育的发展具体分为四个阶段进行阐述。

第一,原始社会教育。原始社会是人类历史的最初形态,其教育具有鲜明的特点。首先,教育与生产劳动和社会生活高度融合,年长一代在日常活动中向年轻一代传授生产技能和生活经验。其次,教育具有同一性,内容、对象和目的都相对统一,全体成员都享有平等的受教育权利。最后,教育处于原始状态,缺乏专门的教育机构和教师,教育内容和方法相对简单。

第二,古代社会教育包括奴隶社会教育和封建社会教育。随着生产力的发展和社会的进步,古代社会教育逐渐形成。奴隶社会的教育特点是:学校教育产生并成为主要形式;教育为奴隶主阶级利益服务,具有鲜明的阶级性;教育内容更加丰富,但教育方法相对单一。封建社会的教育特点是:教育成为封建地主阶级的统治工具;教育具有鲜明的等级性;教育与生产劳动相脱离;教育发展非常缓慢。

第三,近代社会教育。近代社会教育从16世纪西欧进入资本主义社会开始发生显著变化。其特点包括:形成了比较完整的学校教育体系;提出并实施了普及教育;教育与社会生产的联系日益紧密;教育内容、方法和教育组织形式发生显著变化。

第四,现代社会教育。20世纪20年代以来,教育展现出新的特点。教育与社会生产、生活的联系更加普遍化、直接化;教育结构发生重大改变,学制内部联系加强;教育以培养现代人为目标,努力实现教育内容、方法、手段的现代化;教育及其改革越来越受到重视。同时,现代社会教育还呈现出一些发展趋势,如突出教育地位、重视科教兴国、强化科学教育、积极推行义务教育、努力实现教育机会均等、创新学习,以及教育面向未来、建立终身教育的新体系等。

综上所述,教育的发展是一个与社会变迁紧密相连的历史过程。从原始社会的简单融合到古代社会的阶级分化,再到近代社会的普及与变革,直至现代社会的多元化与终身化,教育不断适应着社会发展的需求,同时也推动着社会的进步与发展。通过对教育发展历程的探讨,我们可以更加深入地理解教育的本质与规律，为未来的教育改革与发展提供有益的借鉴与启示。

第二节 教育的本质与目的

一、教育的本质

（一）教育的本质学说

教育的本质学说关乎人们对教育功能、目的及其与社会关系的根本理解。在诸多学说中，"上层建筑说""生产力说"与"多重属性说"是比较具有代表性的观点，它们各自从不同维度揭示了教育的本质属性。

第一，上层建筑说。"上层建筑说"强调教育作为社会意识的形态，反映并服务于政治经济制度。这一观点从历史唯物主义出发，指出了教育目的、内容、方法及形式的政治经济制约性，确有其合理性。然而，只是将教育完全归为上层建筑，从而忽略了教育活动中诸多非意识形态因素，如自然科学知识的普适性、教育促进个体发展的功能等。因此，"上层建筑说"虽揭示了教育与社会结构的关系，却未能全面涵盖教育的所有面向。

第二，生产力说。"生产力说"是将教育视为直接生产力的组成部分，强调教育在培养劳动力、转化知识形态生产力为直接生产力方面的作用。此观点突出了教育在促进社会经济发展中的关键作用，尤其是通过提升劳动者素质实现生产力的增长。然而，将教育等同于生产力，忽视了教育在文化传承、价值观塑造等方面的非生产性功能。此外，教育内容的阶级性与意识形态色彩，也使其不能完全等同于中性的生产力范畴。因此，"生产力说"虽强调了教育的经济功能，却同样存在片面性。

第三，多重属性说。由于"上层建筑说"与"生产力说"各自的局限性，"多重属性说"应运而生，主张教育本质是其多重属性的统一体。这一观点既承认了教育作为上层建筑的政治经济服务功能，也认可了其作为生产力的经济价值，同时还强调了教育的社会性、阶级性、艺术性、科学性等其他属性。更重要的是，"多重属性说"认识到教育的本质属性并非静态不变，而是随着社会历史条件的变化而不断发展和丰富的。这种动态、多维的理解，为我们提供了一个更为全面、深入的框架来把握教育的本质。

（二）教育的本质特性

本质特性作为事物内在规律性的体现，是指稳定且普遍存在的属性，它们贯穿于事物的始终，不受时间与空间的限制。教育的本质特性亦是在此框架下探讨那些自教育诞生以来，便恒久地作用于其过程之中，无论历史如何变迁，只要教育活动的脉搏仍在跳动，便始终发挥其影响力的核心要素。以下对教育本质特性进行探讨。

第一，教育作为人类社会特有的社会现象。其起源并非植根于动物界的本能行为，而是人类社会发展的产物，这一点从根本上区分了教育与动物界中的"教学"行为。生物起源论将教育的源头追溯至动物界的生存本能，这一观点忽视了人类社会的独特性与教育的社会性本质。诚然，动物界中确实存在看似"教育"的行为，如亲子间的技能传授，但这些行为本质上是由生存本能驱动的自发过程，缺乏人类社会教育的有意识性、目的性和系统性。动物无法像人类一样，通过语言这一高级交流工具，将个体经验转化为可传授的知识，进而实现文化的累积与传承。更重要的是，动物"教育"的结果仅限于生存技能的习得，而人类教育的深远影响则体现在促进个体全面发展，塑造人格，培养创新思维与社会能力，乃至推动社会进步与文化繁荣。

第二，教育是有意识的、以影响人的身心发展为目标的社会活动。教育的这一本质特性，将其与其他社会活动明确区分开来。教育不仅仅是人类社会的组成部分，更是以人本身为直接对象，有意识地施加影响，旨在促进其身心全面发展的特殊活动。与物质生产或精神产品创造不同，教育的直接关注点在于人的成长与变化，它追求的是个体潜能的最大化开发，而非外在产品的产出。此外，教育还区别于其他以人为对象的活动，如医疗服务或社会服务，这些活动虽也关注人的需求，但它们的直接目标分别是维护与恢复健康、满足生活需求，并非像教育那样，专注于促进人的全面发展，包括知识的增长、技能的提升、价值观的塑造以及情感的成熟。

二、教育的目的

"一切教育活动都是围绕教育目的的实现而展开的。因此，教育目的在教育活动中居主导地位，是制定各级各类学校教育目标、确定教育内容、选择教育方法、评价教育效果的依据。"[1]

教育目的是教育活动的出发点和归宿，它不仅影响着教育者和受教育者个体，也影响着学校和社会的发展。总体而言，教育目的是社会对教育所要造就的社会个体的质量规格的总设想或规定，它是根据社会的政治、经济、文化与科学技术发展的要求和受教育者的身心发展规律提出来的，反映了一定社会对受教育者的要求。

一般而言，教育目的由两部分组成：一是就教育所要培养出的人的身心素质做出规定，即指明受教育者在知识、智力、品德、审美、体质诸方面的发展，以便受教育者形成某种个性结构；二是就教育所要培养出的人的社会价值做出规定，即指明这种人符合哪些社会需要或为何而服务。其中，关于身心素质的规定是教育目的结构中的核心部分。

（一）教育目的的类型

教育目的作为教育活动的核心导向，其内涵丰富且多元化。从不同维度审视，教育目的可划分为多种类型，每种类型都承载着特定的教育理念和实践价值。以下对教育目的类型进行深入探讨：

第一，理想与实际：教育目的的双重维度。从实现与否的角度来看，教育目的可区分为理想的教育目的和实际的教育目的。理想的教育目的，往往源自研究组织、学术团体和思想家的深邃思考，它回答的是"应然"层面的问题，即"应该培养怎样的人"。这类目的，如卢梭的"自然人"、康德的"一切能力的和谐发展"等，构成了教育理念的理想图景。然而，理想与现实之间往往存在鸿沟。实际的教育目的，是教育实践活动中真正追求的目标，它可能与理想状态大相径庭，甚至产生冲突。

第二，制定者的视角：国家、团体与个人的教育愿景。教育目的的制定者，也是划分其类型的一个重要维度。国家或社会团体提出的教育目的，通常具有强制性和约束力，并在教育实践活动中得以实施。这些目的反映了国家意志和社会需求，对教育活动具有显著的导向作用。相比之下，个人的教育目的则更加多样化和个性化，它们并不总是能上升为国家的教育目的，也不一定能在教育实践中

---

[1] 蒲蕊.教育学原理[M].武汉：武汉大学出版社，2010.

产生直接影响。

第三，表现形式：外显与内隐的教育目的并存。从表现形式上看，教育目的可分为外显的教育目的和内隐的教育目的。外显的教育目的，通常以法令、法规、条例等正式文件的形式颁布，具有明确的文本表述和法律效力。而内隐的教育目的，则是一种未成文、未明确表述的"缄默"目的，它存在于教育者的意识深处，通过非正式的教育行为得以体现。

第四，承载者的多样性：多元主体的教育诉求。教育目的的承载者，即教育活动的参与者，也是教育目的类型划分的一个重要方面。教师、学生、校长、家长、社会等不同的主体，都有其独特的教育目的。这些目的之间可能存在显著差异，如对"素质教育"的理解，不同主体可能强调系统知识、能力发展、完整人格、外在文化素质或内在自我发展等不同方面。

第五，统筹安排：教育实践中教育目的的实现。对教育者而言，区分不同类型的教育目的并非最终目的。核心问题在于，在教育实践活动中，如何有效实现这些多元化的教育目的。这要求教育者不仅要重视外显的、成文的、国家提出的、理想的教育目的，还要关注内隐的、学生的、家庭的、现实的教育目的。通过统筹安排不同类型的教育目的，教育者可以更好地指导教育实践，促进教育目标的实现。

（二）教育目的的作用

在教育活动的广阔舞台上，不同主体之所以首要确立教育目的，其深层动因在于教育目的所承载的规范与制约教育过程及效果的独特功能。这一功能不仅塑造了教育的宏观框架，还细腻地渗透到教育实践的每一个环节，成为引领教育航向的灯塔。

第一，教育目的扮演着导向的核心角色。它是教育活动的灵魂，支配并指导着整个教育过程的展开。教育目的不仅规定了教育内容、手段和方法的选择，还为教育活动的组织与实施提供了明确的方向指引。教育，作为一种有目的的社会实践，其总体目标通过教育目的得以体现，在具体的教育实践中则转化为教育者的具体行动目标。若教育目的设定不当或虽有正确的教育目的却未能有效指导教育实践，教育活动便可能迷失方向，无法实现既定的教育目标。因此，教育目的是所有教育活动的逻辑起点，是确保教育沿着正确道路前行的根本遵循。同时，它也为教育者与受教育者提供了共同努力的方向，成为双方活动协调统一的基础。

第二，教育目的具有显著的选择功能。在人类社会积累的知识经验与文化成果日益丰富的今天，需要培养的技能与能力呈现出多样化特征。明确的教育目的为教育内容的选取提供了标准，界定了内容的范围与深度。此外，它还指导着教育途径、形式、手段和方法的选择，以确保教育活动围绕统一的目标与节奏展开，拥有衡量教育成效的共同标准与指标。

第三，教育目的在实际教育活动中展现出强大的协调功能。它不仅从宏观层面为教育活动指引方向，还在微观层面发挥着控制与协调的作用。明确的教育目的能够将教育计划、内容、手段和方法等要素有机整合，形成合力以实现教育目标。同时，面对实际教育活动中诸多外部因素的影响，教育目的成为有效协调这些影响，促进学校、家庭与社会围绕共同目标协同作用的关键。

第四，教育目的的评价功能不容忽视。教育质量的评价标准与指标的确立，必须植根于教育目的这一根本依据。在教育活动的不同阶段，教育目的分别扮演着不同的角色：在实施前，它是教育活动的理想追求与导向；在实施过程中，它不断纠正偏差，确保教育活动的正确方向；在实施后，它成为评价教育结果的重要依据。而教育目的只有具体转化为学校教育的各项评价指标，才能真正发挥其导向与协调的双重功能。

（三）教育目的的特征

教育目的作为教育活动的根本方向和终极追求，是教育理论与实践的核心议题。其特征不仅仅体现在教育活动的规划与执行上，还深深植根于社会的整体发展与个体的全面成长之中。要全面理解和探讨教育目的的特征，我们必须从社会制约性、情境适应性、时代前瞻性、个体发展性及其内在一致性五个方面展开深入分析。

1.社会制约性

教育目的首先具有明显的社会制约性，这一点表现在它与社会的政治、经济、文化及科学技术等方面密不可分。教育作为一种社会现象，其根本目的是服务于社会的发展和进步，因此，教育目的的确立必然受到社会现实状况的影响和制约。在不同的历史发展阶段，社会对人才的需求存在差异，这种差异性直接影响教育目的的设定。例如，在工业化初期，社会更倾向于培养适应工业生产的技术型人才，而在信息化时代，社会则更注重培养具有创新精神和跨学科能力的综合性人才。这种社会对人才规格的需求变化，决定了教育目的必须动态调整，以适应社会的需求变化。因此，教育目的不仅要考虑社会的现状，还要基于社会未来的发展趋势，对人才培养进行前瞻性规划。只有这样，教育才能为社会提供源源不断的合格人才，推动社会的持续进步。

2.情境适应性

教育目的的另一重要特征是情境适应性。尽管教育目的具有一般性和抽象性，但它必须与具体的教育情境紧密联系，才能在教育实践中真正发挥指导作用。教育情境包括教育资源、教育对象、教育环境等多方面，它们构成了教育活动的现实基础。

（1）教育目的必须符合教育资源的实际情况。教育资源包括师资力量、教学设备、教材内容等，只有在合理评估这些资源的基础上，才能设定切实可行的教育目的。例如，在资源丰富的地区，可以设立较高的教育目标，鼓励学生追求卓越；而在资源相对匮乏的地区，则需要根据实际情况制订更为务实的教育目标，以确保每个学生都能达到基本的教育要求。

（2）教育目的要与教育对象的身心发展需求相适应。不同年龄段、不同成长背景的学生，其认知能力、情感需求、社会适应能力等都存在差异，教育目的的设定必须充分考虑到这些差异。例如，对大学生，要强调批判性思维的培养和社会责任感的形成。

（3）教育目的要考虑教育环境的影响。教育环境不仅包括物质环境，还包括文化氛围、校风校纪等软环境。这些因素会对学生的学习态度和行为习惯产生潜移默化的影响，从而间接影响教育目的的实现。因此，教育目的的确立必须充分考虑到教育环境的特点，确保其具有可操作性和实践意义。

3.时代前瞻性

教育目的的时代前瞻性体现在其对未来社会需求的敏锐洞察和预见性规划上。教育不仅是对现有社会需求的回应，更应是对未来社会发展的积极引导。因此，教育目的必须具备时代前瞻性，引领教育实践为社会未来发展做好准备。

在信息技术迅猛发展的今天，全球化、数字化、人工智能等新兴趋势对人才的要求发生了根本性的改变。传统的教育目的可能已不能完全满足这些新需求，必须进行相应的调整和创新。例如，信息时代要求学生具备跨学科的知识结构、创新思维能力以及全球视野，这些要求促使教育目的从单纯的知识传授向能力培养转变。

此外，教育目的的时代前瞻性还体现在其对可持续发展理念的融入。当前，全球面临着资源短缺、环境恶化等诸多挑战，教育必须承担起培养具有可持续发展意识的责任。因此，教育目的需要强调生态文明教育、绿色发展观念的普及，使学生在掌握科学知识的同时，具备应对未来环境和社会挑战的能力。

4.个体发展性

教育目的不仅服务于社会的整体需求，还应关注个体的发展需求。这种个体发展性特征要求教育目的在设定时，充分尊重每个学生的独特性，关注其身心全面发展。教育的最终目的是促进个体的全面发展，使其不仅在智力上得到提升，还能在情感、意志、道德等方面得到全面发展。

（1）教育目的要关注学生的个体差异，尊重每个学生的独特性。不同的学生在智力水平、学习兴趣、成长背景等方面存在差异，因此需要制定多元化、个性化的教育目标。例如，对学习能力强的学生，教育目的可以设置得更具挑战性，激发其潜能；而对学习有困难的学生，则应注重基础知识的巩固和学习兴趣的培养。

（2）教育目的要促进学生的全面发展。全面发展不仅包括知识的积累，还包括情感的丰富、意志的坚韧、道德的高尚等诸多方面。教育不能只关注智育，而忽视德育、体育、美育、劳育等方面的培养。例如，学校可以通过开设丰富的课程和课外活动，促进学生在知识、技能、情感等方面的全面发展，使其成为德、智、体、美、劳全面发展的合格公民。

（3）教育目的要关注学生的终身发展。现代社会的快速发展要求人们具备持续学习的能力，教育目的不能仅局限于学生在校期间的表现，还应着眼于其终身学习能力的培养。例如，教育目的可以强调学习方法的掌握和自主学习能力的培养，使学生在离开学校后，依然能够通过自主学习不断提升自我，适应社会变化。

5.内在一致性

教育目的的内在一致性是指教育目的在不同层次、不同领域之间的协调统一。这种一致性体现在教育目的与教育内容、教育方法、教育评价等方面的协调上。教育目的的内在一致性保证了教育活动的整体性和系统性，使教育实践能够围绕共同的目标展开。

（1）教育目的要与教育内容保持一致。教育内容是实现教育目的的重要手段，二者之间的协调统一直接影响教育目的的实现。例如，如果教育目的强调创新能力的培养，教育内容就应包括丰富的创造性思维训练课程，而不仅仅是知识的灌输。

（2）教育目的要与教育方法保持一致。教育方法是实现教育目的的途径，不同的教育方法适用于不同的教育目的。例如，如果教育目的强调合作精神的培养，教育方法就应注重合作学习、小组讨论等互动性强的教学形式。

（3）教育目的要与教育评价保持一致。教育评价是检验教育目的的实现程度的重要手段，二者之间的协调统一能够确保教育评价真正反映教育目的的达成情况。例如，如果教育目的强调学生的综合素质，教育评价就不能只包含考试成绩，还应对学生的实践能力、创新能力、合作能力等进行全面评估。

第三节　教育的理念与功能

一、教育的理念

教育理念，就是教师在长期教育实践活动中，经过亲身体验和理性思考形成的关于教育本质、规律及其价值的根本性判断和观点。教育理念不同于教育观念，教育观念属于"事实"的范畴，而教育理念属于"价值"的范畴，它更强调个体的体验和思考；教育理念不同于教育思想，它不仅是教育思想的基础和支柱，而且是教育思想的典型代表和高度概括；教育理念也不同于教育信念，所有的教育理念都可称为教育信念，反之则不然，那些盲目接受和顺从的教育信念，不能被称为教育理念，因为它们缺乏亲身的探索和理性的审思。

（一）教育理念的主要特征

教育理念的主要特征可以从前瞻性与预见性、社会性与个体性、概括性与普遍性以及稳定性与发展性等方面进行深入探讨。教育理念不仅是教育实践的总结，更是引领教育实践的灯塔，具有指导教育实践、塑造教育思想的重要功能。以下将围绕这些特征展开论述。

1.前瞻性与预见性特征

教育理念的前瞻性与预见性特征，意味着它不仅根植于现实的教育实践，同时也超越当前的教育情境，对未来的发展方向具有一定的预测性。随着社会的发展和进步，教育面临前所未有的挑战与机遇，教育理念的前瞻性特征越发凸显。它引导着教育实践朝向符合未来社会需求的方向发展，使教育在社会变革中始终保持主动性和适应性。特别是在信息技术快速发展的今天，教育理念必须具备敏锐的前瞻性，才能引领教育工作者及时调整教学策略，适应新兴技术和知识的更新迭代，以培养具有未来竞争力的人才。教育理念并不是对现有教育现实的简单描述或重复，而是在分析现实教育状况的基础上，结合社会的发展趋势和未来的教育需求，提出具有引领性的指导思想。因此，教育理念具有明显的超前性和预见性，不仅关注当前教育问题的解决，更着眼于未来教育的长远发展。

2.社会性与个体性特征

教育理念不仅与特定的社会文化背景密切相关，而且在个体层面上也表现出鲜明的个体性特征。作为社会文化的产物，教育理念反映了特定社会的价值观念、文化传统和发展需求，具有强烈的社会性特征。它在一定程度上是社会意识形态的一部分，通过教育活动传递和强化社会的核心价值观，并影响受教育者的思想和行为。然而，教育理念并非完全被社会所决定，它在很大程度上也是教育工作者个人思想的体现。每位教育者在实践过程中都会结合自身的教育经验、个性特质和专业背景，形成具有个性化的教育理念。这种个体性特征使得教育理念在不同的教育者的实践活动中呈现出多样性和丰富性，从而形成了教育理念百花齐放的局面。

3.概括性与普遍性特征

教育理念的概括性与普遍性特征，使它超越了具体的教育经验，成为指导教育实践的重要理论框架。具体的教育经验虽然具有直观性和实际操作性，但它往往是局部的、零散的，难以系统化地反映教育活动的本质和规律。教育理念则不同，它通过对教育实践的抽象和概括，揭示了教育过程中的一般性原理和普遍性规律，具有更为广泛的适用性。

教育理念作为教育理论的一部分，不仅能够指导教育实践，还能够为教育工作者提供一种思维方式，帮助他们在复杂的教育环境中保持清晰的方向感。它不仅是一种操作指南，更是一种理论依据，使教育实践活动具有科学性和规范性。

4.稳定性与发展性特征

教育理念一旦形成，通常会在一定时期内保持相对稳定。这种稳定性使得教育者能够在较长时间内持续应用同一套理念来指导教育实践，积累教学经验并不断改进教学方法。然而，随着社会的变迁和教育需求的变化，教育理念也必须不断发展和更新。由于现代社会的发展速度极快，教育者必须不断更新自己的教育理念，才能应对新挑战，满足新需求。

教育理念的动态发展性特征，要求教育者在教育实践中保持开放的心态，时刻关注社会变化和学生需求的改变，及时调整和完善自己的教育理念。这种发展性不仅体现了教育理念的与时俱进，也反映了教育实践的活力与创新。

（二）教育理念的功能阐释

1.育人功能

教育理念的育人功能，是其最核心的作用之一。教育的最终目标是通过系统的教学活动，帮助学生形成正确的价值观、知识体系和生活方式。因此，教育理念作为指导教育实践的核心思想，承载着巨大的育人功能。教育过程不仅是知识的传递，更是思想的交流与心灵的沟通。教师在这一过程中，扮演着引导者和启发者的角色，他们的教育理念对学生的影响是深远且持久的。例如，一位优秀的教师，不仅需要具备丰富的知识储备和教学技巧，更需要拥有先进的教育理念。这种理念能够帮助教师在教育过程中传授知识的同时，激发学生的思考力和创造力，培养他们的独立人格和批判性思维能力。教育理念的力量在于，不仅会影响教师的教学方法，还会通过教师的言行，潜移默化地影响学生的思想和行为。学生在这样的教育氛围中，不仅获得了知识，更在情感和精神层面得到了成长和升华。

2.导向功能

教育理念的导向功能,是其在教育过程中发挥的重要作用之一。作为教育活动的核心,教育理念一旦确立,就会成为教师教育实践的指导方针。它可以帮助教师明确教育的目的和方向,形成对教育现象的深刻理解和对教育问题的理性判断。这种导向功能,使得教育实践不再是盲目地操作,而是有目标、有计划地行动。

教育理念不仅能够指导教师的教学实践,还可以帮助教师在教育过程中形成一套系统的思维方式。这种思维方式能够帮助教师在面对复杂的教育情境时,做出符合教育本质和规律的决策。教师通过对教育理念的深入理解,能够在教育实践中避免做出盲目和无序的决策,从而提高教学效果,实现教育目标。这种导向功能,不仅提升了教师的专业水平,还增强了他们在教育实践中的自主性和创造性。

3.调控功能

教育理念的调控功能,体现在它对教育活动各个环节的控制和调整上。教育理念蕴含着特定的教育目标和价值观念,这些目标和价值观决定了教育内容的选择、教育方法的使用以及教育策略的实施。教师在教学过程中,如何选择和组织教学内容,如何运用教学方法和手段,都受到其教育理念的调控。首先,教育理念对教育目标的实现具有重要的调控作用。虽然国家制定了统一的教育目标,但具体的实现方式和路径需要教师在教育实践中灵活调整。这一调整过程,实际上是教育理念对教育目标的细化和落实。其次,教育理念还对教育内容的编排和取舍起到调控作用。不同的教育理念,会导致相同的教育内容在教学中的呈现方式和效果有所不同。最后,教育理念对教育方法和手段的选择也起到了关键的调控作用。教师会根据自己的教育理念,选择适合学生发展的教育方法,使得教学过程更具针对性和有效性。

4.反思功能

教育理念的反思功能,是教师自我成长和专业发展的重要动力。当教育理念内化为教师的个人素质,成为他们日常教学活动的一部分时,教师就会形成一种自我反思的意识。这种意识促使教师在教育实践中,不断进行自我观照和自我评价，理性分析自己的教学行为和结果，从而不断改进教育方法和策略，提升教学效果。

反思功能不仅可以帮助教师发现问题，还能促使他们在教学实践中不断总结经验，形成更加完善的教育理念。这种反思过程，是教师从教育的"外行"成长为"内行"的关键。通过不断自我反思，教师能够更加清晰地认识到自己在教学过程中存在的不足，并通过调整教学策略，逐步提升自己的教学水平，最终实现从"自发"的教育者向"自觉"的教育家的转变。

（三）教育理念的价值取向

在当代教育理论与实践的背景下，教育理念的价值取向越发受到关注和重视。教育理念不仅是对教育现象的总结和概括，更是对教育价值的深层思考和方向引导。以下从多个维度探讨教育理念的价值取向，以期为当前的教育实践提供理论支持和实践指导。

1.理性主义取向的教育理念

理性主义取向的教育理念源于西方哲学传统，尤其是以康德为代表的启蒙思想。理性主义教育理念主张通过理性推理和逻辑分析来揭示教育现象背后的规律和本质。其核心在于相信教育的目标和手段可以通过理性来规划和执行，教育的过程则应遵循科学的原则和方法。

在理性主义的框架下，教育被视为一种社会工程，其目的在于培养具有独立思考能力和理性判断能力的个体。教育不仅是知识的传授，更是培养学生分析问题、解决问题能力的过程。因此，理性主义取向的教育理念强调课程设置的系统性和逻辑性，要求教师在教学过程中注重理论的严谨性和逻辑推理方面的训练。然而，理性主义取向的教育理念也有一定的局限性，如过于注重理性和逻辑，可能忽视了情感和道德教育的重要性。教育不仅仅是理性和知识的灌输，更是个体全面发展的过程。因此，在实践中，理性主义教育理念需要与其他教育理念相结合，以实现教育的全面性和均衡性。

2.人文主义取向的教育理念

与理性主义取向相对立的是人文主义取向的教育理念。人文主义教育理念强调人的内在价值和潜能，关注个体的情感、道德和精神成长。其核心主张是教育应以人为本，尊重每个个体的独特性和自主性，关注个体在教育过程中的感受和体验。

在人文主义教育理念当中，教育的目标不仅是传授知识，更重要的是促进个体的自我实现和人格发展。这一理念强调教育应注重情感教育和道德教育，培养学生的社会责任感和人文关怀。人文主义教育理念主张教育过程应充满关爱和理解，教师应成为学生的引导者和支持者，而非权威和控制者。

在人文主义教育理念的指导下，教育实践应注重个性化教育和全面教育。课程设置应灵活多样，教师应鼓励学生主动参与、自由表达，培养学生的创造性思维。然而，人文主义教育理念也面临如何平衡个体需求与社会要求的问题。在强调个性发展的同时，如何确保教育的公共性和社会责任是人文主义教育理念需要面对和克服的问题。

3.实用主义取向的教育理念

实用主义教育理念是以实际效果为导向的教育价值取向，强调教育的现实性和功利性。实用主义教育理念认为，教育的价值在于其对个体和社会发展的实际贡献，教育目标应根据社会需求和个体需要来设定，教育手段应以实效为标准来选择。

在实用主义教育理念当中，教育不再是单纯的知识传授，而是一个服务于社会和个人发展的工具。教育内容应紧密结合社会发展的需要，教学方法应注重实践能力的培养和实际问题的解决。实用主义教育理念强调教育与社会生活的联系，主张通过教育培养学生的社会适应能力和职业能力。然而，实用主义教育理念也容易陷入功利主义的误区。如果过于强调教育的实用性，可能导致教育的短视化和工具化，而忽视教育的长远目标和精神追求。

4.社会建构主义取向的教育理念

社会建构主义教育理念是一种强调社会文化背景对教育影响的教育价值取向。社会建构主义教育理念认为，教育不是一个孤立的过程，而是与社会文化、历史背景密切相关的。教育的价值和意义是通过社会互动和文化交流建构起来的，教育需关注社会文化的多样性和复杂性。

在社会建构主义教育理念当中，教育被视为一个动态的、开放的过程，其目标在于培养学生的社会意识和文化认同感。社会建构主义教育理念主张教育应注重社会实践和文化体验，通过与社会和文化的互动，帮助学生形成对世界的理解和认知。

社会建构主义教育理念的一个重要特点是强调教育的多元化和包容性。教育内容应反映社会文化的多样性，应采用鼓励学生参与社会实践和文化活动的教学方法，以培养他们的社会责任感和文化认同感。然而，社会建构主义教育理念也面临如何处理不同文化价值观之间冲突的问题。在全球化背景下，如何在尊重文化多样性的同时，维护社会的统一性和稳定性，是社会建构主义教育理念需要面对的挑战。

5.后现代主义取向的教育理念

后现代主义教育理念是一种反对传统教育理念的教育价值取向，强调教育的开放性、多样性和不确定性。后现代主义教育理念认为，教育不是一个单一的、线性的过程，而是一个多元的、复杂的过程。教育的价值和意义不再是由某种单一的标准来衡量的，而是由多种因素共同决定的。

在后现代主义的教育理念下，教育被视为一个不断变化的过程，其目标在于培养学生的批判性思维和创新能力。后现代主义教育理念主张教育应反对僵化的、权威的教育模式，鼓励学生质疑传统观念，探索新的思想和方法。

后现代主义教育理念的一个重要特点是反对教育的标准化和同质化。教育内容应体现个体差异和文化多样性，教学方法应注重学生的主体性和创造性。然而，后现代主义教育理念也面临如何处理教育的规范性和稳定性的问题。在强调教育的开放性和多样性的同时，如何确保教育质量和效果，是后现代主义教育理念需要面对的挑战。

（四）教育理念的形成过程

教育理念作为教师专业发展的核心内容，并非是自然而然形成的，而是通过长期的经验积累、知识内化和理论反思逐步建构的。教育理念的形成是一个渐进而复杂的过程，贯穿于教师职业生涯的始终。这一过程不仅需要教师不断学习和理解先进的教育理论，还需要在实践中验证和调整这些理论，并通过反思与批判，逐渐将其转化为自身的教育信念和价值观。

1.理论学习与教育理念的初步构建

教育理念的形成首先离不开教育理论的学习。教师在职前教育和职后培训中都会接触到大量的教育理论和教学方法，这些理论为教师提供了理解教育现象的框架和工具。然而，教育理论的学习并非简单接受或模仿，而是一个通过理解、消化、感悟进而内化为自身教育理念的创造性转化过程。

在理论学习的初期，教师通过有意识地接触和理解各种教育理论，开始形成自己对教育的基本认识。这一阶段的学习更多地依赖于教师的学习动机和态度。如果教师能够认识到教育理论学习的重要性，并且具备将理论转化为实践的内在动机，那么他们将更加主动地参与学习，并能在较短时间内将教育理论内化为自己的教育理念。然而，教育理念的初步构建并不意味着对教育理论的完全接受。教师在学习过程中，往往会遇到新旧理念之间的矛盾与冲突。在这种情况下，教师需要对所学理论进行反思与批判，检验其合理性与适用性。通过这样的过程，教师能够逐步优化自己的教育观念，弱化原有的错误理念，并在新旧理念的碰撞中构建新的教育理念体系。

2.实践中的理念验证与调整

教育理念的形成不仅仅依靠理论学习，还需要教育教学实践中的不断验证与调整。教师的教育理念只有在实践中经受住检验才能成为具有指导意义的教育信念。在这一过程中，教育行动研究作为一种重要的研究方法，可以帮助教师将理论与实践紧密结合，通过反思性研究不断改进和完善自己的教育理念。

在教育教学实践中，教师面对的是具体而复杂的教育情境。理论的适用性和有效性往往只有在实践中才能得到验证。因此，教师在教育行动研究中应立足于鲜活的教育教学实践，通过对成功与失败案例的分析，探索教育教学变革的规律和方法。通过这一过程，教师不仅能够解决实践中的具体问题，还能为理论发展提供实践依据，进一步丰富和完善自己的教育理念。

教师在实践中的反思与总结也是教育理念形成的重要环节。通过对自身教学经验的反思，教师可以识别出教学中的问题，并在批判性反思中获得新的理解和改进方法。这种从实践中学习的过程，可以使教师能够不断更新自己的教育理念,并在实际教学中更有效地运用这些理念。

3.理念的内化与信念化

教育理念的最终形成在于其内化为教师的教育信念并融入教师的思想体系当中,成为教师个体的内在动力和价值观。教育理念的内化过程,既是对教育理论的再认识过程,也是对自身教育实践的深刻反思过程。在这一过程中,教师通过将所学理论与自己的教育经验相结合,逐步将教育理念转化为自己的内在信念。

教育理念的信念化标志着教师已经完全掌握了教育理论的精髓并能在教育实践中自觉运用。这种信念不仅成为教师教学行为的指导原则,还成为教师应对教学挑战、解决教育难题的动力来源。即使在面对多元价值观念的冲突时,教师的教育信念仍能为其提供坚实的支撑,使其在教育改革中保持定力和方向。

在教育理念的内化过程中,教师的理性思维能力和情感态度起着关键作用。较高的理性思维能力使教师能够更深刻地理解教育理论,并有效地将其应用于教育实践中。而积极的情感态度则为教育理念的内化提供了内在动力。教师只有在对教育改革充满热情的情况下,才能够自觉地转变教育理念并在教育实践中不断创新。

4.理念的完善与升华

教育理念的形成并非一蹴而就,而是一个不断完善与升华的过程。随着教师教育经验的积累和对教育理论的深入理解,教师的教育理念也在不断发展和成熟。在这一过程中,教师不仅要应对新旧理念的冲突,还要在不断变化的教育环境中保持对教育理念的批判性反思和创造性转化。

教育理念的完善需要教师不断更新自己的教育知识,跟踪教育理论的发展动态并在实践中验证和修正自己的教育理念。教师应通过持续学习和反思,将先进的教育理念与自己的教育实践相结合,逐步构建起更加完善的教育理念体系。同时,教育理念的升华还需要教师在教育实践中不断创新,探索新的教育模式和方法。在这一过程中,教师应保持开放的心态,积极接受新思想、新理念,并通过实践中的不断尝试和反思,将这些新理念融入自己的教育体系当中,提升教育理念的科学性和实效性。

二、教育的功能

（一）教育的社会功能

教育的社会功能是一个深刻而复杂的主题，反映了教育在个体成长、社会发展、文化传承与创新中的多重作用。在当今社会，教育不仅是知识传递的过程，还是塑造社会结构、推动经济发展、维系文化传承的重要工具。通过分析教育的社会功能，可以更深入地理解教育在社会中的独特地位及其对社会进步的深远影响。

1.教育的经济功能

（1）教育是提高劳动生产率的基础。教育对经济发展的首要贡献在于提高劳动生产率。劳动生产率是指在一定时间内劳动者所创造的价值。现代经济的发展越来越依赖于高素质的劳动者，他们不仅需要掌握基本的生产技能，还需要具备适应技术革新的能力。教育通过提升劳动者的知识水平和技术能力，使其能够更高效地利用现有资源，提高生产效率。教育所培养的高素质劳动者不仅能更好地运用先进的生产工具，还能在生产过程中进行创新，推动经济发展。

（2）人才培养与经济增长的互动。教育作为人才培养的重要渠道，直接影响着经济增长的质量和速度。经济发展需要各种类型的人才，包括工程师、科学家、医生、教师等，所有这些专业人才的培养都依赖于高水平的教育。教育不仅包含传授专业知识，还应培养学生的创新精神和问题解决能力，这些都是推动经济增长的重要因素。随着全球化进程的加快，国际经济竞争日益激烈，而教育是提升国家竞争力的关键。通过提高国民教育水平，国家可以在全球市场中占据更有利的位置，从而实现经济的可持续发展。

（3）推动经济全球化的桥梁。教育在经济全球化中扮演着重要角色。经济全球化要求各国加强经济、技术和文化的交流与合作，教育则是交流与合作的重要桥梁。教育通过国际合作与交流项目，培养具备全球视野和跨文化沟通能力的人才，这些人才在全球经济发展中发挥着关键作用。同时，教育还能帮助国家吸收外来技术和管理经验，推动本国经济的现代化和国际化。因此，教育在促进全球经济一体化进程中具有不可替代的作用。

2.教育的文化功能

（1）文化传递与保存。教育作为文化传递的主要渠道，承担着将前人积累的文化财富传递给后代的重任。这种传递不仅限于知识的传授，还包括价值观、道德规范和行为准则的传承。在教育过程中，教师通过课程内容、教学方法和学校氛围，将文化的精髓传递给学生，使其成为具备文化认知和鉴赏能力的"文化人"。通过教育，文化得以保存和延续，从而保证了社会的稳定与持续发展。

（2）文化传播与丰富。教育也是文化传播的重要工具。不同文化之间的交流与碰撞往往能够激发出新的思想和创造力，推动文化的创新与发展。教育通过留学、交换项目和国际学术交流等方式促进了文化的传播与交流，使各国能够从中吸收有益的文化元素，丰富自身的文化内涵。同时，教育也促进了不同文化之间的相互理解与尊重，减少了文化冲突，为世界的和平与稳定作出重要贡献。

（3）文化选择与提升。教育在传递文化的同时，也对文化进行选择和提升。随着社会的发展，某些文化元素可能会变得不合时宜，教育通过对文化的选择性传递，淘汰了不再适用的部分，保留并发扬了对社会进步有积极意义的文化内容。教育在培养人才的过程中，也在不断提升其文化内涵，使其更加符合时代的需求。这种文化的选择性传递不仅保证了文化的延续性，也促进了文化的发展与进步。

（4）文化创新与再生。教育不仅是文化的传递者和保存者，还是文化创新与再生的重要推动力。通过教育，社会成员能够掌握和应用现有的文化知识，并在此基础上进行创新，创造出新的文化成果。特别是在科学研究领域，教育通过培养研究型人才，推动了科技的进步与文化的更新。科学技术的发展不仅改变了人类的生产方式和生活方式，还极大地丰富了文化的内涵，使其更加多元化和现代化。因此，教育在文化创新与再生过程中发挥着不可替代的作用。

（二）教育的个体功能

1.个体社会化功能

个体社会化是一个跨学科的研究课题，涉及人类学、社会学、教育学、心理学等多个领域，其核心在于探讨个体如何在社会环境的影响下，认知并掌握社会事物与标准，实现从"自然人"或"生物人"向"社会人"的转变。这一进程不仅是一个动态的教育过程，更是个体在教育者持续提出的社会要求与自身原有心理水平之间的矛盾运动中不断发展的结果。教育的核心任务之一，便是通过传递和引导社会经验，促使个体按社会要求发展，进而形成和完善个性，逐步成为社会所需之才。教育在促进个体社会化方面的功能，主要体现在以下三个方面。

（1）教育促进个体观念的社会化。观念作为人对社会事物的看法和在活动中形成的思想，是社会的产物，必然带有社会化的特征。个体成长为"社会人"的过程，实质上就是接受并内化社会文化的过程，也是个体观念的社会化过程。在此进程中，教育的作用举足轻重。广义而言，个体观念的形成始终与教育相伴相随。即便个体在社会化过程中可能形成各异的观念，这些观念也同样是不同教育影响的结果。没有教育的参与，个体观念的形成将无从谈起。教育在个体观念社会化中的关键作用在于它代表社会的要求，传播主流文化和价值观念。受这种文化和价值观念的影响，学生易于形成与主流文化要求相一致的思想观念，从而认可并自觉维持现存社会的各种关系。同时，由于教育所传播的文化价值观念具有系统性和深刻性，教育活动具有计划性和严密性以及教育形式具有活泼性和多样性，使得学生更易于接受这种价值观念，并形成完整的思想观念体系。

（2）教育促进个体智能的社会化。教育对个体智能的促进，在很大程度上是按照社会的要求进行的。教育作为开发个体智能的主要方式，它是社会实践经验的概括和总结，是人类长期实践活动中积累的智慧成果。个体智能的发展既离不开社会的需要，也需要教育的规范指导。教育不仅指导着个体智能发展的方向，使其适应社会生存并为社会发展服务，还规范着个体智能的社会化发展。它通过特有的目标、内容以及方式与途径，规范着个体智能的发展水平和可能达到的目标。

教育传授的人类科学文化知识具有基础性、简约性和浓缩性的特点，这使得它对个体智能的发展起着催化剂与加速器的作用。教育能够缩短人类认识客观世界的历程，传授间接经验，不受个体时间与空间的限制，从而提高个体认识的起点，促进个体智能的社会化。个体从"自然人"向"社会人"的转化过程，实质上也是个体智能不断发展的过程。这一发展过程的速度和状况，主要取决于教育发挥的作用程度。与其他任何因素相比，教育在促进个体智能发展方面的作用都是无与伦比的。

（3）教育促进个体职业和角色的社会化。社会职业分工是社会发展的必然要求，也是其重要标志。社会政治结构、经济结构的变革都会与社会分工的变化相联系。社会分工赋予社会成员特定的职业特点。进入近现代社会以来，社会分工的发展与科技教育的发展紧密相连。科技革命推动社会生产变革，客观上要求教育的变革。现代教育在很大程度上担负着促进个体职业社会化的使命。在当代社会，个体谋求某种社会职业通常是以接受相关的教育和训练为前提的，教育是促进个体职业社会化的重要手段。

同时，教育也是促进个体角色社会化的重要手段。个体角色是指个体在整个社会等级结构中的地位，而社会等级结构则是社会发展在相当长时间内不可避免的现象。角色社会化与职业社会化有相联系的一面，个体所从事的职业与个体在社会中所处的地位往往相一致。在这种意义上，个体的角色社会化也是以接受相关的教育与训练为前提的。然而，个体的角色社会化与职业社会化也有相区别的一面。个体在社会等级结构中所处的地位或所具有的身份角色与从事的职业有时是不统一的。角色是一个更广泛的概念。在当代社会中，个体的非职业性的角色与地位也是与其所具备的教育素养分不开的。任何社会身份都不同程度地蕴含着对教育的需求，教育对促进个体的角色社会化起着至关重要的作用。

2.个体个性化功能

个体个性化功能是指个体在社会环境和自身生理、心理条件的综合作用下，逐渐形成和发展出独特个性和行为特征的过程。个体个性化功能的发展不仅仅依赖于先天遗传因素，更为重要的是后天社会环境、教育、文化以及个体自身的经历与选择等多重因素的共同作用。这一过程不仅体现了个体差异性的显现，更展示了个体在社会化进程中的自主性、创造性和适应能力。

（1）个体个性化功能的发展离不开社会环境的影响。社会环境包括家庭、学校、社区以及更广泛的文化背景，这些因素共同构成了个体发展的外在条件。个体在社会环境中通过与他人的互动，不断调整和塑造自己的行为模式与价值观，从而形成独特的个性特征。例如，家庭教育对个体早期个性发展的影响尤为显著，父母的教育方式、家庭氛围、亲子关系等都会直接影响个体的情感、性格和价值观的形成。与此同时，学校教育作为个体社会化的重要环节，不仅传授知识，还通过集体生活、规则遵循、师生互动等方式进一步强化个体的社会适应能力和自主意识。社区文化和社会风气则通过潜移默化的影响，使个体逐渐形成与社会主流文化相契合的行为方式和价值体系。

（2）个体个性化功能的发展也深受教育的影响。教育不仅是知识传授的过程，更是个体人格塑造的重要途径。通过教育，个体不仅能够获得知识和技能，更能在价值观、道德观、审美观等方面得到引导和提升。在教育过程中，个体不断面对新的知识、新的挑战，从而促使其思维能力和创造能力提高。教育还通过各种形式的评估和反馈，帮助个体认识自身的优劣势，进而促进个体对自身能力的正确认知和发展。此外，教育还能够培养个体的自主学习能力，使其在不断变化的社会环境中保持创新精神和适应能力，从而实现个性化的发展目标。

（3）文化背景对个体个性化功能的发展起到了重要作用。文化作为一种社会现象，不仅反映了一个民族、一个社会的历史积淀和价值追求，也对个体的行为方式、思维模式和价值观念产生了深远的影响。在不同的文化背景下，个体的个性化功能会表现出不同的特点。例如，在强调集体主义的文化背景下，个体往往更加注重群体利益和社会责任，而在强调个体主义的文化中，个体则更倾向于追求个人价值的实现和自我表现的独特性。文化背景不仅影响了个体对世界的认知和理解，也在一定程度上决定了个体在社会中的行为方式和角色定位。因此，个体个性化功能的发展在很大程度上是文化适应和文化选择的过程。

（4）个体自身的经历与选择也是个体个性化功能"发展的关键因素"。个体在成长过程中经历的各种事件、面临的选择以及采取的应对策略，都会对其个性化功能的发展产生深远的影响。每个个体都有其独特的生活经历，这些经历不仅丰富了个体的生活经验，也使个体在应对挑战和解决问题的过程中逐渐形成了独特的思维方式和行为模式。例如，面对相同的挫折，不同个体可能会采取不同的应对方式，有些人选择积极面对，努力寻找解决办法，而另一些人可能会选择逃避或放弃。这种不同的应对方式，反映了个体在个性化功能发展过程中的差异性和独特性。

第四节　教育学的研究体系

教育学是研究人类社会教育现象和教育问题，揭示教育规律的科学。教育学既属于理论学科，又具有较强的应用性。教育学的产生与发展经历了萌芽阶段、独立形态阶段、多样化阶段和理论深化阶段四个阶段，在每一个发展阶段均诞生了许多令人瞩目的研究成果。

一、教育学的研究意义

人对自己所从事活动的价值认识越清晰、越深刻，就越能克服种种困难和障碍，追求并最终实现活动的目的。同样，进行教育学研究，也必须先厘清其研究价值。

（一）有利于科学解释教育问题

教育学之所以能够超越教育经验的局限成为一种专门的教育认识活动，是与其自身的认识方式密切相关的。这种认识方式就是科学的认识方式，即可以对教育问题进行科学的阐释。当然，这里所说的科学，并非经验主义、理性主义、抑或实证主义意义上的科学，而是批判理性主义意义上的科学，即一种借助猜测和反驳而进行的由旧问题转向新问题的认识活动，其最终目的不是获得对问题的"终极解释"或"绝对真理"，而是为了寻求更好的、更有效的方法，同时也向进一步批判开放做了解释。

第一，教育学是以教育问题为逻辑起点和对象的，教育学研究的主要任务就是对教育问题提供超越习俗认识和传统理论认识的新解释。因而提出并界定和明确教育问题，是教育学认识的基本功能。这是教育习俗认识所不能达到的，因为在教育习俗认识中，经常是各种问题混杂在一起，根本不加以逻辑区分和界定，往往是各种教育观念的"组合"。

第二，教育学作为对教育问题的科学阐释，必须使用专门的语言、概念或符号，不能使用日常的语言、概念或符号。因为日常的语言、概念或符号容易引起歧义，如果教育的科学认识借助于这样的语言、概念或符号进行，就会影响其可传播性和可理解性，也就不能很好地被教育知识共同体领会和接纳。

第三，教育学作为对教育问题的科学阐释，是有理论视角、事实依据或科学预设的，并不是直接建立在感性经验与判断基础上，因此是一种理性的阐释。对这种阐释的质疑同时也包括对观点的质疑及其证据和逻辑的质疑，它需要被质疑者能就别人的质疑为自己进行理性的辩护。

第四，教育学作为对教育问题的科学阐释，由于研究者或阐释者所处的地位及所偏好的理论基础或视野的差异，有时可能会出现对同一问题的不同阐释，这种不同的阐释不会导致认识论相对主义，只是呼唤不同阐释之间的理性的、深层的和积极的交流与对话，其最终目的是通过理性的竞争，发现最恰当的阐释方式。

正是通过对教育问题的科学阐释，人类的教育知识才能持续不断地增长，教育理论体系才能不断丰富和完善，从而满足不断发展的教育实践的强烈需要。可见，从事教育学研究的一个基本的任务就是要促进教育知识的增长和教育理论的丰富，提供对教育问题的新的有效阐释。

（二）有助于沟通教育理论与教育实践

教育学作为一门科学，深入探讨与教育相关的各种问题，不仅仅是为了积累教育知识、丰富教育理论体系，更核心的目的是更好地指导教育实践，实现教育的有效性与高效性。从古至今，教育学的研究始终围绕着如何优化教育实践这一主轴展开，这既是对教育实践客观需求的回应，也是教育理论自身发展的必然归宿。教育实践，凡是称得上名副其实的，必然内含着一定的理性思考，蕴含着特定的教育理论。这些理论可能是实践者明确意识到的，也可能隐藏于实践的深层结构当中，未被实践者充分认知的。因此，深入分析和理解教育实践，必然伴随着对其内在教育理论的剖析与解读；而改革和优化教育实践，也必然涉及对既有教育理论的修正或重构。

第一，教育学在促进教师形成正确的教育态度与培养坚定的教育信念方面发挥着至关重要的作用。教育态度，作为教育实践工作者对教育工作的情感体验，是教育活动的精神驱动力。积极健康的教育态度能够激发教育工作者的内在潜能，而消极、不健康的态度则可能成为教育的内在缺陷之源。在众多教育态度中，教育信念因其强烈的坚定性和深刻的影响力，成为一种极为宝贵的精神力量。伟大的教育家共同的人格特质之一，便是拥有坚定的教育信念，这本身就是一种强大的教育力量和凝聚人心的基石。然而，无论是教育态度的塑造还是教育信念的确立，都不是无本之木、无源之水，它们与教育知识的积累，尤其是教育理论知识的深入学习紧密相关。教育学研究，是教师形成正确教育态度和坚定教育信念的基石，并为其提供必要的理论支撑和认知框架。

第二，教育学还承担着启发教师教育自觉，引导其不断深化对教育真谛理解的重任。鉴于学生精神世界的独特性与多变性，教师需具备高度的自觉性，方能准确把握学生的内在需求，采取适宜的策略促进其健康成长。如果缺乏这种教育自觉，教师及教育活动便可能陷入僵化与重复，失去教育的本质意义。值得注意的是，教师的教育自觉并非天生具备的，亦非通过简单的技术或规则学习就能获得，它植根于理论的滋养与理论的启迪之下的内在省思。教育学的实践价值，在于它通过理论教化，促进教师的内在反省，提升其教育实践的自觉程度，使其深刻理解教育活动的深层意义与价值追求。

第三，教育学对教师获取教育理论知识、拓宽教育理论视野同样具有不可估量的价值。教育学的教材往往围绕特定的教育问题，展现不同教育理论流派的观点，这些观点或相互对立，或相互补充，从不同维度为同一教育问题提供多样化的解释。这种多样性不仅揭示了教育问题的复杂性，也反映了影响教育问题的因素的多元性。作为教师，只有深刻理解教育问题的复杂性和其背后影响因素的多样性，才能找到解决问题的有效路径。因此，教师必须致力于教育科学的学习与研究，特别是在当今世界变化日益迅速的背景下，教师更需超越传统的经验主义束缚，积极学习和研究教育理论，提升自身的教育理论素养，拓宽教育理论视野，从而不断提高教育效率与质量，更好地服务于教育实践。

（三）能够提高自我反思与研究能力

在教育领域，提升自我反思与研究能力是优秀教师成长的核心路径。这类教师不仅是教育实践的执行者，更是持续自我审视与自我进步的践行者。自我反思，本质上是一个对教育实践活动的合理性及合法性进行深入思考与评估的过程，它要求教师在思想层面对自身的教学行为、方法及其背后的理念进行不断追问与审视。而自我发展则意味着教师应致力于超越当前的教育成就，追求更高层次的教育境界与实践水平。这一过程超越了单纯经验积累的范畴，因为经验虽宝贵，却也容易固化成习惯，习惯的本质往往倾向于保守与封闭，而非创新与开放。因此，要突破经验的局限，摆脱习惯的桎梏，实现自我反思与自我发展的深度融合，教育理论的学习与运用显得尤为关键。教育理论为教育实践者提供了超越经验层面的视角与工具，帮助他们在自我反思中不断自我提升、完善并实现个人教育价值的最大化。

随着基础教育新课程改革的深入，教育领域对教师素质的要求日益提高，教师的角色定位也随之发生了显著转变，其中最为核心的变化是从传统的"传递型"教师向"研究型"教师转变。"教师即研究者"的理念日益受到重视，要求教师需具备研究能力，以便更好地应对教育改革带来的挑战。教育学的学习与研究在这一转型过程中扮演着至关重要的角色。它不仅赋予教师扎实的教育理论基础，包括基本概念、核心理论与关键问题，还培养了教师分析教育问题、表达个人见解及与多元教育观点进行有效对话的能力。随着教育研究能力的逐步提升与成熟，教师得以跨越传统"教书匠"的角色限制，逐步成长为具有深远影响力的"教育家"。这一转变不仅标志着教师专业成长的质的飞跃，也是教育改革深化背景下，对教师角色期待的积极回应与实现。

二、教育学的研究范式

教育学作为一门研究和探讨教育现象及其规律的学科，其研究范式多样而复杂。研究范式不仅代表着研究方法的选择，更体现了研究者对教育现象和问题的基本理解及哲学取向。不同的研究范式在教育学的发展过程中不断交替、互补，并共同推动了教育学研究的深度与广度的扩展。在当今学术背景下，教育学的研究范式已不再局限于某一种特定的路径，而是逐渐呈现出多元化的趋势。以下围绕科学主义、人文主义和复杂系统三种主要的研究范式进行详细论述，并探讨其在教育学研究中的应用和局限性。

（一）科学主义研究范式

科学主义研究范式以实证主义哲学为基础，强调通过客观的、经验性的研究方法来探讨教育现象。其核心在于运用自然科学中的因果性和价值中立原则，采用实验、观察和统计分析等方法，对教育问题进行系统化、标准化的研究。

科学主义研究范式在教育学中的应用主要体现在对教育事实的分析与解释上。例如，教育测量学和教育心理学中的大多数研究是基于科学主义范式，通过实验研究、数据分析来探讨学生的学习行为、教育效果等问题。这种范式的优势在于能够提供可重复验证的研究结果，使得教育研究更加科学化和标准化。然而，教育作为一种复杂的人文社会现象，包含大量的价值判断和文化背景，这些因素往往难以通过单纯的实证方法进行全面揭示。因此，科学主义研究范式在解释教育现象的复杂性和多样性方面存在一定的局限性，容易忽视教育研究中的价值维度。尽管如此，科学主义研究范式仍然是教育学研究中不可或缺的重要路径。其强调客观性和严谨性的特点，对提高教育研究的科学性和可靠性具有重要意义。但同时也需要认识到，仅依赖科学主义范式难以全面理解和解释教育现象的复杂性和多样性，尤其是在涉及教育价值、文化和伦理问题时，其局限性更加明显。

（二）人文主义研究范式

人文主义研究范式是对科学主义研究范式的一种反思和补充。它强调教育现象作为人类文化与社会行为的一部分，应该从人的角度出发，通过理解、诠释来揭示其内在的意义和价值。人文主义研究范式的哲学基础是现象学和解释学，尤其是狄尔泰的精神科学、胡塞尔的现象学哲学以及法兰克福学派的批判理论，为人文主义研究范式提供了深厚的理论支持。

在教育学研究中，人文主义研究范式强调研究者作为一个主体与教育现象进行互动，力求通过深入理解来获得对教育现象的全面认识。这种研究范式通常采用质性研究的方法，如访谈、观察、个案研究等，以获取丰富的、具体的教育实践资料。通过这些方法，研究者能够从个体经验、文化背景和社会环境的角度出发，对教育现象进行多维度的诠释和分析。

（三）复杂系统研究范式

复杂系统研究范式是一种基于复杂系统理论的新兴研究路径，强调对教育现象的整体性、动态性和非线性理解。其哲学基础源于复杂性科学，这种科学认为世界上的事物和现象并非单一的线性因果关系，而是由多个相互关联的因素共同作用形成的复杂系统。在教育学中，复杂系统研究范式试图通过对教育系统内部各要素及其相互关系的分析，来揭示教育现象的本质及其动态变化规律。

在复杂系统研究范式的指导下，教育被视为一个由多层次、多要素构成的复杂系统。这个系统内部的各要素之间存在非线性的互动关系，并且这些关系随着时间的推移和外部环境的变化而不断演化。例如，学生的学习过程不仅受教师教学方式的影响，还受学生的心理状态、家庭环境、社会文化背景等多种因素的综合影响。因此，复杂系统研究范式强调研究者应当从整体出发，考虑教育系统内部各要素的相互作用及其动态变化，而非仅仅关注某一单一因素的影响。

复杂系统研究范式的一个显著特点是其对非线性、开放性和自组织性的关注。它认为教育系统具有一定的自组织能力，能够在外界条件变化的情况下，通过内部的调整与适应，形成新的秩序和结构。这种观点在教育改革、教育创新等研究中具有重要的应用价值。然而，复杂系统研究范式也面临一些现实挑战。由于教育系统的复杂性和多变性，研究者难以制定统一的研究方法和标准，研究结果的可重复性和可操作性较弱。此外，复杂系统研究范式在实际操作中往往需要借助复杂的数学模型和计算工具，这对研究者的技术水平和跨学科知识水平提出了较高的要求。因此，尽管复杂系统研究范式为教育学研究提供了新的视角和方法，但其具体应用仍需进一步探索和发展。

思考与练习

1.教育的本质与目的是什么？

2.教育理论有哪些特征？

3.详细论述教育有哪些功能。

第二章

教育的核心体系解读

教育，作为人类社会传承文明、培养新人的重要途径，其核心体系的构成与运作机制一直是教育学研究的重要课题。教育的核心体系不仅关乎教育内容与主体，更涉及教育的过程与活动、教育的方法与评价等多个层面。深入解读这一体系，对理解教育的本质、优化教育实践、提升教育质量具有重要意义。

第一节　教育的内容与主体

一、教育的内容

（一）教育内容的特征分析

一般而言，从范围来看，教育内容包括人类社会各个领域的知识、经验和技能；从价值来看，教育内容具有发展人的智慧、品德、体力与审美能力等方面的作用；从表现形态来看，教育内容有物质的、符号的、精神的、行为的。因此，教育内容不等同于学校课程所包含的内容，而是学校显性课程与隐性课程的统一体。

一般而言，学校教育与非学校教育相比，在内容上更注重全面性与系统性，更注重对经验的选择，更注重以一种组织化和形式化的方式表现出来。学校教育的内容与非学校教育相比，具有以下特征。

第一，多维度的综合性特征。学校教育内容的综合性表现在其涵盖德育、智育、体育、美育、劳育等多方面内容，这是全面发展教育目标的具体体现。从物质层面来看，教育内容不仅包括书本知识，还包括实践活动中的技能训练；从精神层面来看，它包含思想观念、道德规范、审美情趣等方面的内容；从社会层面来看，教育内容既反映了社会文化的精华，又承担了传承和创新社会文化的职责。教育内容的多维度综合性，要求教育者在设计和实施教育内容时，要兼顾各个方面的协调与平衡，以促进学生全面发展。

第二，目标导向性与时代适应性特征。学校教育内容具有明确的目标导向性，它服务于特定的教育目标，这些目标不仅是知识的传授，更包括对学生思想道德、审美素养、实践能力的培养。这种目标导向性使得学校教育内容在不同的历史时期、不同的社会背景下表现出不同的特点。随着社会的发展和科技的进步，教育内容也必须不断更新，以适应时代的发展要求。例如，信息化社会的到来，使得信息技术的基础知识和技能成为现代教育内容的重要组成部分。因此，教育内容必须与时代需求相适应，才能有效促进学生的全面发展。

第三，信息承载量的高度浓缩特征。学校教育内容是人类知识的浓缩与精华，其信息承载量通常经过严格筛选与精心设计。学校教育内容通过教材、课程等形式，将庞杂的文化知识、科技成果转化为系统的学习材料，这些材料不仅要符合科学性原则，还要适应学生的认知特点和接受能力。教育内容的高度浓缩性要求教育者在选择和组织内容时，必须具有较高的学科素养和教育智慧，以确保教育内容既具备高度的科学性，又能够有效地传达给学生。

第四，知识的系统性与逻辑性特征。学校教育内容的系统性和逻辑性体现在其组织方式上。学校教育内容的设计不仅要考虑知识的内在逻辑，还要关注学生的认知发展顺序。这种系统性要求学校教育内容在组织时，要遵循由易到难、由浅入深的顺序，以确保学生能够在逐步深入的学习过程中掌握系统的知识体系。同时，学校教育内容的逻辑性要求教育者在编排教材时，要避免知识点的重复和跳跃，确保内容之间的内在关联性，以提高学生的学习效率和理解深度。

第五，科学性与纯洁性特征。学校教育内容的科学性与纯洁性是保证教育质量的重要前提。科学性要求学校教育内容必须基于客观事实和科学原理，避免任何形式的伪科学和不实信息。纯洁性则要求学校教育内容在思想道德方面必须符合社会主流价值观，避免传播有害信息，保护学生的身心健康。学校教育内容的科学性和纯洁性特征使得教育者在选择和编写教材时，必须严格遵循教育学和心理学的原则，以确保内容的准确和健康。

第六，连续性与渐进性特征。学校教育内容的连续性和渐进性是指学校教育内容在时间和逻辑上的递进性安排。这种递进性表现在教育内容的前后联系上，前一阶段的学习内容往往是后一阶段学习的基础，而后一阶段的内容则是前一阶段内容的深化和拓展。这种连续性和渐进性保证了学生能够在不断积累的学习过程中，逐步提升自己的知识水平和能力。学校教育内容的这种特征要求教育者在设计课程时，要充分考虑到学生的认知特点和知识结构，以确保学习内容的有机衔接和递进。

第七，理论与实践相结合的特征。学校教育内容不仅是理论知识的传授，还包括实践技能的训练。理论与实践的结合是学校教育内容的一大特征，也是现代教育的重要趋势。通过理论学习，学生可以掌握基础知识和科学原理，而通过实践活动，学生则能够将这些知识应用于实际问题的解决，从而提高动手能力和创新能力。这种理论与实践相结合的特征，要求教育者在设计教育内容时，必须重视实践环节的设置，以促进学生在真实情境中的学习和发展。

第八，价值导向性与文化传承性特征。学校教育内容不仅具有传授知识的功能，还承担着价值观念的引导和文化传承的责任。通过对学校教育内容的学习，学生不仅可以学习到科学文化知识和技术技能，还可以接受到社会主流价值观的熏陶，培养正确的世界观、人生观和价值观。这种价值导向性和文化传承性，使在设计教育内容时，必须高度重视内容的思想性和文化性，以确保学生在接受知识教育的同时，也能够继承和弘扬优秀的传统文化。

第九，适应性与灵活性特征。学校教育内容的适应性和灵活性体现在其对不同学生群体和不同教育环境的适应能力上。由于不同学生的认知水平、兴趣爱好、学习能力各不相同，因此学校教育内容必须具备一定的灵活性，以适应学生的个体差异。此外，不同学校、不同地区的教育资源和环境条件也有所不同，学校教育内容在设计时应充分考虑这些因素，灵活调整和优化内容的安排，以提高教育的有效性和针对性。

第十，文化多样性与全球化视野的特征。随着全球化的发展，学校教育内容的文化多样性和全球化视野日益受到重视。其教育内容不仅要反映本国的文化传统和社会需求，还要关注全球范围内的文化交流和发展趋势。这种文化多样性和全球化视野的特征，使在设计教育内容时，必须融入多元文化元素，培养学生的跨文化理解能力和全球意识，以应对未来社会的挑战。

（二）教育内容的重要价值

教育内容在教育体系中占据着核心地位，它不仅是教育活动的实体部分，更是实现教育目标、推动人才培养的根本保障。教育内容的确定和实施直接影响教育目的的实现与教育质量的提升。以下从四个方面探讨教育内容的重要价值。

1.教育内容与教育目的的紧密关联

教育内容是实现教育目的的基本保证。教育目的反映了国家对教育成果的总要求，是为了培养符合特定标准和质量规格的人才而设定的。教育内容的选择与确定是实现教育目的的关键。教育目的不仅决定了教育内容的性质，还影响着教育内容的设计与实施。历史上，各个时代、各个国家由于教育目的的不同，教育内容也呈现出多样化的特点。例如，古代中国的儒家教育内容主要围绕道德修养与经典文献展开，现代教育则更加注重科学知识与实用技能的培养。教育目的制约教育内容，反过来，教育内容的科学性和时效性也影响着教育目的的达成。教育内容需要不断更新和补充，以适应时代的变化和社会的发展，更好地实现教育目的。因此，教育内容不仅是教育目的的体现，更是实现教育目标的重要手段。

2. 教育内容作为教师教学的主要依据

教师的教学活动离不开教育内容的指导和支撑。教育内容为教师提供了明确的教学目标和方向，使教学活动具有计划性、目的性和组织性。教师在教学过程中需要根据教育内容来设计课程、选择教学方法和评估教学效果。教育内容的规范性和科学性直接影响着教师的教学质量。教师的教育和教学活动不能任意进行，而是需要以既定的教育内容为标准，进行有计划、有组织的教学。例如，在教授数学课程时，教师需要依据教材中的教育内容来讲解概念、演示解题过程，并通过练习题来巩固学生对知识的理解。如果没有明确的教育内容作为基础，教师的教学就失去了明确的方向和标准，学生的学习效果也难以保证。因此，教育内容不仅是教师教学的基础，也是教师衡量和改进教学质量的重要依据。

3. 教育内容对学生学习的基础性作用

教育内容是学生学习的主要材料，是学生知识扩展和能力提升的基础。学生在学校学习的知识量和知识领域的扩展主要依靠教育内容的科学安排和传授。教育内容通过系统的课程设置，将知识从基础到深入逐步传授给学生，帮助学生由无知到有知，从认识主观世界到认识客观世界，进而提升他们的分析和解决问题的能力。例如，在自然科学课程中，教育内容包括从基础的物理定律到复杂的科学实验，这些内容不仅拓宽了学生的知识面，还培养了他们的科学思维能力。教育内容的丰富性和系统性为学生提供了全面的知识体系，使他们能够将课堂所学知识应用于实际生活中，并不断扩大知识领域。因此，教育内容的质量直接决定了学生学习的深度和广度，是学生学业成功的重要基础。

4. 教育内容对教育质量评估的关键作用

教育内容还是检验教师教育质量和学生学习效果的重要依据。教育行政部门通过检查教育内容的安排和实施情况评估教师的教学质量和学生的学习成果。教育内容的科学合理安排能够反映出教育机构在智力、体能、美育和劳动等方面的教学水平。通过对学生掌握教育内容程度的检查，既可以了解教师的教学效果，也可以促进教师的专业成长。同时，对教育内容进行评估也有助于提升学生的学习积极性和奋斗目标，激励他们不断进步。此外，教育内容的安排和实施情况还可以作为学校教育质量的评价标准，促进学校改进教学工作。教育内容的检查不仅是对教师和学生的评估，也是对整个教育系统的监督和改进的重要手段。

（三）教育内容的改革与发展

教育内容的改革与发展是现代教育体系不断适应社会进步与科技发展的必然趋势。其改革不仅体现在内容的现代化、综合化、实用化、人本化和基础化等方面，还反映了教育理念的深刻变革。下文深入探讨教育内容在这五个方面的发展动态和挑战。

1.教育内容的现代化发展

教育内容的现代化发展要求教育体系紧跟时代步伐，及时更新教学内容以反映现代科学技术和社会变革的需求。随着科技的迅猛发展和社会的快速变化，传统课程模式逐渐暴露出其无法适应现代社会需求的弊端。例如，集合论、数理逻辑等新兴学科的引入为学生提供了更为先进的数学工具和理论基础。这种课程内容的更新不仅扩展了学生的知识面，也提升了他们的思维能力和解决问题的技巧。

此外，近年来出现了如生计教育、创造教育等新课程，这些课程以其独特的教育目标和方法，逐步取代了传统的知识灌输模式。生计教育强调培养学生的实际生活能力，鼓励他们在真实环境中进行实践，从而提升他们的综合素质。创造教育则注重激发学生的创新思维，培养他们的创造能力，使学生能够更好地适应未来社会的挑战。

2.教育内容的综合化发展

教育内容的综合化发展体现了学科之间日益显著的融合趋势，强调跨学科综合能力的培养。随着科学技术的进步和社会问题的复杂化，单一学科的知识已难以满足实际需求。理科课程的综合化，不仅包括自然科学各学科之间的交叉融合，也涉及与应用学科的结合。例如，物理学与工程学的结合使学生能够更好地理解物理原理在实际工程中的应用。

在社会学科领域，课程的综合化也同样明显。例如，"社会研究"课程通过融合历史、地理、政治等多个学科的知识，为学生提供了更为全面的社会视角。这种综合化的课程设置，旨在培养学生的综合分析能力和解决实际问题的能力以应对现代社会的复杂挑战。

3.教育内容的实用化发展

教育内容的实用化发展反映了教育系统对社会需求的高度关注，致力于增强学生的生活和职业技能。教育不再只关注理论知识的传授，而是越来越注重学生实际能力的培养。例如，日本在其教育体系中设置了专门的生活科目，教授学生实际的生活技能，如家庭管理和财务规划。这种实用化的教育内容，旨在提升学生的生活独立性和自我管理能力。

瑞典和挪威等国家在职业教育方面也采取了实用化的策略，强调通过职业课程和实习机会，提高学生的职业技能和就业竞争力。这种做法不仅增强了学生的职业能力，也促进了教育与劳动市场的对接，提高了教育的实际效用。

4.教育内容的人本化发展

教育内容的人本化发展注重学生的全面发展、个性差异和自主选择。现代教育越来越关注学生的个性化需求和自主学习能力的培养。教育应当尊重学生的个体差异，鼓励他们在自主选择课程和学习内容的过程中，发挥个人的兴趣和特长。这种人本化的发展理念，要求教育体系不仅要关注学生的学术成绩，还要关注对他们情感、社会技能和创新能力的培养。

扩大选修课的设置，是实现教育个性化和适用性的一个重要举措。通过提供丰富的选修课程，学生可以根据自身的兴趣和职业规划选择合适的课程，从而提高学习的积极性和效果。此外，教育内容的人本化还体现在对学生实践和创新能力的关注，鼓励学生在实践中探索和发展，从而培养他们的综合素质和实践能力。

5.教育内容的基础化发展

教育内容的基础化发展注重基础知识的扎实掌握，以满足信息时代对人才的要求。在现代教育体系中，基础知识的掌握被认为是学生进一步发展的基础。为了适应时代的发展需求，基础教育内容需要制定明确的标准，以保证学生能够掌握必要的基础知识和技能。

然而，基础化发展也需要考虑地区的实际情况和教育资源的差异。因此，制定基础教育内容的标准时，必须允许地方根据自身的实际情况进行课程设计。这种灵活性不仅能够保证基础教育的普及性和一致性，还能够充分发挥地方教育资源的优势，满足不同地区学生的具体需求。

二、教育的主体

（一）教育中的教师主体

1.教师角色解读

教师[①]在教育系统中扮演着至关重要的角色，其定位、转变以及社会角色的演变都对教育质量和学生发展产生深远的影响。下文详细探讨了教师角色的各个方面，力求通过严谨的学术语言和逻辑分析，全面解读教师在现代教育环境中的多重角色及变迁。

（1）教师角色定位

第一，从知识传授者到学习引导者。在传统教育模式中，教师的主要职责是知识的传授，这一角色侧重于将已有的知识系统和学科内容传递给学生。然而，随着信息技术的发展和教育理念的进步，教师的角色逐渐转变为学习引导者。这种转变要求教师不仅要传授知识，更要引导学生掌握有效的学习方法和思考技巧。信息时代的到来使知识获取的途径变得更加多样化，自主学习成为学生发展的重要组成部分。因此，教师需要培养学生的自主学习能力，教会他们如何利用多种资源进行知识探索和问题解决。教师的引导作用对学生的终身学习和综合能力的发展至关重要。

第二，从课程执行者到课程建设者。在传统教育模式中，教师通常只是课

---

① 教师，以教育为生的职业，是人类社会最古老的职业之一。按照法律法规和行业规范，在规定的时间节点内，根据学校设施条件和个人职称专业，安排学生入座、发放学习资料、备课授课、批改作业、引导辅导学生学习、组织听课练习、组织考试、传授科学文化基本知识，开展主持学术交流、提高学生的观察学习、记忆认知、动手沟通、操作等综合实践能力，培养学生特长，促进德、智、体、美、劳全面发展，掌握经验技术。

程的执行者，按照既定的教学计划进行授课。然而，现代教育的需求促使教师参与课程的建设和开发，以确保课程内容的时效性和适用性。教师不仅需要根据教学大纲进行课程实施，还应主动参与课程的设计和优化工作，结合学科的发展和学生的实际需求，进行课程内容的调整和改进。课程建设不仅涉及课程内容的更新，还包括教学方法和评估方式的改进。教师作为课程建设者的角色，使得教学过程更加符合教育发展的趋势，有助于提高教学质量和学生的学习效果。

第三，从"教书匠"到教学研究者与反思实践者。传统的"教书匠"角色强调教师的教学任务和学科知识，而现代教育对教师的要求远远超出了这一层面。教师需要成为教学研究者和反思实践者，主动进行教学研究，探索新的教学方法和策略。通过对教学过程的研究和反思，教师可以发现教学中的问题并进行改进，从而推动教学的创新和学生的全面发展。教学研究不仅仅是对教学方法的改进，还包括对教学效果的评估和反馈机制的建立。教师的这种角色转变，促使教育实践不断优化，有助于提升整体教学质量。

（2）教师角色转变

第一，更新教育观念。教师角色的转变首先体现在教育观念的更新上。现代教育理念强调学生的全面发展，而不只是关注学业成绩。教师需要与时代同步，调整自己的教育观念，注重提升学生的综合素质和能力。这种观念的更新不仅体现在教学内容和方法上，还体现在对学生个体差异的尊重和理解上。教师应关注学生的兴趣、需求和发展潜力，通过个性化的教学策略，促进学生的全面成长。

第二，提升专业素养。面对新时代的教育挑战，教师的专业素养显得尤为重要。教师不仅需要具备扎实的学科知识，还需提升信息技术能力和人文素养。信息技术的普及要求教师能够灵活运用现代教育工具和平台，以提升教学效果和学生的参与度。同时，人文素养的提升使教师能够更好地理解学生的心理和情感需求，从而提供更加人性化的教学支持。教师的专业素养不仅关系着教学质量，还影响着教师的职业发展和教育成效。

第三，以学生为本。教师角色的另一个重要转变是以学生为本。传统的教学模式往往以教师为中心，而现代教育强调师生互动和学生需求的满足。教师需要增强与学生的互动，了解学生的学习情况和个人需求，从而提供个性化的指导和支持。这种以学生为本的教学理念有助于建立良好的师生关系，提高学生的学习积极性和自主性。教师的关注点从单纯的知识传授转向学生的整体发展，这一转变对学生的学业成就和心理健康都有积极的影响。

（3）教师的社会角色

第一，职业角色变迁。教师的社会角色经历了从传统的"长者为师"到现代高校教师的职业变迁。在传统社会，教师被视为道德楷模和知识传递者，其社会角色较为单一。然而，随着社会的变迁和教育的发展，教师的角色变得更加多元化。现代教师不仅要承担教学任务，还需要参与社会改革和公共讨论。教师的社会责任也因此得到了扩展，从单纯的教育工作者转变为社会活动家和知识分子。

第二，社会角色特点。一是研究者。教师作为研究者，肩负着推动科学研究和知识创新的责任。教师不仅要在教学过程中传授已有的知识，还应积极参与科研工作，通过科学研究推动学科的发展和进步。教师的研究活动不仅提升了自身的学术水平，也为学生提供了最新的知识和实践经验。教师的研究成果能够对学科领域和社会发展产生重要影响，体现了教师在知识创新和社会进步中的核心作用。二是教育者。作为教育者，教师的职责不仅仅是传授知识，还包括指导学生的学习过程。教师需要根据学生的实际情况制订教学计划、调整教学方法，以满足不同学生的学习需求。教育者的角色要求教师具备高度的责任感和专业能力，通过有效的教学策略和辅导措施，促进学生的学业进步和个人成长。三是知识分子。作为知识分子，教师不仅要在学术领域有深入的造诣，还需积极参与社会公共事务。教师作为社会活动家，能够在社会改革和公共讨论中发挥重要作用。他们通过参与社会事务和公共政策的讨论，推动社会进步和文化发展。教师的知识分子角色使其能够在社会变革中发挥积极作用，为社会提供有价值的见解和建议。

2.教师专业化

教师专业化是教育领域的重要话题，其核心在于如何将教师职业从传统的岗位角色提升为一个高度专业的职业，这一过程涉及多方面的因素，包括教师工作特点、职业品质、专业标准及其发展、教师专业发展等方面。以下将对这些关键点进行详细论述：

（1）教师工作特点

第一，国际视角。教师专业标准的研究始于20世纪80年代，这一研究旨在通过建立统一的标准，将教师职业提升为一种专业职业。不同国家和地区在推动教师专业化方面采取了不同的策略，这些策略可以归纳为三种关系模式：一是教师专业标准与教师资格无直接关系，代表国家是美国，有教师资格并不代表达到教师标准；二是教师专业标准与教师资格挂钩，代表国家是英国，教师资格是教师专业标准的最低要求；三是较为复杂的对教师专业标准进行了分类和分级，代表国家是澳大利亚，通过分层次对教师专业进行了较为具体的区别，我国香港特别行政区也采用此标准。无论哪一种关系模式都透露出对教师专业要求的高标准、严要求的特点，突出了教师专业发展的重要性，也表现出了教师工作的复杂性和特殊性。但目前还都缺少专门针对高校教师的专业标准文本。

第二，高校教师的特殊性。高校教师的工作具有显著的专业性、复杂性和创造性。首先，高校教师在教学过程中需要具备深厚的学科知识和扎实的教学能力，其工作不仅仅是传授知识，还包括培养学生的批判性思维和创新能力。其次，高校教师的工作涉及个人自觉和职业良心，这不仅要求教师具备高度的责任感，还需要他们在教学和科研过程中表现出积极主动的态度。最后，高校教师的工作还充满复杂性，例如，在教学中需要平衡教学内容与学生需求，在科研中需要应对各种挑战和压力。

（2）教师职业品质

第一，高尚的职业道德。教师的职业品质是教师专业化的重要组成部分，高尚的职业道德不仅影响教师自身的职业发展，对学生的成长和社会的进步也具有深远的影响。教师的职业道德包括：一是爱国守法。教师应当具备强烈的爱国主义精神，遵守国家法律法规，并在教学过程中传递正能量。二是敬业。教师应当对教育事业充满热情，专注于教学工作，并不断追求专业知识和技能的提升。三是教书育人。教师不仅要传授知识，还应当关注学生的全面发展，培养学生的品德和社会责任感。四是严谨治学。教师在教学和科研中应保持严谨的态度，以确保所传授的知识准确无误，避免任何可能的误导。五是服务社会。教师应当关注社会需求，通过教育服务于社会进步，为社会发展作出贡献。六是为人师表。教师在日常生活中应当以身作则，树立良好的榜样，影响和激励学生。

第二，实际问题。尽管高尚的职业道德是教师应具备的基本素质，但在实际操作中，教师会面临一些职业道德问题，例如，责任心不足和学风浮躁等。这些问题影响了教师的教学质量和职业形象。因此，制定和完善《高等学校教师职业道德规范》显得尤为重要。这一规范旨在提供明确的职业道德指导，帮助教师树立正确的职业理念，提高其职业道德水平，从而促进教育事业的健康发展。

（3）教师专业标准及其发展

教师专业标准是国家教育机构制定的指导性文件，其主要目的是对教师的培养、规范和聘用提供科学的指导。教师专业标准不仅为教师的职业表现提供了评估依据，还明确了教师专业发展的目标和标准，从而实现教育质量的提升。以下从教师专业标准的文本框架及其应用两个方面探讨教师专业标准及其发展。

第一，教师专业标准的文本框架。教师专业标准的文本框架通常包括基本理念、基本内容和实施建议。这一框架为教师的职业发展提供了系统的指导，确保教师在教学、科研和职业道德方面的综合素质得到提升。

一是基本理念。教师专业标准的基本理念是标准文本框架的核心部分，通常涵盖以下方面：首先，师德为先。师德作为教师专业标准的首要原则，强调教师应当以高尚的职业道德为基础进行教育教学工作。教师不仅要具备良好的道德修养，还需在日常教学中体现出尊重学生、公正公平、诚信守法等基本职业伦理。高尚的师德能够建立教师与学生之间的信任关系，从而有效促进学生的成长与发展。其次，学生为本。教师的工作应以学生的全面发展为中心，这一原则要求教师在教学过程中始终关注学生的需求和成长。教育的最终目的是促进学生的身心健康和全面发展，因此教师在制订教学计划和实施教学活动时，应充分考虑学生的兴趣、能力和发展阶段，确保教育的个性化和针对性。再次，能力为重。教师应当注重自身能力的提升，这包括教学能力、科研能力和综合素质。教学能力的提升涉及课堂教学设计、教学方法的创新及教学效果的评估；科研能力的提升要求教师不断进行学术研究，推动教育理论和实践的进步；综合素质的提升则涵盖教师的管理能力、沟通能力和团队合作能力等。能力的提升不仅能够提高教师的职业竞争力，也能有效促进教育质量的提升。最后，终身学习。终身学习是教师专业标准中的重要理念，强调教师应当不断更新知识和技能，适应教育发展的新要求。随着科技的进步和教育理念的更新，教师必须与时俱进学习新的教学方法和技术，保持自身的专业能力和知识的前沿性。终身学习不仅有助于教师个人的职业发展，也能够提升教育教学的质量和效果。

二是基本内容。教师专业标准的基本内容包括教学实践、学术研究、职业道德和个人发展等方面。首先是教学实践。教学实践包括教学目标的制定、教学内容的设计、教学方法的运用和教学效果的评估。教师应根据课程标准和学生的实际情况制订科学合理的教学计划，运用多种教学方法和手段提高教学效果，并通过不断的反思和评估优化教学实践。其次是学术研究。教师应积极参与学术研究，推动教育理论和实践的创新。学术研究不仅能够丰富教师的学科知识，也有助于提高教学质量和学术水平。教师应关注本学科的最新研究成果，参与学术交流和科研项目，推动自身专业领域的发展。再次是职业道德。教师应遵循职业道德规范，尊重学生、家长及同事，保持良好的职业操守。职业道德的规范不仅要求教师在教学中做到公正、公平，还要在处理学生问题和与家长沟通时体现出专业性和责任感。最后是个人发展。教师应明确个人职业发展规划，设定短期和长期的职业目标。个人发展规划包括参与专业培训、提升学历和证书获得、参与行业交流等。通过系统的个人发展规划，教师能够不断提高自身的职业能力和素质。

三是实施建议。实施教师专业标准的建议主要包括建立健全的评估体系、提供必要的支持和资源、加强培训和指导等方面。评估体系的建立能够为教师的专业发展提供科学的评价依据，支持和资源的提供则能够帮助教师在实际工作中更好地达到标准，培训和指导的加强则有助于教师更好地理解和应用专业标准。

第二，教师专业标准的应用。教师专业标准的应用对提升教学质量和职业道德具有重要意义。现代高校教师应当积极遵循这些专业标准，通过持续学习和自我提升，推动自身专业发展和教育事业的进步。

一是教学质量的提升。教师应在教学过程中贯彻基本理念，关注学生的全面发展，提升自身的教学能力。通过不断学习新的教学方法和技术，教师可以更好地满足学生的学习需求，提高教学效果。同时，教师应根据学生的反馈和教学评估结果，及时调整教学策略，确保教学质量的持续提升。

二是职业道德的践行。教师应自觉遵守职业道德规范，做到公正、公平地对待每一个学生，维护教育的公正性和权威性。良好的职业道德能够增强教师与学生、家长及同事之间的信任关系，促进和谐的教育环境和教学氛围。

三是自我提升与发展。教师应通过参加培训、进修学习和学术研究等途径，持续提升自身的专业能力和素质。终身学习是教师职业发展的重要保障，教师应不断更新知识和技能，以适应教育发展的新要求。通过制定个人职业发展规划，教师可以明确发展目标，积极推动自身的专业成长。

四是教育事业的进步。教师专业标准的实施不仅有助于教师个人的成长，也推动了教育事业的整体进步。通过提高教师的专业水平和职业道德，教育质量得以提升，学生的全面发展也能够得到更好的保障。教师在职业生涯中的不断进步和自我提升为教育事业的持续发展注入了新的动力。

（4）教师专业发展

第一，教师专业发展的问题与挑战。教师专业发展在当今教育体系中扮演着至关重要的角色。然而，教师在其职业生涯中面临诸多问题和挑战，这些问题不仅影响其个人职业成长，也对教育质量产生了深远的影响。首先，教师的专业发展面临的首要挑战是培训体系不完善。大学教师往往在其职业生涯初期缺乏系统的培训和指导，这导致其在适应教学任务和科研要求时可能会遇到困难。特别是在高等教育机构中，教师的角色不仅包括教学，还涉及大量的科研任务。这种多重角色要求大学教师具备广泛的知识储备和研究能力，但目前的培训体系未能充分覆盖这些需求。其次，大学教师常常面临教学经验不足与科研压力过大的双重挑战。尤其是年轻教师，他们需要在有限的时间内兼顾教学和科研两个方面的工作。教学任务的繁重和科研压力的增加，使得他们在工作中常常陷入时间管理的困境。在这种情况下，教师往往不得不牺牲个人生活时间，以满足职称晋升和科研成果的要求。这不仅会对教师的职业发展造成困扰，也可能影响其心理健康和生活质量。此外，教师的职业发展还受到学术环境和资源配置的影响。部分高等教育机构在资源分配上存在不均的现象，优质的教育资源和科研支持往往集中在少数研究领域和学术带头人身上。这种资源配置的不均衡，使得一些教师，特别是年轻教师，难以获得所需的科研支持和教学资源，从而限制了他们的专业发展空间。

第二，教师专业发展的对策。针对上述问题和挑战，需采取系统而有效的对策，以促进教师的专业发展，提升教育质量。首先，建立完善的教师培训和指导体系是关键。高等教育机构应当为大学教师，尤其是青年教师提供系统的培训和指导。这包括开设针对性的教学方法培训、科研技能提升课程以及职业规划指导。通过系统的培训，教师可以更好地适应教学和科研的要求，从而提高其整体职业素养。此外，建立教师发展中心，提供个性化的职业指导和支持，也是提升教师专业发展的重要手段。其次，增强教师的教学和科研支持力度是应对挑战的重要对策。高等教育机构可以通过设立教学竞赛、教学评估和反馈机制，激励教师提升教学水平。这不仅能够促进教师在教学实践中不断反思和改进，还能够通过评估发现教学中的问题并加以解决。同时，开展科研支持项目和团队合作，缓解教师在科研方面的压力。为教师提供更多的科研资源、资金支持以及合作机会，帮助他们在科研道路上取得更好的成绩。此外，加强教师的职业培训和继续教育也是促进教师专业发展的有效途径。高等教育机构可以提供多样化的培训机会，如专业发展课程、学术会议和交流活动。这些培训机会不仅能够帮助教师更新知识和技能，还能促使他们了解教育领域的最新发展趋势，从而提升其教学和研究能力。通过继续教育，教师可以不断提高自身的职业素养，以适应快速变化的教育环境。

（二）教育中的学生主体

在现代教育背景下，"以人为本"的学生发展理念已经成为高等教育领域中的核心议题。这一理念强调教育应以学生为中心，关注其个性发展和潜力挖掘，旨在培养具有创新能力和独特个性的人才。高等教育不仅要传授知识和技能，更重要的是通过营造人文氛围、文化环境和教学机制，促进学生的全方位发展，从而为社会提供更加多样化和有创造力的劳动者与公民。

1. "以人为本"的学生发展理念

"以人为本"的学生发展理念主张教育应从学生的角度出发，关注其个性、兴趣和需求，努力为学生提供一个能够充分展示和发展其个性的环境。高等教育作为知识传播和文化传承的重要阵地，不仅是培养学生学术能力的场所，更是塑造其思想观念和人格品质的关键途径。因此，高等教育必须坚持"以人为本"的教育理念，在教育过程中应注重学生的全面发展。

第一，高等教育的核心目标是培养具有创新力、独特个性的人才。在这一过程中，教育不仅是知识的传授，更是思想的启迪和人格的塑造。教育工作者应当通过多样化的教育理念和方法，激发学生的学习兴趣和创新思维，帮助他们在学术和个人发展上取得突破。高校可以通过营造良好的人文氛围和文化环境，激发学生的创造力和主动性，使其在学术和社会生活中展现出独特的个人风采。

第二，在"以人为本"的教育理念下，高等教育必须通过构建合理的教学机制，促进学生的个性发展。教育不仅是传授知识，更是培养学生的自我认知、自我提高和自我完善的能力。在这一过程中，教育工作者需要重视学生的个体差异，尊重学生的独特性，并在教育实践中灵活运用多样化的教学方法和策略，使每一个学生都能在其擅长的领域中得到充分的发展。

第三,"以人为本"的教育理念还强调了个性发展和团结协作能力之间的平衡。高等教育不仅要培养学生的个性,还应当注重团队合作精神的培养。这不仅有助于学生在未来的职业生涯中适应团队工作,还能提高其社会责任感和集体荣誉感。因此,高校应当通过各种实践活动和课程设计,使学生在个性发展的同时,学会如何与他人合作,共同实现目标。

2.自由与学生个性的发展

自由是学生个性发展的前提。个性的发展不仅受到遗传因素的影响,还与学习、成长等外部因素密切相关。在这一过程中,自由作为个性发展的重要条件,既是个性表达的基础,也是自我实现的关键。然而,自由并不是无限制的,真正的自由应该是有责任和约束的自由,是一种基于理性和道德的自由。

在高等教育中,自由的概念应当得到充分的重视。高校作为学生知识获取和人格塑造的场所,应当为学生提供一个自由发展的空间。在这个空间中,学生能够自由地探索自己的兴趣和爱好,发展自己的个性和能力。与此同时,高校还应当通过制定合理的规章制度,对学生的自由进行适当的引导和规范,以确保其个性发展在一个有序和理性的环境中进行。

高等教育对自由的尊重,不仅体现在课程设计和教学方法上,还体现在校园文化和学术氛围的构建上。高校应当营造一种鼓励创新、尊重差异的校园文化,使学生在自由发展的同时,能够保持理性和独立的思考能力。此外,高校还应当为学生提供多样化的实践机会,通过社团活动、科研项目和社会实践等方式,帮助学生在实践中发展个性和提升能力。然而,自由并不意味着放任自流。在个性发展的过程中,自由与责任始终是相辅相成的。学生在享受自由的同时,也必须承担相应的责任。这种责任不仅包括对自己学业和生活的负责,还包括对他人和社会的责任。教育工作者应当通过教育引导,帮助学生树立正确的价值观和道德观,使其在自由发展的同时,能够正确认识和处理自由与责任之间的关系。

(三)师生主体的关系建立

在高校教育体系中,师生关系的构建与维护对实现高等教育目标、推动科研进步以及有效管理具有至关重要的作用。师生关系不仅是高校中最基本、最核心的关系,也是衡量高校竞争力和世界一流大学建设的重要标准。以下从多个角度详细论述师生关系的内涵及其在现代教育中的重要性、特殊性、挑战与应对策略。

1.师生关系的重要性

师生关系是教育过程中不可或缺的核心要素。它不仅关乎教学效果的提升,还直接影响学生的全面发展和人格塑造。在高校中,师生关系的重要性体现在教育、科研和管理等多个层面。首先,良好的师生关系有助于形成积极的学习环境,使学生能够在尊重与信任的氛围中更好地吸收知识,培养创新精神和实践能力。其次,师生关系的和谐有助于教师在科研中与学生建立有效的合作关系,从而推动科研项目的顺利进行。此外,师生关系在高校管理中也起到了桥梁作用,通过良好的沟通和互动,能够有效化解潜在的矛盾与冲突,促进学校和谐发展。因此,师生关系的质量直接关系到高校的整体办学水平和社会声誉,是衡量高校竞争力和世界一流大学建设的关键因素之一。

2.学生的三重身份

在师生关系的构建中,学生的身份是多重且复杂的。首先,学生作为受教育者,是教育的对象。在这个层面,教师是知识的传授者,学生是知识的接收者。这种关系在传统的教育模式中占据主导地位,但随着教育理念的转变,这种单向的关系正在逐步让位于更为互动和动态的师生关系。其次,学生作为学习者,是学习的主体。在这个身份下,学生不仅要接收知识,还应积极参与学习过程,成为知识建构的重要环节。现代教育理论强调学生的主体性,认为学生在学习过程中应当具备自主性和创新精神,这对教师提出了更高的要求,即不仅要传授知识,还要激发学生的主动性和探究精神。最后,学生作为成长中的个体,处于人格和能力发展的关键阶段。教师在这一过程中不仅要关注学生的学术进步,还要关注其人格成长和心理健康。因此,学生的三重身份决定了师生关系的多样性和复杂性,教师在教学过程中需要综合考虑学生的多重需求,采取适当的教育策略,以促进学生的全面发展。

3.师生关系的特殊性

高校师生关系具有独特的社会属性，它不仅是普通的师生关系，更是一种基于"主体—主体"的互相成就的社会关系。这种关系不同于日常的社会关系，也不同于家庭中的亲情关系。高校中的师生关系是双方在教育和科研活动中共同发展的关系，教师和学生作为教育的两个主体，彼此间既有知识的传递，又有思想的碰撞和情感的交流。这种关系的特殊性还体现在其对双方角色的定位和期望上。教师不仅是知识的传授者，还是学生的引路人和榜样；学生不仅是知识的接收者，也是教师学术思想的继承者和延续者。在这种关系中，教师通过教育和指导学生实现个人的学术成就，学生则通过学习和实践实现自我成长和发展。这种基于"主体—主体"的互相成就的关系，使得高校师生关系具有其他社会关系所不具备的深刻性和独特性。

4.师生关系的影响

良好的师生关系不仅对教育质量的提升具有直接影响，还会对学生的长远发展产生深远的影响。首先，和谐的师生关系能够营造积极的学习氛围，激发学生的学习热情和创造力，使其在学术上取得优异成绩。其次，良好的师生关系有助于培养学生的创新精神和实践能力。通过与教师的互动和合作，学生能够在知识的探究中形成批判性思维和解决问题的能力，这对其未来的职业发展和融入社会具有重要意义。此外，师生关系还为学生进入社会提供了人际关系的榜样。教师在与学生互动中所展示的尊重、信任和理解等品质，将潜移默化地影响学生的行为方式和价值观，为其未来的社会交往奠定良好的基础。因此，良好的师生关系不仅能够提升教育质量，还能够为学生的全面发展提供坚实的保障。

5.互联网时代的挑战

随着信息技术的迅猛发展，传统的师生关系面临前所未有的挑战。互联网的普及和"互联网+"时代的到来，使得师生之间的沟通方式和互动方式发生了深刻变化。一方面，网络技术的应用打破了传统的课堂教学模式，使得知识的传授不再局限于固定的空间和时间，学生可以通过网络自主学习，获取更为广泛和多元的知识信息。这种变化在一定程度上削弱了教师的权威性和传统师生关系的稳固性。另一方面，网络的虚拟性和匿名性使得师生之间的情感交流变得更加复杂，网络交流难以替代面对面的沟通和互动，这可能导致师生关系的疏远和信任度的下降。因此，在互联网时代，如何重新构建以知识、情感和融合为核心的现代师生关系，成为高校教育面临的重要课题。

6.平等对话的必要性

在应对现代教育环境复杂挑战的过程中，构建平等对话的师生关系显得尤为重要。平等对话不仅是现代教育理念的体现，也是促进师生关系和谐发展的关键。传统的师生关系往往是权威与服从的关系，教师处于支配地位，学生则被动接收知识。然而，随着教育民主化的推进，学生的主体地位日益得到强调，教师与学生之间的关系也逐步转变为平等互助的关系。在这种关系中，教师应尊重学生的独立性和创造性，鼓励学生表达自己的观点和意见；学生则应积极参与教学过程，与教师进行深入的交流和探讨。通过平等对话，师生双方能够在思想的碰撞中实现共同成长和进步，推动教育质量的提升和创新。

7.尊师爱生与民主平等

尊师爱生和民主平等是构建良好师生关系的基础。尊师爱生是中国传统文化中的重要价值观念，强调学生对教师的尊重和敬仰，这不仅有助于维护教师的权威和尊严，也有助于形成良好的学习风气。同时，教师也应当爱护和关心学生，尊重学生的个性和需求，给予他们充分的理解和支持。民主平等则是现代教育理念的重要体现，强调教师与学生之间的平等互动。在这一理念下，教师应提高自身的道德素养和专业能力，以身作则，为学生树立榜样；学生则应尊重教师的劳动和智慧，积极配合教学活动，形成良性的互动关系。因此，尊师爱生与民主平等的有机结合，能够为师生关系的良性发展提供坚实的保障。

8.新型师生关系的精髓

在现代教育背景下，平等和独立成为新型师生关系的核心。这种关系强调教师与学生之间的相互尊重和独立发展，能够有效促进学生的自主性、创新能力和探究精神的发展。在新型师生关系中，教师的角色不仅是知识的传授者，更是学习的引导者和支持者，学生则是学习的主导者和探索者。这种关系强调师生双方在教学过程中的共同参与和互动,通过相互学习和支持,激发学生的潜能和创造力。同时,新型师生关系也鼓励学生在学习过程中保持独立思考和批判性思维,培养其自主解决问题的能力和创新意识。因此,平等和独立作为新型师生关系的精髓,不仅促进了教育质量的提升,也为学生的全面发展提供了有力支持。

第二节 教育的过程与活动

一、教育的过程

教育活动的展开必然表现为教育过程,教育活动的规律也必然存在于教育过程之中。因此,正确把握和认识教育过程的本质和规律是有效开展教育活动、实现教育目的的保证。

人的任何活动都是一个过程。一般而言,所谓过程就是现实世界中的事物或活动产生、变化的连续性在时间和空间上的表现。所以,教育过程就是教育活动的延续与展开,也就是教育活动所经历或长或短的行程。从教育过程所进行的形式上看,教育过程大体上可以分为以下四个层次。

第一个层次为学校教育过程,即个体整个的学校教育过程,包括学生从小学到大学毕业总体的教育过程,这一教育过程贯穿初等教育、中等教育和高等教育几个阶段,由于不同阶段教育的性质和任务不同,学生在不同教育阶段的身心发展特点和发展水平不一样,所以,这个教育过程在不同教育阶段会呈现出不同的特点。教育工作者要特别注意这一点,这样才能根据各个不同时期学生身心发展的要求,实行不同要求的教育。

第二个层次是课程教育过程,即一门课程从开始到结束的教育过程。这也是一个长期不断发展的教育过程。由于不同课程具有不同的性质和特点,加上不同课程开始和结束的时间不同,所以课程教育过程具有多样性。教育工作者要根据课程的特点和学生身心发展的不同水平进行课程改革和调节。在学校教育过程中,没有一成不变的课程结构,要经常随社会发展的需要适时进行调整。高等学校的教育过程也是如此。

第三个层次是一门课程中的一章或一个单元的教育过程。这一教育过程是课程教育过程的一个组成部分,它从属于课程的教育过程,被一门课程的教育过程的发展阶段所规定。

第四个层次是某个知识点或一节课的教育过程，这是一个单元教育过程中的一个环节，也是一门课程和一定阶段整个教育过程的基本组成部分，是最基本的教育过程。在教育过程的研究中，人们经常把一个知识点或一节课的教育过程作为教育过程的细胞来进行分析，这是非常必要和有意义的。作为教育工作者要特别注意这个层次的教育过程，尤其是要根据每个学生的特点和需要进行教育，也就是我们通常所说的因材施教。

教育过程的本质就是教育过程与其他活动过程之间的根本性区别，具体而言，可以从以下方面认识教育过程的本质。

（一）教育过程是教育者与受教育者共同参与的活动双边过程

教育活动作为一种特定的社会实践形式，其本质属性不仅在于其社会性，更在于其作为一种双边共时的互动过程，深刻体现了教育者与受教育者之间的动态关联与相互塑造。这一过程，超越了简单的知识传递或技能培养的范畴，蕴含丰富的情感交流、价值观共享以及人格的相互影响与提升，是教育者与受教育者在特定情境下，为实现共同的教育目标而展开的知识探索、态度形成、价值认同的综合性活动。

第一，教育过程的双边共时性强调了教与学的不可分割性和相互依存性。教师的"教"与学生的"学"并非两个独立运行的环节，而是相互交织、互为前提的同一过程的两面。教师的教，不仅是对知识的讲解、技能的演示，更是对学生学习状态的观察、引导与激励；学生的学，也不仅仅是对知识的接收、技能的练习，更是对教师教学反馈的积极响应、对学习内容的主动探索与创新思考。这种双边共时性，要求教育活动中每一方都需充分认识到对方的存在与价值，通过持续的互动与反馈，实现知识的深度加工、情感的共鸣与价值观的共鸣。

第二，将教育过程视为双边共时的活动意味着必须重新审视并界定学生与教师在教育活动中的角色与职责。学生不再是被动接收知识的容器，而是拥有主观能动性、能够积极参与教育过程、与教师共同创造教育意义的主体。他们通过提问、讨论、合作等方式，不仅要学习知识，更要学会学习，发展批判性思维与创新能力。教师则转变为学习的引导者、促进者与合作者，他们不仅传授知识，更重要的是激发学生的学习兴趣，培养其自主学习的能力，同时，在与学生的互动中，不断反思教学实践，提升专业素养，实现自我成长。

第三，教育过程的双边共时性，还体现在教育目标与成果的共享性上。教育不仅仅是促进学生认知发展、技能提升的过程，也是促进其情感成熟、价值观形成与社会性发展的重要途径。在这一过程中，教师与学生共同设定学习目标，共同参与学习活动的规划与实施，共同评价学习成果，实现知识的共享、情感的共鸣与价值观的共塑。这种共享性，不仅促进了学生的全面发展，也为教师提供了专业成长与个人价值实现的广阔舞台。

（二）教育过程是一个内化与外化交错递进的螺旋式上升过程

教育过程是一个内化与外化交错递进的螺旋式上升过程，这一论断深刻揭示了教育活动的本质规律及其动态发展的特性。内化作为个体将外部影响和操作行为转化为自身素质的关键机制，不仅涉及认知结构的重塑，还涵盖行为模式的定向构建。它不仅仅是简单模仿或复制，更是一个复杂且连续的过程，要求个体在认知、情感及行为层面进行深度整合与重构。例如，儿童在观察父母教育方式的过程中，不仅会模仿具体的行为模式，更在无形中吸纳了教育背后的价值观与态度，这一过程便是内化深层次发生的体现。值得注意的是，内化并非一蹴而就，它往往需要时间的积淀以及与其他内在活动的反复交互，方能实现稳定的内在化转变。与内化相辅相成的是外化过程，它强调个体将已内化的各种素质反作用于与外部世界的交往中，实现知识与技能的实际应用，以及个性特征的社会展现。对学生而言，外化不仅是学习成果的展示，更是其社会化程度的直接反映。学生能否将所学知识、技能有效应用于解决实际问题，是衡量其内化成效的重要标尺。这一过程鼓励学生走出理论的象牙塔，进入实践的广阔天地，通过实际操作加深理解，促进知识的活化与能力的提升。

教育过程之所以被视为内化与外化交错递进的螺旋式上升过程，是因为两者并非孤立存在，而是相互依存、相互促进的。内化为外化提供了必要的知识储备与能力基础，而外化则成为进一步内化新知识与技能的驱动力。学生在内化社会规范、知识技能的同时，通过外化实践不断检验并调整这些内在结构，实现自我反馈与修正，进而推动新的内化需求的产生。如此循环往复，构成了一个动态平衡、持续上升的教育发展轨迹。具体而言，教育过程中的内化与外化交错递进体现在多个层面。在知识学习上，学生首先通过听讲、阅读等方式内化基础知识，随后通过练习、讨论等外化活动加深理解；在技能培养上，从模仿教师的示范开始，到独立操作、解决实际问题，实现了从内化到外化的飞跃；在品德形成上，学生先是通过观察、学习社会公认的道德准则，再在日常生活中实践这些准则，通过外化的行为反馈不断调整内在的价值观念。每一环节的内化与外化都不是孤立的，而是相互交织、相互促进的，共同推动学生的全面发展。

（三）教育过程是他人教育与自我教育的协调统一过程

教育过程，从本质上讲是一个由他人教育与自我教育相互交织、协调统一的复杂系统。此观点强调教育活动不仅仅是教育者单方面传授知识的过程，亦是受教育者主动吸纳、内化知识并进行自我构建与发展的过程。换言之，教育活动的全貌是教育者施教行为与受教育者自我教育行为的有机统一体，二者相辅相成，缺一不可。

在教育活动的这一统一体中，教育者的教育，即他人教育，占据主导地位，扮演着引领和塑造的角色。教师作为教育活动的核心执行者，凭借其先期获得的知识、专门训练的经验以及掌握的教育技能，能够在有限的时间内，通过精心设计的教学方法和手段，将人类长期以来积累的文化科学知识系统地传授给学生，确保这些宝贵的文化遗产得以保存并跨越时空传递给下一代。这一过程不仅是对知识的传递，更是对人类智慧与精神的传承与弘扬。然而，教育的完整实现不能仅仅依赖于外界的灌输，同样需要受教育者内部的积极响应与自我驱动。学生的自我教育意识和能力，既是教育实践的产物，也是推动教育深入进行的内在动力。当学生具备较强的自我教育意识和能力时，他们能够更加主动地探索知识，批判性地思考，从而更有效地实现教育目标。从这个意义上讲，缺乏自我教育元素的教育是不完整的，教育目的的真正达成，离不开受教育者的内化过程，外部影响需通过内部机制的转化才能发挥其效用。随着社会的进步和教育理念的革新，自我教育的重要性日益凸显，逐渐成为教育活动的核心关注点。

在当代教育背景下，尤其需要重视并加强学生自我教育意识和能力的培养，充分发掘并发挥受教育者在自我教育中的主体作用。这要求我们深刻反思传统的教学观念，在传统教学观念当中，学生往往被视为被动的接收者，教师的角色则被定位为知识的传授者和课堂的控制者。在这种观念的指导下，教学过程会逐渐成为一种机械的知识灌输和技能训练，而忽视了学生主体性的发挥。因此，必须对这种传统的教学观、学生观和教师观进行彻底的革新，认识到学生不仅是知识的接收者，更是知识的探索者和自我教育者，他们具备自我认识、自我体验、自我监控和自我评价的全面能力。

为此，教育领域的深刻变革势在必行，学校作为教育的主要场所，也必须随之发生根本性的转变。未来的学校应当致力于营造一个让学生不再是被动接受教育的对象，而是成为自我教育的主体，使每个人都能成为教育自己的主人的环境。这意味着，他人的教育必须转化为个体内在的需求和动力，成为促进个人自我成长的力量，即个体与其自身关系的重塑。因此，我们应在理论与实践层面不断探索，寻找促进他人教育与自我教育和谐统一的有效路径，以培养出能够适应并引领未来社会发展的新型人才。

（四）教育过程是培养完整人的过程

教育之要务，在于培育完整之人，此观念之确立，实乃源于人类发展之完整性本质。人作为一个复杂而统一的生命体，其身心之成长非单一维度所能涵盖，而是多维度、多层次的交织与融合。具体而言，人不仅是知识与智慧的载体，亦是道德情操、体质健康及审美情趣的综合体现。这些素质并非孤立存在，而是相互依存、相互促进的，是构成一个完整人格的基石。人的全面发展，正是在这一系列素质的和谐共生与相互作用中得以实现，它要求教育不仅要关注知识的传授与智力的培养，更要重视品德的塑造、体质的增强以及美感的培育。

教育过程，作为社会赋予的塑造未来成员的重要环节，其终极目标在于培养出既具备扎实学识，又拥有高尚品德、强健体魄及良好审美能力的全面发展型人才。要实现这一目标，教育过程本身必须遵循人的身心发展之整体性原则，即教育的内容与方法需全面、均衡，既要注重科学文化知识的传授，也要加强思想道德教育，同时不可忽视体育锻炼与艺术教育的重要性。唯有如此，方能确保学生在接受教育的过程中，不仅能够获得认知上的提升，更能实现情感、态度、价值观以及身体机能的全面成长。

（五）教育过程是提高学生认识的过程

教育的核心目标之一是引导学生在认识上获得提升和发展。教育过程不仅是知识的传授，更是学生认识水平提高的关键过程。这一过程首先涉及学生对文化知识的掌握，并通过对这些知识的理解来认知客观世界。教育学原理在此过程中扮演了重要的角色，具体体现在处理已知与未知、符号与意义、具体与抽象、直接经验与间接经验等关系上，从而有效提升学生的认识水平。

1.已知与未知的关系

在教育过程中，已知与未知的关系是学生认知提升的基础。已知指的是学生已经掌握的知识，这些知识为学生认识新事物提供了基础；未知则是学生尚未掌握的知识，是教育的目标之一。教育的任务是通过已知知识的引导，将未知知识转化为已知，从而促进学生认识的发展。首先，已知知识在学习新知识的过程中起着重要作用。学生的新知识学习通常是在已有知识的基础上进行的，既为新知识的学习提供了背景，又影响了新知识的结构建构。教育心理学家皮亚杰指出，知识的同化与顺应是认知发展的重要机制。学生将新知识融入已有的知识框架中，既能丰富现有的知识结构，也能推动认知的进一步发展。因此，教师在教学过程中应重视学生已有知识的激活与运用，以促进新知识的有效学习。其次，未知知识的深度和广度也直接影响学生的学习效果。未知知识过于简单或过于复杂都可能对学生的认知产生负面影响。教育应该根据学生的认知水平适时调整知识的难度，确保新知识既能超越已有知识又能与之保持紧密的联系。例如，奥苏伯尔的"先行组织者"理论就强调在介绍新知识之前，通过简明扼要的概述帮助学生建立已有知识与新知识之间的联系，从而促进新知识的学习。

2.符号与意义的关系

符号化是教育过程中的核心组成部分。符号不仅是知识的载体，还承载着知识的意义。教育过程中，学生通过符号系统（如语言符号）来获取和理解知识。符号的形式与意义之间的关系，决定了学生认知的有效性。

语言符号是教育中最重要的符号系统之一。语言不仅是交流的工具，也是认知的基础。学生通过语言符号将外部世界的现象转化为内在的认知结构。教育心理学家奥苏伯尔认为，有意义的学习必须在学生的认知结构中建立新旧知识之间的实质性联系。换言之，学生必须理解符号的意义，才能有效地掌握知识。因此，教师在教学中需要帮助学生理解符号所代表的意义，而不仅仅是其形式。具体而言，教师可以运用解释性类别和比较性组织者等策略，帮助学生将新知识与已有知识进行关联。比如，在学习新概念时，教师可以通过具体的实例和比喻，使学生将抽象的概念与现实生活中的具体事物建立联系，从而加深对新知识的理解和记忆。

3.具体与抽象的关系

教育过程中，学生的认知发展经历从具体到抽象的过程。具体认知是基础，抽象认知是发展的高级阶段。具体认知为学生理解抽象概念提供了基础，而抽象认知又能够深化对具体事物的理解。

心理学研究表明，抽象思维的形成依赖于具体经验的积累。在教育过程中，教师需要设计合适的教学活动，使学生在具体的情境中练习和应用抽象概念。例如，数学教育中，学生首先需要通过具体的操作和实物模型来理解抽象的数学概念，然后逐步过渡到更抽象的数学理论。这种具体经验与抽象概念的相互渗透，能够有效促进学生认知能力的发展。

4.直接经验与间接经验的关系

教育过程中的知识获取既包括直接经验，也包括间接经验。直接经验是学生通过自身的感官和实践获得的，而间接经验则包括人类文明积累和传承的知识。两者的有效结合是提高学生认识水平的关键。

在教学中，学生主要通过间接经验来获取知识，因为直接经验的范围和深度有限。教育过程中，教师通过传授书本知识和历史经验，将人类积累的间接经验传递给学生。同时，学生也需要将这些间接经验与个人的直接经验相结合，以便将所学知识内化为个人的认知资源。例如，科学实验不仅能够帮助学生理解理论知识，还能通过实践使学生将理论知识与现实世界中的具体现象联系起来，从而提高认识的深度和广度。

（六）教育过程是促进学生发展的过程

教育过程不仅是知识传授的过程，更是一个促进学生全面发展的过程。在教育过程中，学生的认识过程与发展过程既有不同的性质和特点，又密切联系并相互制约。有效的教育不仅要关注学生知识的掌握，还需关注学生智力、品德、情感和身体等多方面的发展。以下将从知识与智力的关系、知识与思想品德的关系、智力因素与非智力因素的关系以及身体发展与心理发展的关系四个方面探讨教育过程如何促进学生的全面发展。

1.知识与智力的关系

知识的掌握与智力的发展是相互联系的，知识是智力的内容，智力的提高又推动知识的深化和广度扩展。首先，知识是智力发展的基础。掌握知识为智力活动提供了内容和材料，使得智力能够在此基础上进行操作和发展。知识的掌握不仅帮助学生在实际问题中运用智力进行分析和解决，还促进了智力的提高。学生在掌握知识的过程中，智力活动得到了锻炼和提升，从而推动了智力的发展。其次，智力的水平直接影响学生对知识的掌握。高水平的智力使得学生能够深入理解复杂的知识体系，实现举一反三和触类旁通，增强了学习的效果。智力的提升使得学生能够更好地吸收和应用知识，从而促进了更高层次的知识掌握。然而，知识和智力之间并不存在单向的必然联系。智力对知识的应用和转化至关重要。如果学生无法将所学知识灵活应用，那么知识可能成为束缚智力的绊脚石。因此，在教育过程中，教师应当在知识传授的同时，引导学生将知识应用于解决实际问题，从而促进智力的提升。教育者应当关注知识与智力的双向促进关系，创造有利的学习环境，使学生在掌握知识的过程中不断提高智力水平，同时通过智力的提升实现知识的深入学习。

2.知识与思想品德的关系

掌握知识与提高思想品德之间的关系是一种辩证的关系。一方面，知识是思想品德提高的基础。学生的世界观、人生观以及价值观的形成需要依赖于知识的积累和认识。科学文化知识的学习为学生提供了判断和分析问题的工具，有助于培养学生的正确人生观和科学世界观。另一方面，学生的思想品德提高会影响他们学习知识的动机和态度。思想品德的提高促使学生在学习中更加主动、积极，从而推动了知识的掌握和运用。

要促进学生思想品德的发展，就必须重视知识教学的教育性。教师在知识教学中应当积极挖掘教材的思想性，结合学生的实际情况进行思想品德教育。教师不仅要传授知识，更要通过教学活动培养学生的道德观念和价值观。此外，培养学生对知识的兴趣也是提高思想品德的重要途径。学生对知识的兴趣能够激发他们的学习积极性，从而提高思想品德。兴趣的培养不仅影响学生的学习态度，还能促进他们对知识的理解和运用。最后，教育过程中还需引导学生提高道德判断能力。道德判断能力的发展离不开知识的掌握，但知识的学习必须与道德判断能力的培养相结合，才能有效提高学生的思想品德水平。

3.智力因素与非智力因素的关系

智力因素和非智力因素在学生的学习和发展过程中具有密切的联系。智力因素主要包括认知能力，如思维、记忆、想象等，而非智力因素包括兴趣、情感、意志等。这两种因素在教育过程中相互作用、相互渗透。非智力因素的发展依赖于智力活动，并积极影响智力活动。例如，学生的情感、兴趣和意志在认知与学习过程中起到了重要作用。非智力因素不仅可以影响学生的学习动机，还会影响学习效果。教育者在教学中应关注非智力因素的调节和引导，使其与智力活动相协调，从而提升学习效果。

教育过程中的非智力因素应按照教育需要进行调节和引导。一方面，教育活动应激发学生的兴趣和求知欲，使非智力因素积极参与到学习中。强烈的兴趣能够促进学生学习能力的发挥，提高学习效果。另一方面，教育者还应提高学生的自我教育能力，帮助他们养成稳定的学习兴趣和成就动机。提高学生自我调节非智力因素的能力，有助于提升学习效率和效果。

4.身体发展与心理发展的关系

教育过程中不仅要关注学生的知识和智力发展，也需重视学生的身体发展和心理发展。身体发展为心理发展提供了基础和支持，心理发展也会对身体发展产生影响。身体健康和心理健康之间存在密切联系，例如，神经系统和大脑的发展直接影响学生的认知能力。大脑的快速发展与学生的思维能力和情感调节能力密切相关。在青春期，神经元数量的增加和神经连接的复杂化为学生认知能力的提升提供了条件。同时，前额叶的发育与学生的情感控制和复杂决策能力密切相关。

教育过程中应注重学生身体的全面发展和健康状况，优化教育活动，促进学生的身体和心理同步发展。教师和教育工作者需关注学生的身体健康，为学生提供丰富的体育活动，增强学生的体质。只有身体健康得到保障，心理发展才能顺利进行，两者的良性互动能够促进学生的全面发展。

二、教育活动

（一）教育活动的结构分析

在教育学领域，教育活动的结构性分析对理解教育过程的有效性及其优化至关重要。以下对教育活动的内外结构进行详细探讨，并在任务、性质、时空三个维度上展开深入分析，以揭示教育活动在实践中的多维度互动及其影响力。

1.教育活动的内外结构

内在结构指的是教育活动内部的核心要素，包括教育者、受教育者、教育内容及教育手段。教育者是教育活动的实施者，其专业素养、教育理念以及教学策略直接影响教育效果。受教育者则是教育活动的主要对象，其需求、背景以及学习动机决定了教育的针对性和有效性。教育内容涵盖教学的知识点、技能训练及其相关课程标准。教育手段则包括各种教学方法、工具和资源的使用。教育者通过合适的教育手段将教育内容传递给受教育者，以实现教育目标。

外部结构则涉及教育活动的分类和组织，包括教育活动的种类分布，主要从任务、性质和时空三个维度来分析。教育活动的外部结构影响着教育实践的安排和优化策略，因此对提升教育质量具有重要意义。

（1）教育活动的任务维度。教育活动的任务维度可细分为德育、智育、体育、美育以及劳育五个主要领域。这五种活动相互关联，构成了学校教育的体系。德育侧重于培养学生的道德素养和社会责任感，是教育活动的基础任务之一；智育关注学生的认知发展和知识技能的获得，其核心任务是提升学生的学术能力和思维水平；体育旨在增强学生的身体素质，促进身心健康；美育则注重学生审美能力的培养，通过艺术教育提升学生的审美素养；劳育则培养学生的实践技能，增强其实际操作能力。这五种教育任务通过系统的整合，形成了综合性的教育体系，旨在全面提升学生的综合素质。

（2）教育活动的性质维度。教育活动的性质维度包括教的活动、学的活动以及管理活动。教的活动主要是指教师在教学过程中所实施的教育行为，如讲授、示范、辅导等，这些活动直接影响教学内容的传达和学生的知识吸收。学的活动则涉及学生在教育过程中的学习行为，包括听课、思考、讨论和实践等。学的活动是教育的核心组成部分,决定了教育目标的达成程度。管理活动包括教育过程中的组织、协调和评估等工作,是确保教学和学习活动顺利进行的重要环节。管理活动对教学活动和学习过程起到了支持和保障的作用,通过有效的管理可以优化教育资源的配置,提高教育活动的效率和效果。

(3)教育活动的时空维度。教育活动的时空维度可以分为课内活动和课外活动。

第一,课内活动。课内活动指的是在课堂上进行的教学活动,这些活动通常基于课程计划和规定的教学时间进行。课内活动是教育活动的主要形式,其规范化和系统化的特点使其能够提供稳定的教育内容和学习机会。

第二,课外活动。课外活动是在课堂外进行的教育活动,包括课外辅导、社团活动、实地考察等。课外活动不仅补充和拓展了课堂教学内容,还具有独立的教育价值,可以丰富学生的学习体验,提高其综合能力。课外活动与课内活动相互补充,共同促进学生的全面发展。课外活动的灵活性和多样性使其能够针对学生的兴趣和特长进行个性化的教育,有助于激发学生的学习兴趣和创新能力。

2.教育活动的运行机制

在教育活动的运行机制中,动力系统、工作系统和监控系统构成了活动的核心组成部分,每一个系统都发挥着至关重要的作用,并共同促进教育目标的实现。

(1)动力系统作为教育活动的驱动力量,涵盖需求、动机和目标三个方面。需求是教育活动的根本原动力,它反映了教育参与者对知识、技能或其他教育成果的基本需求。需求的存在促使教育活动启动并维持其运行;动机则是激发实际教育活动的具体力量,它通过激励和引导参与者的行为,使其积极投入教育过程当中。动机可以来源于内在兴趣、个人发展需求或外部奖励等多种因素;目标是维持教育活动持久活力的关键,它为教育活动提供了明确的方向和最终追求的结果。通过设定清晰的目标,教育者能够有效规划和调整教育策略,以确保活动的持续性和有效性。

(2)工作系统是教育活动的主体部分,其主要职责是实现教育目标和达成预期效益。该系统的运作依赖于教育者与受教育者的互动。教育者需充分调动受教育者的积极性,通过设计合理的教育活动和策略,激发其学习热情,推动其主动参与。受教育者的主动求教和参与是实现教育目标的关键因素。通过积极参与，受教育者不仅能够获得知识和技能，还能够在实践中提高自身的综合能力。因此，教育者与受教育者的有效合作是实现教育目标的重要保障。

（3）监控系统在教育活动中发挥着保证活动目标达成的关键作用。监控系统包括受教育者的自我监控和教育者对学习行为的监控。受教育者的自我监控涉及对自身学习进度和效果的自我评估，可以帮助其识别学习中的问题并进行及时调整。教育者对学习行为的监控则通过观察、评估和反馈等方式，确保教育活动朝着预定目标方向发展。教育者的监控不仅可以及时发现并解决学习中的问题，还可以通过反馈机制指导受教育者的学习方向，优化教育策略，从而提高教育活动的整体效益。

（二）教育活动的类型表现

1.学习活动

学习活动是教育活动中的基本活动，既是学生发展的基础，也是教育活动的基础。

（1）学习活动的本质。学习活动作为人类认知发展和社会进步的核心驱动力，其本质涵盖多维度的内涵与外在表现。学习不仅是个体通过感知、记忆、思考和表达等认知过程来获得知识、技能和态度的内在转化过程，还是社会文化通过教育、交流与互动进行传递和再创造的重要机制。因此，理解学习活动的本质需要从生理、心理、社会及文化等多个角度加以全面探讨。

第一，学习活动在生理层面上体现为神经系统的可塑性，即大脑通过对外界信息的处理与整合，形成新的神经连接，并在此基础上巩固已有的认知模式或创造新的认知结构。这种神经可塑性不仅反映了学习作为一种生物学过程的动态性和适应性，同时也揭示了个体在面对复杂环境时，通过学习实现自我调整和适应的内在机制。正如神经科学研究所示，学习过程中的重复与强化刺激可以导致突触连接的加强，从而形成更为稳固的记忆痕迹，这一过程也解释了为何反复练习和经验积累在学习中具有关键作用。

第二，在心理层面，学习活动表现为个体认知功能的不断发展和完善。皮亚杰的认知发展理论强调，学习不仅是知识的简单获取，更是认知结构的重组与转换。个体在学习过程中，通过同化与顺应，不断调整和适应新的信息，从而实现认知能力的提升。学习的本质在此意义上是一种内化的认知过程，通过这一过程，个体得以理解、掌握并运用外部世界的规律和知识。同时，学习也是情感和动机的重要表达，情感上的共鸣和动机上的驱动能够显著影响学习的效果和效率。班杜拉的社会认知理论指出，学习不仅依赖于直接经验，更依赖于观察、模仿和互动，这进一步强调了学习活动中社会和环境因素的重要性。

第三，在社会层面，学习活动则被视为社会化的重要途径。个体通过参与各种社会活动，逐步内化社会规范、价值观和行为模式，从而实现自身社会角色的定位与行为的规范化。维果茨基的"文化—历史发展理论"指出，学习是通过工具和符号（如语言）进行的，而这些工具和符号本身是社会文化的产物。因此，学习不仅是个体的认知过程，也是社会文化得以传承和发展的基础。通过学习，个体不仅掌握了社会文化的精髓，也为社会的持续发展注入了新的活力。

第四，学习活动在文化层面上体现为知识的创造、传播与再生产的过程。知识作为一种社会资源，在不同文化背景下具有不同的形态和功能。学习活动不仅是文化知识的传递过程，也是文化创新的重要方式。通过对已有知识的批判性思考与应用，学习者可以在原有知识框架的基础上进行创新，从而推动文化的进步与社会的发展。这一过程不仅表现为个体对知识的理解与应用，更体现在文化的多样性和社会进步的多维性上。

（2）学习活动的主客体。

第一，学习活动的主体。活动是主体的活动，主体是活动的主体，这一哲学命题在教育领域内的具体体现便是：学习活动是学生的活动，学生是学习活动的主体。深入探讨作为学习活动主体的学生特性，不仅有助于我们更好地理解教育活动的本质，还能为教育实践提供有益的指导。以下是对学生学习活动主体性的核心特点的论述。

一是作为学习活动主体的学生，其本质属性是人的存在，而非物体或动物。这一属性赋予学生独立的人格、固有的价值、不容侵犯的尊严以及积极的能动性。在教育实践中，这要求我们必须将学生视为拥有完整人格和自主意识的个体，尊重他们的思想、情感和选择，维护他们在学习过程中的主体地位。尽管当前素质教育理念强调以人为本、促进学生发展，教师群体普遍形成了尊重学生、认可学生主体地位的观念，但观念向实践的转化仍面临挑战，且存在实施上的误区，如表面化的尊重而缺乏实质性支持或过度干预学生自主学习等。因此，要真正实现以学生为中心的教学，还需进一步深化教育理念，优化教学方法，确保每位学生都能在教育活动中感受到被尊重和价值被认可。

二是学生作为发展中的人，其身心状态处于动态变化之中，尤其是大学生群体，正处于青年成长期，身心特征尚未定型，正展现出一种未成熟却充满潜力的状态。这种未成熟性既意味着学生具有不同于成人的独特性，如更强的可塑性、探索欲和创造力，也预示着他们拥有巨大的发展潜力。因此，教育不应简单地以成人标准衡量学生，忽视其成长阶段的特殊性，而应基于学生的身心发展规律，提供适宜的支持与引导，既不过度压制，也不放任自流，以促进其全面发展。

三是学生是以学习为主要任务的人，这一特征将学生与其他社会成员区分开来。学习不仅是学生的基本权利，也是其不可推卸的责任和义务。在知识经济时代，持续学习的能力尤为重要，它直接关系到学生的个人成长和社会竞争力。同时，学生的学习活动也为教育活动的设计与实施提供了明确的方向。教育应当聚焦于如何更有效地促进学生的学习，不能偏离这一核心，更不能将学生的学习活动简单替代为其他类型的活动，如劳动或社会实践，尽管这些活动对学生发展同样重要，但它们不能取代学习作为学生生活的主旋律。

第二，学习活动的客体。在学习活动中，学习活动的客体不仅是学习主体进行认知和实践的对象，同时也是学习主体实现自我发展和提升的重要工具。学习活动的客体是多样的，涵盖教育内容、教育手段、教育活动方式、教师以及学生自身。以下重点探讨学习活动中教育内容、教师以及学生自身作为学习活动客体的意义及其在学生发展中的作用。

一是教育内容作为学习活动的主要客体，具有规范性、目的性、预定性和系统性等特点。这些特点使得教育内容能够有效地引导学生的学习方向，加速学生的认知发展。然而，教育内容的中介性使其具有双重性。一方面，教育内容是对客观世界的反映，学生通过学习这些内容，能够间接地认识和理解客观世界，从而缩短认知的进程，促进知识的内化过程；另一方面，经过选择和加工的教育内容往往与学生的生活经验存在一定的脱节。这种脱节可能导致教育内容与学生的直接经验产生冲突，从而使学生在学习过程中产生困惑，甚至可能阻碍其对客观世界的认识。

二是教师在学习活动中既是知识的传递者和学习的引导者，又是学生认知世界的重要客体。教师的知识水平、个性品质、人际关系和教学风格等都会直接或间接地影响学生的学习体验和认知发展。教师不仅是学生在课堂上的指导者和合作者，还在学习过程中扮演着重要的对象角色。通过与教师的互动，学生不仅可以获得对教育内容的深刻理解，还能够通过观察和模仿教师的行为和态度，逐渐内化教师的知识和品质，进而提升自己的素质和能力。因此，教师作为学习客体的重要性不容忽视，在学生的发展过程中起到了桥梁和催化剂的作用。

三是学生自身也是学习活动的重要客体。在学习过程中，学生不仅是学习的主体，也是对自身进行反思和认知的客体。学生通过对自身学习过程的分析和反思，能够不断认识和提升自我，发现自身的优势和不足，从而制定更加有效的学习策略。学生自身的主动性和自我意识在学习活动中起着至关重要的作用，这种自我认知的过程也成为学生自我发展的重要途径之一。

（3）学习活动的种类。学习活动的种类是教育学研究中的一个重要议题。通过对学习活动进行分类，可以更好地理解学习过程的多样性及其影响因素。根据不同的分类标准，学习活动可以分为多种类型。以下从三个主要的维度——学习层次与水平、学习方式以及学习结果或形成能力——来探讨学习活动的种类。

第一，根据学习的层次和水平，学习活动可以被划分为八种类型。这些类型包括信号学习、刺激—反应学习、连锁学习、言语联想学习、辨别学习、概念学习、规则学习和解决问题的学习。信号学习是指学习者通过对某种信号做出反应来进行学习，典型的例子就是经典性条件反射，例如，帕夫洛夫的狗通过铃声与食物的配对学习到铃声代表食物；刺激—反应学习则涉及操作性条件反射，在此过程中，强化起到了关键作用，例如，通过奖励或惩罚来强化特定行为；连锁学习是指一系列刺激与反应的联合，这种学习通常较为复杂，涉及多个连续步骤；言语联想学习是一种特殊形式的连锁学习，它通过语言符号的关联来实现知识的传递与掌握；辨别学习则要求学习者能够识别和区分各种刺激的不同特征，并做出相应的反应；概念学习则更进一步要求学习者能够对刺激进行分类，并对同类刺激做出一致的反应，这种学习通常涉及更高层次的认知活动；规则学习，即原理学习，是指学习者掌握概念之间的关系，并能够理解和应用这些关系，例如学习自然科学中的定理和定律；解决问题的学习是一种高级形式的规则学习，要求学习者在各种条件下运用已有的规则或规则组合来解决实际问题，这种学习涉及复杂的认知活动，是学习者掌握和应用知识的最高层次体现。

第二，根据不同的学习方式，学习活动可以分为接受学习、发现学习、意义学习和机械学习。接受学习是学习者将外界的经验内化为自身知识的过程，通常通过教师的传授来实现。这种学习方式的优点在于高效、节省时间，并且有助于知识的迁移和应用。然而，其缺点在于不利于学生独立思考能力和解决问题能力的培养。发现学习则是指学习者在缺乏外界直接经验传授的情况下，通过自主探索和实践来获得知识。这种学习方式能够激发学生的学习动机，提升学习兴趣，并且有助于培养学生的创新精神，但同时也存在时间成本高、效率较低的缺点。意义学习和机械学习则是从学习者对学习材料的理解程度来划分的。意义学习指的是学习者能够将新知识与已有知识体系相结合，从而实现深层次的理解和应用；机械学习则是指在缺乏理解的情况下，通过重复和背诵进行的学习。意义学习通常更为有效，但也需要学习者具备一定的基础知识和认知能力。

第三，根据学习结果或形成能力的不同，学习活动可以分为五类：言语信息、心智技能、认知策略、态度和运动技能。言语信息学习是指学习者获取和掌握语言信息的过程，包括事实、概念和原理等知识的学习。这类学习在学校教育中尤为重要，是知识传递的主要形式；心智技能学习则关注学习者如何运用概念符号与环境相互作用，例如，语言技能和专业技能的掌握；认知策略学习是指学习者对自己学习过程的控制和管理能力的培养，如注意力的集中、记忆的增强等；态度学习涉及学习者对某些事物、事件或人物的行为倾向的形成，这种学习能够影响学习者的价值观和行为选择；最后，运动技能学习指的是学习者通过重复练习来掌握复杂的肌肉动作，这类学习包括体育技能、表演艺术技能、书写和语言技能等。

（4）学习活动的过程。学习活动的过程是一个复杂且多层次的系统，它不仅包含环状结构和信息加工的动态过程，还涉及认知、情感、动机等多个心理要素的协同作用。在此基础上，以下将深入探讨学习活动的过程，重点解析学习的环状结构和信息加工模型，进而探讨学习过程中各环节的相互作用及其对学习效果的影响。

第一，学习的环状结构。学习活动作为一个完整的活动系统，具备明显的环状结构特征。环状结构的核心在于学习活动的三个基本环节：定向环节、行动环节与反馈环节。这三个环节相互联系，构成了一个闭合的学习回路，确保学习过程的连续性和反馈调节的有效性。

一是定向环节。定向环节又称为感受环节或内导系统，是学习活动的起点。

在这一环节中，学习者通过感受器官接收外界的刺激，将这些刺激信号传递到神经中枢，形成初步的认知映像。这一过程不仅仅是对外界信息的被动接收，更是学习者主动构建认知框架的关键步骤。定向环节的质量直接影响学习者对新知识的理解和接纳程度。通过定向环节，学习者能够识别刺激的特征，理解其意义，并在此基础上建立调节行为的定向映像，这为后续的行动环节提供了必要的指导。

二是行动环节。行动环节又称为运动环节或执行环节，是学习者在定向映像的基础上，对接收到的信息进行加工并付诸实施的阶段。该环节的核心在于执行，即学习者依据已建立的认知映像进行操作和反应。这一环节不仅是学习活动的具体表现形式，也是学习者将抽象的认知转化为具体行为的重要途径。通过行动环节，学习者能够对外界环境施加影响，验证其认知映像的准确性，进而深化对学习内容的理解。

三是反馈环节。反馈环节又称为返回系统或回归式内导系统，是学习活动中至关重要的一个阶段。其作用在于对行动环节的结果进行检查、评定，并根据反馈信息进行必要的调整和修正。反馈环节确保了学习活动的动态性和灵活性，使学习者能够在反馈中不断修正认知结构，优化学习策略，提升学习效果。有效的反馈不仅能够及时纠正错误，还能强化正确的行为和认知，进一步巩固学习成果。

第二，学习的信息加工模型。学习的信息加工模型提供了对学习过程更为细致的描述。该模型强调信息在学习者大脑中的流动与转换过程，将学习过程划分为若干阶段，具体包括动机阶段、领会阶段、习得阶段、保持阶段、回忆阶段、概括阶段、作业阶段和反馈阶段。这一分阶段的描述为我们理解学习的复杂性提供了重要视角。

一是信息的输入与初步处理。信息加工模型首先关注的是信息的输入与初步处理。学习者通过感受器从环境中接收信息，这些信息会被存储在感觉登记器中，但只能保持非常短暂的时间。随后，信息被传递到短期记忆中，在此阶段，信息可以通过复述保持更长的时间。在这一步，学习者的动机和注意力显得尤为关键，它们决定了哪些信息会被进一步处理，哪些信息会被忽略。

二是信息的编码与储存。进入短期记忆的信息将被编码并储存到长期记忆中。编码是一个复杂的认知过程，涉及对信息的整理、理解和意义赋予。信息编码的有效性直接影响学习的持久性和可提取性。长期记忆作为信息的主要储存库，能够保存大量的知识和经验，并在需要时被检索出来加以利用。

三是信息的检索与反应。信息检索是学习过程中的关键步骤,当需要使用某些知识时,学习者会从长期记忆中提取相关信息,并将其与当前的任务需求相匹配。如果信息检索过程顺利,学习者可以迅速作出反应,完成学习任务;如果信息提取遇到困难,学习者可能会进一步处理信息,或者再次从环境中寻求新的信息以补充其知识库。

四是动机与执行控制的作用。学习的信息加工模型中,动机和执行控制(认知策略)在整个过程中扮演了重要角色。动机是推动学习者主动参与学习活动的内在驱动力,它决定了学习者的努力程度和坚持性。执行控制则是学习者在信息加工过程中使用的各种认知策略,它们帮助学习者有效地管理信息流,优化学习效率。

2.教授活动

教授活动主要是指教师的活动,即教师对学生的培养、教育活动。教授活动在教育活动中非常重要,教在实质上是对学的活动的规范和引导,二者相互联系。具体而言,体现在两个方面:一方面是对学的活动进行规范,即教师根据教育目的和学生发展的实际状况等制约学生学习活动的各项内容,对学生学习活动的目标、内容、形式、方法及学习活动的进程进行计划和安排,从而对学生所要达到的水平以及这种水平的活动方式进行规范;另一方面是对学的活动进行引导,即教师启发和发挥学生的主动性,组织学生开展能动的学习活动,引导学生积极地掌握课程和教材的内容,使规范的教育要求和内容转化为学生的素质,从而提高学生的认识并促进学生发展。

"教"对"学"的规范和引导主要是通过知识的传授来进行的,通过教授活动传授知识,以此来规范和引导学生的学习活动,促进学生的认识和发展。鉴于此,我国现代教学理论在分析教学任务时,传授知识都是其中的重要内容。尽管不是所有的教学活动都能完成教学的基本任务,但是,在古今中外没有任何教学活动不完成教学最基本、最普遍的任务——传授知识的任务,因为那样就不称其为教学了。

(1)教授活动的主客体。在教授活动中,主客体的关系是教育过程中至关重要的要素。主体是教授活动的核心力量,客体则是教授活动的实施对象与目标。在这两者之间的互动中,教授活动得以顺利进行,教育目标得以实现。以下将从教授活动的主体和客体两个方面进行深入探讨。

第一，教授活动的主体：教师的角色与职责。在教授活动中，教师是无可争议的主体，是整个教育活动的组织者、领导者和实施者。教师不仅是知识的传播者，更是学生心灵的塑造者和发展的引导者。

一是教师作为社会的代言人，肩负着传递社会价值观和文化规范的重任。教师在教授活动中所传递的不仅是知识，更是社会对个体的期望和要求。作为社会的代表，教师的言行、价值观以及教育方式都会对学生产生深远的影响。正如其他社会成员对学生的影响可能是偶然的、个别的，教师的影响则是系统的、深刻的。教师所承担的社会责任决定了其在教育活动中的权威性和代表性。

二是教师是文化知识的传播者。在人类社会的发展过程中，知识的传播和文化的传承是至关重要的环节。教师通过教授活动，将前人积累的知识和智慧传递给下一代，确保文化和社会的延续与发展。在这一过程中，教师不仅是知识的传递者，更是文化的保卫者和创新者。他们通过教学活动将学生与人类的过去、现在和未来联系起来，为社会培养出能够承载并推动文化发展的新一代。

三是教师是学生的领路人。学生在学习过程中，不仅需要获取知识和技能，更需要在心理和情感上得到引导和塑造。教师通过教授活动，引导学生探索世界、理解社会，并形成正确的人生观、价值观和世界观。教师的引导作用，不仅体现在课堂教学中，更体现在对学生的全面关怀与指导中。然而，要真正发挥引路人的作用，教师必须深入了解学生的个体差异、兴趣爱好和发展需求。只有在了解学生的基础上，教师才能因材施教，为每个学生提供个性化的指导和帮助。

第二，教授活动的客体：学生的学习活动。教授活动的客体，即教授活动的对象，一般而言是学生。但从本质来看，教授活动的对象更准确地说是学生的学习活动以及学生的认知和发展过程。教授活动的最终目的是规范和引导学生的学习行为，促进其全面发展。在教授活动中，教师必须全面了解学生的身心发展规律和认知特点。每个学生都有独特的学习方式和发展节奏，教师需要根据这些特点调整教学内容和方法，以适应学生的学习需求。此外，教师还应通过对教学内容的适当加工，使之更符合学生的理解能力和兴趣爱好，从而提高教学效果。教师不仅要关注学生的知识获取，还要规范学生的认知和发展过程。在教授活动中，教师需要为学生提供适当的引导，帮助学生形成正确的学习习惯和思维方式。这种引导不仅体现在知识传授上，还体现在学生的心理发展和人格塑造上。通过有效的引导，教师可以帮助学生树立积极的学习态度，培养他们的批判性思维和自主学习能力，从而为学生的长远发展奠定坚实的基础。

（2）教授活动的形式。从教授活动的历史进程来看，教授活动的形式多种多样，每种形式都有其独特的特点和适应的情境。以下从三种主要的教授活动形式出发，探讨其发展历程、优缺点以及在现代教育中的应用价值。

第一，个别教授式作为一种最早期的教授形式，其历史渊源可以追溯至古代的师徒制。这种教学形式以教师单独对个别学生进行指导为主，强调因材施教，没有固定的教学程序和统一的教材，学生的学习进度和内容完全依赖于教师的安排。虽然这种形式在灵活性和个性化教学方面具有显著优势，但其教学效率较低，难以满足大规模教育的需求。因此，随着17世纪班级授课制的广泛推广，个别教授式逐渐退出了主流教学方式。然而，在20世纪五六十年代，欧美国家再次重视个别教学，并在特殊教育和高等教育领域进行了一些创新尝试，力求通过个性化教学提高教学效果。

第二，班级教授式是目前最为广泛采用的一种教学形式。这种形式将年龄和知识水平相近的学生编成固定人数的班级，按照既定的教学大纲和时间表进行集体授课。班级教授式的优势在于可以大规模、高效率地开展教学活动，同时保证学生能够系统、扎实地掌握科学知识。然而，班级教授式的缺点也十分明显，特别是在照顾学生个体差异方面存在不足，难以充分激发学生的学习主动性和独立性。为了弥补这些不足，近年来，许多国家在尝试通过小班化教学、分层教学等方式对班级教授式进行改良，力求提高教学的适应性和个性化。

第三，分组教授式则是一种介于个别教授式与班级教授式之间的教学形式。分组教授式通常根据学生的智力水平或学习成绩将他们分成不同的小组，以进行针对性教学。这种形式在一定程度上解决了班级教授式不能充分照顾学生个体差异的问题，同时保留了集体教学的效率优势。然而，分组教授式也面临一些挑战，如怎样科学地评估学生的能力和水平以及如何在分组过程中避免对学生心理造成负面影响等。尽管如此，分组教授式在现代教育中仍然具有重要的应用价值，特别是在小组合作学习、差异化教学等领域发挥了积极作用。

第三节 教育的方法与评价

一、教育的方法

教育的方法在教学活动中扮演着至关重要的角色，是实现教育目标的有效途径和手段。作为一项复杂的实践活动，教育不仅仅是知识的传递，更是思想的启迪与人格的塑造。通过合理的教育方法，教师能够引导学生在知识的海洋中探索，同时培养他们独立思考的能力和批判精神。因此，探讨教育的方法具有重要的理论和实践意义。

第一，教育的方法应当以学生为中心，强调学生的主体地位。在现代教育理念中，学生不再是被动接收知识的容器，而是学习的主体。因此，教育的方法应当尊重学生的个体差异，因材施教，激发学生的学习兴趣与内在动力。例如，探究式学习方法通过引导学生提出问题、探讨问题，帮助他们在解决问题的过程中掌握知识，培养自主学习的能力。此类方法能够有效促进学生的深度理解与知识的内化，使学习过程变得更加主动和有意义。

第二，教育的方法必须与时俱进，灵活运用多种教学手段。随着科技的发展，传统的教学模式已无法完全满足现代教育的需求。信息技术的广泛应用为教育方法的创新提供了可能性。比如，多媒体教学、线上互动平台的引入，使得课堂教学不再局限于一纸一笔，而是更加生动、形象，激发了学生的学习热情和参与感。此外，翻转课堂作为一种新兴的教学模式，通过预习视频、课堂讨论等形式，改变了传统的教学结构，促进了学生对知识的深度理解和应用。

第三，教育的方法还应注重师生之间的互动与合作。教育不仅是知识的单向传递，更是一种双向交流的过程。在教学过程中，教师应注重营造一个平等、开放的学习环境，鼓励学生积极参与课堂讨论，表达自己的观点。这种互动不仅有助于学生更好地理解知识，还能培养他们的表达能力和团队合作精神。合作学习是一种有效的教育方法，通过小组讨论、合作项目等形式，可以使学生在相互交流中共享知识、共同进步，极大地增强了学习的效果。

第四，教育的方法需要关注学生的情感体验和价值观的培养。教育不仅仅是知识的传授，更是心灵的塑造。教师在教学过程中，应当关注学生的情感需求，通过激励性语言、关怀性举措，帮助学生建立自信，克服学习中的困难。同时，教育方法还应渗透德育的内容，帮助学生形成正确的价值观与人生观。例如，案例教学法通过真实的情境分析，在解决问题的过程中，培养学生的责任感、团队精神以及社会责任感。

第五，教育的方法应当具有持续性与反思性。教育是一项长期的、持续的工作，教育方法的选择与应用不应是静态的，而是动态调整的过程。教师应根据学生的学习进度与反馈，及时调整教学方法，以确保教育的有效性。同时，教师还应在教学过程中不断反思，分析教学方法的效果，总结经验，不断优化和改进自己的教学策略，以适应学生不断变化的学习需求。

二、教育的评价

（一）教育评价标准

"教育评价标准是指对一切教育活动质量或数量要求的规定，它一般包含教育评价的指标体系和评定标准。"[1]所谓教育评价的指标体系，是指评价具体教育活动时综合考虑由评价目标、教育目标和管理目标所组成的有机体，它是对评价内容的规定，针对具体被评对象规定从哪些方面去评。所谓评定标准，是指规定对应于相应的指标，被评对象达到一定的程度，才可获得相应的分数、等级或评语。它和评价标准概念都是从"标准"一词派生出来的。《辞海》中对"标准"一词的解释是"衡量事物的准则。如取舍标准。引申为榜样、规范"。"评价"的含义是判断事物价值的高低，那么"评价标准"的直觉解释就是"衡量事物价值高低的准则"。这包括从哪些方面去衡量事物的价值和衡量事物价值高低的尺度两个内容。"评定"的含义是经过评判或审核来决定，如考试成绩已经评定完毕。那么，"评定标准"的直接解释是"对事物进行评判的具体尺度"。可见，"标准"一词与不同的词进行组合，其组合后的含义可能不同。

1.教育评价标准制定的依据

教育评价标准的制定是一个复杂而精密的过程，涉及多方面的理论基础和实践经验。在这一过程中，制定者不仅要考虑教育系统的内在规律，还需将教育与社会各个子系统的发展相结合，并依据科学理论和教育实践积累的经验进行合理

---

[1] 王作亮，张典兵.教育学原理[M].徐州：中国矿业大学出版社，2015.

的设定。以下从四个方面探讨教育评价标准制定的依据。

（1）社会系统的协同发展规律。教育系统作为社会大系统中的一个重要子系统，与经济、政治、文化等其他子系统密切相关。制定教育评价标准时，必须充分考虑教育系统在整个社会系统中的位置和作用，以及它与其他子系统之间的相互影响和制约关系。教育系统的主要任务是培养符合社会各个领域需求的人才。因此，教育评价标准必须与社会发展目标保持一致。经济系统的发展需要具备经济管理能力和创新精神的人才；政治系统则要求具备政治意识和公共服务能力的人才；文化系统则需要具备文化传承和创新能力的人才。教育系统通过培养适应这些需求的合格人才，促进社会的协同发展。而教育评价标准应当反映和服务于这种协同发展，确保教育输出的人才能够有效支持社会其他子系统的发展需求。

（2）相关科学知识的支撑。制定教育评价标准的过程中，科学知识的支撑至关重要。教育科学、心理科学和系统科学等为教育评价标准的制定提供了理论依据。教育科学探讨的是教育活动中的普遍规律，如教育哲学探讨教育的本质与目的；教育心理学研究学习者的心理发展规律；教育社会学分析教育与社会的互动关系等。这些科学知识揭示了教育过程中存在的客观规律，教育评价标准的制定必须依据这些规律，以确保评价的科学性和有效性。此外，心理科学揭示了人的心理现象和行为规律，制定评价标准时，必须充分考虑学习者的心理发展特点，以提高评价的适切性和可信度。系统科学则为教育系统的整体性、反馈机制和有序性提供了理论指导，帮助制定者确保评价标准的系统性和逻辑性，使其在教育系统中能够顺畅实施。

（3）教育实践中积累的经验。教育实践为教育评价标准的制定提供了宝贵的经验基础。在长期的教育活动中，教育者积累了丰富的实践经验，这些经验不仅能够为教育理论的发展提供实证依据，也能直接指导评价标准的制定。实践经验的积累有助于识别教育过程中的关键问题，并为解决这些问题提供切实可行的方案。在制定评价标准时，必须充分吸纳这些实践经验，确保标准能够反映教育活动中的实际情况，并具备现实可操作性。同时，制定者需注意在经验的运用中要避免经验主义的陷阱，不能仅凭局部经验得出普遍性结论，而应结合理论研究与系统分析，使评价标准更具科学性和普遍适用性。

（4）被评价对象及其相关情况。教育评价标准的制定不仅要考虑标准本身的科学性和合理性，还需充分考虑被评价对象及其相关情况。评价标准的可行性直接关系到其实施效果，因此在制定标准时，必须考虑到被评价对象的实际能力、资源状况以及外部环境的影响。例如，在评价学生的学习成果时，标准必须考虑学生的学习条件、教师的教学水平、学校的资源配置等因素，以确保标准的现实可行性和公平性。同时，评价标准还应具备一定的弹性，以适应不同地区、不同学校的实际情况，避免一刀切模式。此外，与标准实施相关的人员配置、财务支持和物质资源等也是影响标准落实的关键因素。只有在这些条件得到保障的情况下，教育评价标准才能真正发挥其应有的导向作用和激励作用。

2.教育评价标准的指标体系

在教育领域，评价标准的指标体系是确保教育质量与效果的重要工具。它不仅是对教育目标的量化体现，更是对教育过程、条件和结果进行科学评价的基础。合理构建教育评价标准的指标体系，对促进教育发展、提升教育管理水平具有深远的意义。以下从指标体系的构成、功能与作用、挑战与优化等方面进行探讨，以期为教育评价的科学化提供参考。

（1）指标体系的构成。教育评价标准的指标体系通常包括目标指标、过程指标和条件指标三个层次。目标指标主要关注教育成果，如学生的学业成绩、综合素质发展等；过程指标则关注教育活动的实施过程，包括教学计划的执行、课堂教学的有效性、教师的教学能力等；条件指标则涉及教育资源的投入与利用，如学校的硬件设施、师资力量等。这三类指标共同构成了一个完整的评价体系，各自发挥着不可替代的作用。

第一，目标指标是评价体系的核心部分。教育的最终目标是学生的全面发展，而目标指标正是对这一目标的具体化和量化。这些指标通常包括学生的学术表现、人格发展、社会适应能力等方面，通过对这些指标的测量，可以直接反映教育目标的实现程度。

第二，过程指标是对教育过程进行评价的重要手段。教育活动不仅仅是为了达到某种最终目标，更是一个持续、动态的过程。因此，过程指标的设置对了解教育活动的具体实施情况，发现和解决教育过程中存在的问题至关重要。例如，教师的教学方法、学生的课堂参与度、教育资源的配置等都是过程指标的重要内容。

第三，条件指标作为评价体系中的基础部分，关注的是教育活动得以顺利开展的前提条件。教育评价不仅要关注结果，还要关注导致结果的条件因素。通过对条件指标的考察，可以评估教育资源的合理性与充分性，进而为改进教育条件提供依据。

（2）指标体系的功能与作用。教育评价标准的指标体系在教育管理中具有多方面的功能与作用。首先，它为教育目标的实现提供了科学依据。指标体系通过量化和具体化教育目标，使得教育目标不再是抽象的概念，而是可以被操作和测量的具体目标。这有助于教育工作者在实际教学中有的放矢，提升教育效果。其次，指标体系有助于教育过程的监控与改进。通过对过程指标的定期评价，教育管理者可以及时发现教育过程中存在的问题，并采取相应的措施进行调整。这种过程性的评价，不仅能够提高教育管理的精确性，还能为教育改革提供实证支持。最后，指标体系在教育资源的配置与利用中发挥着重要作用。条件指标的设置，使教育评价不仅关注"教"的过程和"学"的结果，还关注教育活动的物质基础和环境条件。通过对这些条件的评价，可以发现教育资源的不足与浪费现象，为优化资源配置提供科学依据。

（3）指标体系的挑战与优化。尽管教育评价标准的指标体系在教育评价中发挥着重要作用，但在实际操作中也面临一些挑战。首先，指标的设定往往涉及主观判断，如何确保指标的科学性与公正性是一个重要问题。其次，指标体系的复杂性与教育活动的多样性之间可能存在矛盾，如何在繁杂的指标体系中抓住关键，避免评价的形式化和烦琐化，也是需要解决的问题。

为应对这些挑战，教育评价的指标体系需要不断优化。首先，指标的设定应基于科学研究与实践经验，确保其合理性与可操作性。其次，评价过程中应注重综合评价，避免单一指标的片面性。最后，评价结果应及时反馈到教育实践中，形成一个闭环的评价体系，以推动教育质量的持续改进。

（二）教育评价原则

教育评价原则是教育评估活动中不可或缺的重要指导思想，它既反映了教育实践的客观规律，又体现了社会文化和教育政策的要求，是教育评估工作得以顺利进行的基本保障。在教育评价过程中，只有严格遵循这些原则，才能确保评价结果的科学性、准确性和公正性，从而为教育质量的提升提供有力支持。以下将围绕教育评价的客观性、公正性、发展性和实效性四项原则展开论述。

1.客观性原则

客观性原则是教育评价工作的基石，它要求评价者在评估过程中，必须保持公正、独立的立场，以事实为依据，避免个人偏见和主观臆断。教育评价的核心在于对教育活动的实际效果进行测量和分析，而这种测量必须建立在客观数据的基础上。无论是定性评价还是定量评价，客观性原则要求评价过程中的每一个环节都要符合科学的逻辑和方法。首先，教育评价的指标体系必须基于教育理论的基础上，兼顾教育的实际情况和发展需要。评价标准的制定应充分考虑教育目标、教学内容和学生发展的多样性，确保其具有广泛的适用性和科学的合理性。其次，信息的采集和分析过程必须以实事求是为原则，采用科学的统计和分析方法，确保评价结果的客观性和可信度。最后，评价结论的形成应基于对数据的严谨分析和理性判断，避免主观因素对评价结果的干扰，从而为教育决策提供准确可靠的依据。

2.公正性原则

公正性原则是教育评价工作的基本要求，它不仅关系着评价结果的可信度，也直接影响着教育评价的公信力和社会影响力。公正性原则要求评价者在评价过程中，必须秉持公平、公正的立场，尊重被评价者的权利和尊严，避免任何形式的歧视或偏见。

在教育评价中，公正性首先体现在评价标准的制定上。评价标准应充分体现教育的多元性和包容性，关注不同教育主体的特点和需求，避免"一刀切"标准影响评价的公平性。其次，评价过程中的每一个环节都应做到透明、公开，确保被评价者能够理解评价的标准和流程，并有机会表达自己的意见和建议。评价者在处理评价信息时，应保持中立立场，客观分析和评判，避免因个人好恶或社会偏见影响评价结果。最后，公正性原则还要求在评价结论的运用中始终坚持公平原则，确保评价结果能够公平、合理地反映教育活动的真实情况，为教育改进提供建设性建议。

3.发展性原则

发展性原则是教育评价中不可忽视的一个重要原则，它要求教育评价不仅要关注当前的教育状况，还要着眼于教育的长远发展，强调评价的建设性作用。教育评价的最终目的是促进教育质量的提升和学生的全面发展，因此，评价工作不能仅仅停留在结果的呈现上，更应关注如何通过评价促进教育的改进和发展。

发展性原则首先要求评价者在制定评价指标时，应充分考虑教育发展的趋势和方向，确保评价标准能够反映教育改革的目标和要求。其次，在评价过程中，评价者应关注教育活动的动态变化，综合分析教育的过程和结果，找到教育活动中的优势和不足，并提出改进建议，推动教育质量的持续提升。最后，发展性原则还要求评价结果的应用应注重长远效益，评价者应通过对评价结果的深入分析，帮助教育工作者发现问题、改进教学方法，进而促进教育活动的不断优化和发展。

4.实效性原则

实效性原则是教育评价工作的最终落脚点，它要求评价工作必须注重实际效果，确保评价结果能够为教育决策和教学实践提供切实可行的指导。教育评价不仅仅是对教育活动进行诊断和分析，更重要的是通过评价为教育活动的改进和优化提供科学依据。

实效性原则要求评价工作应从实际出发，结合教育的具体情况，制定切实可行的评价方案。首先，评价指标体系的构建应充分考虑到评价对象的实际情况，确保其具有可操作性和实用性。其次，在评价过程中应简化评价流程，避免因过于烦琐的操作影响评价的效率和效果。评价结果应以明确的方式呈现，易于教育工作者理解和运用。最后，评价结论的运用应注重实际效果，通过评价推动教育活动的改进和提升，为教育决策提供有力的支持。

思考与练习

1.在教育的内容与主体方面，如何确保教育内容的全面性和教育主体的积极参与性？

2.教育的过程包含哪些关键阶段，每个阶段的主要目标和活动是什么？如何通过有效的教育活动促进学生的学习和发展？

3.有哪些常用的教育方法，它们各自的特点和适用范围是什么？如何根据教育内容和学生的特点选择合适的教育方法？

第三章

教育模式的具体构建

在教育改革的浪潮中，教育模式的具体构成是推动教育创新与质量提升的关键环节，它不仅关乎课程设计与教学方法的革新，更是对教育理念、师生关系、评价体系及教育资源整合的深刻反思与重塑。鉴于此，本章主要研究MOOC模式的具体构建、创客教育模式的构建、人本化教育模式构建、校企合作模式的构建。

第一节　MOOC模式的具体构建

一、MOOC模式的技术平台

MOOC（大规模开放在线课程）的顺利运行和推广依赖于稳定且功能丰富的技术平台，这些平台需要具备强大的数据处理能力以支持大规模的用户并发访问，同时必须确保用户数据的安全性和隐私性，防止信息泄露和数据被未授权使用。为了实现这些功能，平台通常集成了多种核心模块。

第一，视频播放模块。因视频播放模块承载了大量的教学内容，因此该模块不仅需要支持高清视频的流畅播放，还需提供多语言字幕支持、倍速播放等个性化功能，满足全球用户的多样化需求。此外，在线讨论区作为学习者之间互动的重要渠道，需具有高效的交流功能，包括支持文本、图片、视频等多媒体形式的互动。该模块还应具备良好的管理功能，方便教师监控讨论动态并及时参与指导。

第二，作业提交系统和测验模块。作业提交系统需支持多种格式的作业提交，并提供自动评分功能或便捷的教师批阅功能，以应对大量用户的作业处理需求。测验模块则需能够灵活地设置各种题型，支持自动化评分和反馈，以帮助学生即时评估学习效果。实时互动工具的设置如在线答疑、实时讨论和虚拟教室，为教师与学生提供了同步交流的机会，增强了教学的互动性和参与感。

第三，MOOC技术平台的兼容性。平台应能够在不同的操作系统（如Windows、MacOS、Linux等）和设备（如PC、平板电脑、智能手机等）上顺畅运行，确保学生可以通过多种终端设备访问课程内容，从而提高学习的便利性和覆盖面。平台的响应速度和界面友好性也直接影响到学生的学习体验，因此优化平台性能和用户界面设计同样是关键技术环节。

第四，MOOC平台的安全性。MOOC平台的安全性包括数据加密、用户身份验证、多层次的访问控制机制等，这些安全措施不仅需要防止外部攻击，还需保障平台内数据传输的安全性，确保用户信息不被泄露。此外，隐私保护是平台设计中的重要环节，需严格遵循相关法律法规，确保用户的个人信息和学习数据得到充分的保护。

二、MOOC模式的课程设计

课程设计直接关系到MOOC课程的教育质量和学习者的学习效果。在MOOC课程设计中，需要确保课程内容的系统化和模块化。系统化要求课程内容围绕一个完整的知识体系展开，具有明确的逻辑结构和内容框架；模块化则使课程内容分解为多个相对独立的学习单元，便于学习者根据个人的学习进度自由安排学习时间。

第一，在每个学习单元中，通常包含多种形式的学习资源，如视频讲解、阅读材料、讨论问题和作业等。视频讲解是传递知识的主要方式，视频内容需精心设计，以保持学生的注意力并提高学习效果。视频长度应适中，避免过长导致学生注意力分散，同时应提供清晰的视觉和听觉信息，配合丰富的图表、动画等辅助材料，增强内容的可理解性。

第二，阅读材料。阅读材料通常包括精选的学术文章、书籍章节和其他相关资料。阅读材料的选择应与课程目标紧密相关，考虑到学生的知识背景和学习能力。讨论问题则应引导学生深入思考和讨论，因此需设计成开放性的问题，鼓励学生从不同角度进行分析和辩论，从而深化其对课程内容的理解。

第三，作业设计。作业需紧密围绕学习目标进行设计，既要检验学生对基础知识的掌握程度，又要考查他们的分析和应用能力。作业类型可以多样化，包括选择题、填空题、简答题、项目报告等。作业反馈需及时，从而帮助学生了解自己的学习进展并进行必要的调整。

第四，测验模块。测验应设置在每个学习单元结束时，以评估学生对该单元内容的掌握情况。测验题目应涵盖本单元的核心知识点，并以多样化的形式出现，如单选题、多选题、判断题、填空题等。测验的难度应由浅入深，逐步提高，以适应学生不同阶段的学习水平，并鼓励他们进行反思和复习。

第五，知识点的层次性。课程应从基础知识开始，逐步深入更为复杂和高级的内容，保证学生能够循序渐进地学习。每个单元之间应保持知识点的连贯性，前后内容相互衔接，形成一个完整的学习链条。课程设计还应注重学生自主学习能力的培养，鼓励学生在学习过程中发现问题、提出问题并寻求解决方案。

第六，教材的选择。教材应紧扣课程目标，内容准确且有深度，同时还需考虑到学生的学习基础和兴趣。优秀的教材不仅能够帮助学生理解和掌握课程内容，还能激发他们的学习兴趣和探索欲望。此外，教材的编排应符合学习规律，图文并茂，结构清晰，便于学生查阅和复习。

三、MOOC模式的师生互动

在MOOC教学中，师生互动不仅是信息传递的桥梁，更是情感交流、认知建构与创新能力培养的关键环节。教师作为学习旅程的引领者，其角色已超越单纯的知识传授，转变为引导学生自主探索、解决问题的合作伙伴。有效的师生互动能够激发学生的学习兴趣，促进其深度思考，同时帮助教师及时了解学生的学习状态与需求，进而调整教学策略，实现教学相长。提升MOOC师生互动的策略主要包括以下方面。

（一）优化互动工具与平台设计

第一，集成智能辅助系统。利用人工智能技术，如自然语言处理、机器学习等，开发智能助教，辅助教师快速筛选并初步回应学生的问题，减轻教师负担，提高反馈效率。

第二，增强社区感。通过设计小组项目、协作任务等，鼓励学生之间形成学习社群，促进同伴互助与知识共享，同时教师以引导者的身份参与其中，增强集体归属感。

第三，丰富互动形式。除了传统的文本讨论，还可引入视频讨论、在线辩论、虚拟实验室等多种互动形式，增加交流的趣味性和互动性。

（二）强化教师角色与培训

第一，角色转换。鼓励教师从知识传授者向学习促进者、引导者转变，注重培养学生的自主学习能力、批判性思维和创新能力。

第二，专业培训。为教师提供MOOC教学设计、在线沟通技巧、学习支持策略等方面的专业培训，提升其在线教学能力。

第三，激励机制。建立教师激励机制，如根据师生互动质量给予奖励或表彰，激发教师参与互动的积极性。

（三）完善学生支持服务体系

第一，个性化学习路径。利用大数据分析学生学习行为，为其推荐个性化的学习资源、学习路径和难度适中的挑战任务，满足不同层次学生的需求。

第二，多维度学习支持。除了技术支持外，还应进行学习方法指导、心理健康咨询、职业规划等服务，全方位支持学生成长。

第三，建立反馈循环。定期收集学生反馈成果，评估师生互动效果，及时调整教学策略与支持服务，形成持续改进的良性循环。

四、MOOC模式的学生支持服务

（一）学生支持服务的必要性分析

MOOC学习环境的开放性和自主性虽然赋予了学习者前所未有的灵活性和选择权，但同时也带来了挑战，如技术障碍、学习动力不足、学习路径不明确等。因此，建立完善的学生支持服务体系，不仅是保障学生顺利参与学习过程的必要条件，也是促进学生深度学习、提高学习成效的关键因素。有效的学生支持服务能够帮助学生克服学习中的种种困难，增强其自我效能感，从而实现个性化的学习目标。

（二）技术支持服务的构建

第一，多渠道技术支持平台。平台应建立全方位、多渠道的技术支持体系，包括但不限于在线帮助中心、即时聊天工具、邮件反馈、视频教程等，确保学生在遇到技术问题时能迅速获得帮助。此外，定期举办技术讲座或工作坊，提升学生自我解决问题的能力，也是不可忽视的环节。

第二，智能故障排查系统。引入人工智能技术，开发智能故障排查系统，自动检测并解决常见技术问题，如网络连接问题、视频播放故障等，能够大幅提升技术支持的效率和用户满意度。

（三）学习支持服务的实施

第一，精细化学习指南。提供详尽且易于理解的学习指南，包括课程介绍、学习要求、课程大纲、评估标准等，帮助学生明确学习目标，规划学习路径。同时，针对不同学习阶段的需求，设计阶段性学习指南，引导学生逐步深入。

第二，互动答疑与辅导。建立线上互动社区，鼓励学生提问、分享经验，教师及助教团队定期参与讨论，提供即时答疑服务。此外，设置一对一辅导或小组辅导机制，针对学习困难的学生提供个性化辅导，帮助他们克服学习障碍。

第三，学习进度管理与反馈。利用学习管理系统跟踪学生的学习进度，提供个性化的学习报告，包括学习时长、作业完成情况、测试成绩等，帮助学生自我评估和调整学习策略。同时，定期向学生发送学习进度的提醒和反馈，鼓励其保持学习动力。

（四）个性化学习路径设计

第一，前测与适应性学习。通过前测评估学生的先验知识和能力水平，基于评估结果为学生提供个性化的学习路径建议。采用适应性学习技术，根据学生的学习表现和反馈动态调整课程内容和难度，确保学习内容的针对性和有效性。

第二，补充材料与扩展阅读。在课程内容中嵌入丰富的补充材料和扩展阅读资源，如案例分析、学术论文、视频讲座等，以满足不同基础和兴趣的学生的需求。同时，鼓励学生自主探索，培养其批判性思维和自主学习能力。

五、MOOC模式的数据驱动改进

在当今高等教育日益数字化的背景下，MOOC作为一种创新的教学模式，正以前所未有的速度和规模改变着知识传播与学习的方式，其核心优势之一在于强大的数据收集与分析能力，这一特性为数据驱动的教学改进提供了坚实的基础。

（一）MOOC数据分析的框架与维度

在MOOC环境中，学生学习行为的数据来源广泛且复杂，包括但不限于视频观看记录、在线测验成绩、论坛讨论参与度、学习进度追踪等，这些数据构成了庞大的数据集，需通过科学的分析方法进行挖掘与解读，构建一个全面且细致的数据分析框架，该框架应涵盖以下关键维度。

第一，学习参与度。通过记录学生登录次数、视频观看时长、任务完成率等指标评估学生的总体学习投入度。

第二，学习成效。利用在线测验、作业提交及反馈结果衡量学生对知识点的掌握程度及学习成效。

第三，学习路径。分析学生的学习轨迹，识别不同学生群体在学习路径上的差异，以及这些差异如何影响学习效果。

第四，交互行为。监测学生在论坛、讨论区等社交平台的互动情况，评估其对课程内容的理解深度及交流能力。

（二）数据分析在教学改进中的应用

第一，个性化学习支持。基于学生的学习行为数据，运用机器学习算法预测学生的学习需求与困难点，提供个性化的学习路径推荐、学习资源补充或额外辅导服务。例如，对频繁出现错误的练习题，系统可自动推送相关解析视频或强化练习。

第二，课程设计与优化。通过分析学生群体的普遍难点与易错点，教师可以针对性地调整课程内容、教学顺序或教学方法。同时，根据学习路径的多样性，设计多条并行的学习路径，满足不同背景和能力水平的学生的需求。

第三，教学效果评估与反馈。通过对比分析不同教学策略下的学生表现数据，客观评估教学效果，为教师提供即时的反馈，这有助于教师快速识别并修正低效的教学方法，提升教学效率与质量。

第四，预测模型构建。利用历史数据构建预测模型，预测学生的学业表现、辍学风险等，为早期干预提供数据支持。例如，对可能出现学习障碍的学生，及时提供心理辅导或学习辅导，减少辍学率。

六、MOOC模式的合作与资源共享

（一）合作机制的多维度构建

1.高校间的协同合作

高校作为知识创新与传播的主阵地，在MOOC课程开发中扮演着核心角色。不同高校之间的合作，不仅能够汇集各自学科领域的优质教育资源，还能通过跨校际师资团队的组建，实现教学内容与方法的创新融合。例如，通过联合申报MOOC项目，共同设计课程体系、制定教学大纲、编写教材及教辅资料，可以有效避免课程内容的重复建设，提升教学质量与覆盖面。此外，高校间的学分互认机制也是推动MOOC合作的重要环节，它推动了学习成果的广泛认可与转换，增强了学生跨校学习的动力与灵活性。

2.企业与高校的技术和市场合作

企业，特别是科技企业在MOOC平台的构建与运营中发挥着不可或缺的作用。一方面，企业以其强大的技术研发能力，为MOOC平台提供稳定、高效的技术支持，包括云计算、大数据分析、人工智能等技术的应用，使平台能够承载大规模用户访问，实现个性化学习推荐，优化用户体验；另一方面，企业还能够凭借其在市场运作方面的经验，协助高校进行课程的市场推广与品牌建设，通过精准的市场定位与营销策略，吸引更多学习者参与，实现教育资源的最大化利用。

3.研究机构与高校的学术合作

研究机构，包括各类科研院所、实验室等，是MOOC课程内容创新与学术深度挖掘的重要源泉，它们与高校的合作，主要聚焦于课程内容的科学性、前沿性和实用性。研究机构通过提供最新的研究成果、实验数据与案例分析，为MOOC课程注入鲜活的学术生命力，使学习者能够接触到最新的科学进展与技术动态。同时，这种合作也促进了科研成果的普及与转化，加速了知识从实验室到课堂的流动。

（二）资源共享的深度实践

1.课程资源的开放与共享

MOOC平台的核心价值在于其资源的开放性与可访问性。平台应积极推动课程资源的免费或低成本获取，打破地域、时间、经济条件的限制，让全球范围内的学习者都能享受到高质量的教育资源。同时，通过建立统一的资源共享标准与协议，促进不同平台间的课程互认与资源互换，形成更加广泛的资源网络。

2.知识交流与社群建设

MOOC平台不仅是知识传播的载体，更是知识交流与创新的场所。通过构建在线学习社群，鼓励教师之间、学生之间以及师生之间的深度互动，可以促进知识的共享与碰撞，激发新的学习灵感与创造力。平台可以设计多样化的互动功能，如在线讨论区、协作学习项目、专家讲座与答疑等，为学习者提供充足的学习支持与社交机会。

七、MOOC模式的持续改进与创新

（一）课程内容的动态调整与优化

MOOC的核心在于其开放性和丰富性，这要求课程内容必须紧跟时代步伐，不断融入新知识、新技术和新理念。因此，平台和课程开发者需建立一种基于数据驱动的反馈机制，定期收集并分析学习者的学习数据、满意度调查及反馈意见，以此为依据对课程内容进行动态调整，这包括但不限于更新教学材料、引入前沿研究成果、增加实践案例等，以确保课程内容的前沿性、实用性和吸引力。同时，为了满足不同学习者的个性化需求，MOOC课程还应提供多样化的学习资源和学习路径。例如，通过模块化设计，将课程内容划分为多个独立又相互关联的学习单元，学习者可以根据自己的兴趣、基础和目标选择适合自己的学习路径。此外，增设拓展阅读、专题讲座、在线研讨会等辅助资源，也能有效拓宽学习者的知识视野，提升学习体验。

（二）教学方法的创新与实践

教学方法是MOOC模式中另一个需要持续改进与创新的关键环节。传统的教学模式往往侧重于知识的单向传授，而MOOC则更加注重学习者的主体性和参与性。因此，开发者应积极探索和实践各种新型教学方法，如翻转课堂、混合学习、项目式学习等，以激发学习者的学习动力和创新能力。翻转课堂模式通过让学生在课前观看视频讲座、阅读教材等方式自主学习基础知识，然后在课堂上通过小组讨论、案例分析、问题解决等活动深化理解和应用知识，这种模式不仅提高了学习效率，还增强了学习者的自主学习能力和团队协作能力。混合学习模式则结合了线上和线下教学的优势，通过线上学习提供的灵活性和便利性，线下教学的互动性和实践性，从而实现教学效果的最优化。

（三）创新教学工具与互动形式的探索

随着技术的不断发展，各种新型教学工具和互动形式层出不穷，为MOOC模式的创新提供了广阔的空间。例如，虚拟现实（VR）、增强现实（AR）等技术的应用，可以为学习者提供沉浸式的学习体验，使抽象的概念和知识变得直观易懂。智能助教、聊天机器人等人工智能工具的应用，则可以实现24小时不间断的学习支持和答疑解惑，提高学习效率和满意度。此外，社交媒体的普及也为MOOC的互动形式带来了新的可能性。通过在MOOC平台上嵌入社交媒体功能，如论坛、微博、微信等，可以方便学习者之间的交流和分享，形成学习共同体，这种基于社交媒体的互动方式不仅增强了学习者的归属感和参与感，还促进了知识的传播和创新。

八、MOOC模式的国际化与本土化平衡

在全球化的背景下，MOOC作为一种跨越国界的教育形式，其国际化与本土化的平衡问题显得尤为重要。国际化要求MOOC课程具有全球视野和普适性，能够吸引来自不同国家和地区的学习者；本土化则要求MOOC课程能够贴近当地学习者的实际需求和文化背景，提高课程的适应性和吸引力。

（一）课程设计的国际化视角

在课程设计时，应充分考虑国际学习者的多样性和差异性。一方面，要确保课程内容的前沿性和普适性，选择具有国际通用性和广泛认可度的知识点和案例；另一方面，要注重跨文化交流和理解的培养，通过增加国际视角、多元文化比较等内容，增强学习者的全球意识和跨文化交际能力。此外，还应关注国际学习者的语言需求和学习习惯。在提供多语言版本的同时，还应优化课程界面、导航和交互设计，使其更加符合国际学习者的使用习惯。同时，还可以通过提供学习指南、学习社群等支持服务，帮助国际学习者更好地融入MOOC学习环境。

（二）本土化的策略与实践

本土化是MOOC课程在特定地区或国家落地生根的关键。在本土化过程中，应深入调研当地学习者的学习需求和文化背景，结合当地的教育传统和学生特点进行适当的调整和优化。例如，在课程内容上，可以融入当地的历史、文化、社会现象等元素，使课程内容更加贴近学习者的生活实际，增强课程的亲和力和吸引力。同时，针对当地学习者的学习习惯和偏好，调整教学方法和互动形式，以提高学习效果和满意度。

（三）跨文化沟通与理解的强化

在MOOC的国际化与本土化过程中，跨文化沟通与理解的能力至关重要。为了促进不同文化背景的学习者之间的有效交流，可以在课程中设置跨文化交流模块，通过案例分析、角色扮演、在线讨论等方式，引导学习者了解并尊重不同文化之间的差异，培养跨文化意识和沟通能力。此外，鼓励国际学习者与本土学习者之间互动合作，通过团队项目、在线协作等方式，共同解决问题，增进情感和友谊。

（四）合作与共享机制的建立

为了实现MOOC的国际化与本土化的平衡，还需要建立合作与共享的机制，这包括与国际知名教育机构、企业、非营利组织等合作，共同开发具有全球视野和本土特色的MOOC课程；同时，鼓励各国MOOC平台之间的资源共享和互认，推动MOOC学分认证、学位授予等制度的跨国界实施。通过合作与共享，可以促进MOOC资源的优化配置和高效利用，提升全球教育资源的可及性和公平性。

（五）本地化运营与服务的提升

在MOOC的本土化过程中，本地化运营与服务的提升也是不可忽视的环节，这包括建立专业的本地化运营团队，负责课程内容的翻译、校对、本地化改编等工作；同时，提供多语言客服支持、本地化学习社群管理等服务，确保学习者在遇到问题时能够及时获得帮助和支持。此外，还可以根据当地的市场需求和政策环境，灵活调整课程定价策略、推广渠道等，以提高MOOC在当地市场的竞争力和影响力。

第二节 创客教育模式的构建

一、创客教育模式的构成要素

创客教育模式旨在通过结合创新思维、跨学科协作和动手实践来培养学生的创新能力和创业精神。大学作为高等教育的重要场所，承担着培养高素质创新人才的重要使命，创客教育模式的构建对实现这一使命具有重要意义。创客教育模式作为一种新兴的教育理念，旨在通过多维度的教学设计和实践，培养学生的创新能力、创业精神及实际操作能力，其构成要素涵盖教育目标、课程设置、教学方法、实践平台以及评价体系等方面，这些要素相互关联，共同构建了一个完整且具有实效性的教育体系。

（一）教育目标

创客教育的核心目标在于塑造具备创新能力、创业精神和实际操作能力的复合型人才。在这一模式下，教育目标更侧重于培养学生的创新思维和问题解决能力，鼓励学生在面对复杂的问题时，能够运用创造性思维提出新颖的解决方案。此外，团队协作精神也是教育目标的重要组成部分，通过合作完成项目任务，学生能够在实际操作中提升团队合作的能力。创客教育还强调培养学生的商业意识，使其能够在创新过程中理解市场需求，形成将创意转化为产品的思维方式。这种商业意识的培养，旨在促使学生在学术研究与市场应用之间架起桥梁，从而实现从创意到产业化的有效转化。

（二）课程设置

创客教育的课程设置应充分体现跨学科的特性，注重理论与实践的紧密结合。课程设计应覆盖广泛的知识领域，包括创新思维训练、产品设计与开发、市场分析与商业策划等模块。通过这些课程，学生不仅能够掌握基本的创新方法，还能理解如何将理论知识应用于实际项目中。在课程内容的编排上，创客教育强调与时俱进，要求课程设置能够适应科技进步和市场变化的需求，及时更新课程内容，以保持其前沿性和实用性。跨学科课程设置还要求不同学科的知识相互交融，形成系统性的课程结构，以增强学生的综合应用能力。这样的课程设计不仅促进了学生多领域知识的积累，还能够提升其跨学科的整合与应用能力。

（三）教学方法

在创客教育模式中，教学方法的设计需体现出"做中学"的理念，强调通过实践活动提升学生的动手能力和创新能力，这种教学方法不仅打破了传统的知识传授模式，还将学习的主动权交给学生，促使其通过实际操作掌握知识与技能。其中，项目驱动学习、问题导向学习和团队合作学习是创客教育中常用的教学策略。项目驱动学习通过具体项目任务的设置，激发学生在完成项目过程中发现问题、解决问题，并最终实现学习目标；问题导向学习则鼓励学生在面对具体问题时，主动探索、思考并寻找解决方案；团队合作学习强调学生在合作中分享知识、分工协作，从而提升团队整体的创新能力。在此过程中，教师的角色发生了转变，教师不再是单纯的知识传授者，而是学习过程的引导者和协作者。教师需具备引导学生思考、激发学生创新潜能的能力，并能够在项目进行过程中提供必要的支持与指导。通过灵活多样的教学方法，创客教育有效促进了学生自主学习能力和创新实践能力的提升。

（四）实践平台

创客教育的有效实施离不开完善的实践平台。高校应为学生提供多样化的创客空间、实验室、创新工作坊等实践场所，这些平台不仅为学生提供了动手实践的场所，还通过先进的设备和工具支持学生进行创新探索。在这些实践平台中，学生可以将所学的知识应用于实际项目中，进行从创意生成到产品原型制作的全过程体验。创客空间的设计应当灵活开放，以满足不同学科、不同项目的需求。此外，学校还应加强与外部资源的合作，引入行业资源和专业指导，增强实践平台的现实意义和专业性。通过这些实践平台的建设，创客教育能够为学生提供一个从理论学习到实践创新的完整闭环，促进其创新能力的全面发展。

（五）评价体系

创客教育的评价体系需要综合考虑学生的创新能力、动手实践能力、团队合作精神以及项目成果等多个维度。传统的评价方式往往侧重于对知识掌握程度的考核，而创客教育的评价则更加注重对过程和结果的双重考量。过程评价旨在考查学生在项目实施过程中的创新思维、问题解决能力和团队协作能力，通过对这些过程性表现的评价，能够有效激励学生在学习过程中不断提升自我。结果评价则侧重于对项目最终成果的评估，包括创意的独特性、产品的实用性以及商业化潜力等方面。多元化的评价标准有助于全面反映学生在创客教育中的综合表现，避免单一评价标准可能带来的片面性。同时，创客教育的评价体系应体现出灵活性与个性化，允许根据不同项目的特点设置差异化的评价标准，这不仅能更加客观地反映学生的真实水平，还能够通过个性化评价激发学生的创新动力。此外，评价过程还应当注重反馈机制的建设,通过及时的反馈帮助学生发现不足,明确改进方向,进一步提升其创新实践能力。

二、创客教育模式的实施路径

在当今全球创新驱动发展战略的背景下,创客教育作为高等教育体系内的一股新兴力量,正逐步成为培养学生创新精神、实践能力和创业素养的关键途径。为实现创客教育的有效实施与深度融合,大学需从组织结构优化、资源配置强化、教师队伍建设等多维度进行系统性的规划与精细化的操作,以构建一套高效、可持续的创客教育体系。

(一)组织结构的重构与职能明确

1.设立专门机构,强化顶层设计

大学应积极响应时代的需求,成立专门的创客教育中心或创新创业学院,作为推动创客教育发展的核心机构。这一机构不仅需承担创客教育的战略规划、政策制定与监督评估等宏观管理职能,还应深度介入课程设计、项目孵化、竞赛组织等具体实施环节,形成从基层到顶层的全方位管理体系。通过设立专项工作组、跨学科研究团队等形式,确保创客教育的各项政策与措施能够精准落地,有效执行。

2.整合资源,构建协同网络

创客教育中心需积极整合校内外的优质资源,构建多元主体参与的协同创新网络,这包括与教务处、学生工作部、科研处等校内部门的紧密合作,共同推进课程设置、学分认定、学生激励等机制创新;同时,加强与地方政府、行业协会、科技企业等外部机构的交流与合作,引入行业资源,拓宽学生实践平台,形成"产学研用"深度融合的良好生态。

(二)资源配置的优化与保障

1.加大资金投入,确保基础设施建设

创客教育的实施离不开充足的资金支持。大学应设立专项基金,用于创客空

间、创新实验室等实践场所的建设与维护，确保学生有充足的物理空间进行创意实现与项目孵化。此外，大学还应加大对教学设备、实验器材、软件工具等硬件设施的投入，为学生提供先进的创作工具和学习环境。

2.拓展融资渠道，建立多元化资金体系

在争取政府财政支持的同时，大学应积极探索多元化的资金筹集渠道，这包括与企业合作，共同设立创新创业基金，支持学生项目的研发与市场化；开展校友捐赠、社会众筹等活动，吸引社会资金支持创客教育，以及通过成果转化、技术服务等方式实现"自我造血"，形成良性循环的资金链。

3.优化资源配置，提升使用效率

在资源有限的情况下，大学需通过精细化管理，优化资源配置，提高资源使用效率。例如，建立资源共享机制，鼓励不同学院、不同专业之间的资源共享与互补；引入智能管理系统，对创客空间、设备等进行智能化调度与监控，确保资源的高效利用；同时，加强对资源的维护与保养，延长使用寿命，降低更换成本。

（三）教师队伍的建设与能力提升

1.加强专业培训，提升教师创新能力

教师是创客教育的关键力量。大学应定期组织创客教育师资培训，邀请国内外知名专家、学者进行授课，分享最新的教育理念、教学方法与成功案例，提升教师的创新教学能力与项目指导能力。同时，大学应该鼓励教师参与企业实践、行业交流等活动，拓宽教师视野，增强其实战经验。

2.引进兼职教师，丰富教学内容

为了弥补校内教师在实践经验方面的不足，大学应积极引进具备实际创业经验的企业家、行业专家等作为兼职教师。他们可以通过讲座、工作坊、项目指导等形式，将行业前沿知识、市场动态、实战经验等融入教学之中，丰富教学内容与形式，激发学生的学习兴趣与创造力。

3.建立激励机制，激发教师积极性

为了激发教师参与创客教育的积极性与主动性，大学应建立完善的激励机制，将创客教育工作纳入教师考核评价体系之中，作为职称评定、评优评先的重要依据；设立创客教育成果奖、优秀指导教师奖等奖项，对在创客教育中表现突出的教师进行表彰与奖励；同时，提供必要的经费支持、时间保障等条件，为教师开展创客教育活动创造良好环境。

（四）课程体系的构建与实施

1.强化实践教学，促进知行合一

实践教学是创客教育的核心环节。大学应加大实践教学比重，构建以项目为载体的实践教学体系。通过组织各类创新创业竞赛、科研项目、社会实践等活动，引导学生将所学知识应用于实际问题解决之中，实现理论与实践的深度融合。同时，建立项目孵化机制，为优秀项目提供资金、技术、市场等多方面的支持，助力项目落地转化。

2.注重跨学科融合，培养复合型人才

创客教育强调提高跨学科的综合素养。大学应打破学科壁垒，鼓励不同学科之间的交叉融合与协同创新。通过设立跨学科课程、组建跨学科研究团队、举办跨学科研讨会和工作坊等方式，激发学生的跨学科思维和解决问题的能力。此外，大学可以建立跨学科的项目实践平台，让学生在实践中学习如何综合运用多个学科的知识和技术来解决复杂问题，从而培养出既具有深厚的专业知识又具备广泛视野的复合型人才。

3.搭建创客空间，营造创新氛围

为了给学生提供一个自由探索、交流协作和快速原型制作的空间，大学应积极搭建创客空间或创新实验室，这些空间应配备先进的硬件设备和软件资源，如3D打印机、激光切割机、电子元件、编程软件等，确保学生的创意得到支持与实现。同时，大学应邀请校内外专家、企业家和行业导师入驻，为学生提供专业指导和咨询服务，促进学生与业界的互动交流，形成良好的创新生态系统。此

外，定期举办创客市集、技术沙龙等活动，展示学生的成果，增强学生的自信心，激发更多的创新灵感。

4.实施个性化教学，尊重学生差异

创客教育注重激发学生的内在动力和创造力，因此必须关注学生的个性化和差异化需求。大学应通过引入翻转课堂、在线学习等混合式教学模式，为学生提供灵活多样的学习路径。利用大数据和人工智能技术，分析学生的学习行为和兴趣偏好，为其量身定制学习计划和课程资源。同时，大学应鼓励教师采用一对一辅导、小组合作等方式，针对不同学生的特点进行差异化教学，确保每位学生都能在创客教育过程中得到充分的发展。

三、创客教育模式的未来发展趋势

在当今全球知识经济迅速崛起的背景下，社会对创新型人才的需求达到了前所未有的高度。作为培养未来社会栋梁的高等教育体系，创客教育因其强调实践操作、问题解决及创新思维培养的特点，正逐步成为教育改革的重要方向。

（一）教学技术创新应用

信息技术的飞速发展为创客教育带来了前所未有的机遇。未来教学技术的应用将成为推动创客教育创新的重要力量。虚拟现实（VR）、增强现实（AR）、人工智能（AI）等先进技术的引入，将极大地丰富创客教育的教学手段和学习方式。VR技术能够模拟真实或虚构的环境，为学生提供沉浸式的学习体验，使他们能够在虚拟空间中自由探索、设计与实践；AI技术则能通过智能分析学生的学习行为和成效，为学生提供个性化的学习建议和资源推送，实现因材施教。此外，大数据、云计算等技术的应用还能促进教学资源的优化配置和高效利用，从而为创客教育的高质量发展提供有力支撑，这些教学技术的创新应用，将有效提升学生的学习积极性和实践效果，推动创客教育向更加智能化、个性化的方向发展。

（二）全球化视野拓展

在全球化日益加深的今天，具备国际视野和跨文化交流能力的创新人才显得尤为重要。因此，未来的创客教育将更加注重培养学生的全球化视野和国际竞争力。一方面，通过引入国际先进的创客教育理念和实践经验，结合本土实际进行本土化创新，提升我国创客教育的国际影响力；另一方面，鼓励学生参与国际创新创业竞赛、交流项目等活动，与全球范围内的创客同台竞技、交流学习，这些活动不仅能够拓宽学生的国际视野，还能让他们在实践中锻炼跨文化交流与合作的能力。同时，大学还可以通过建立国际合作办学机制、引进海外优质教育资源等方式，为学生提供更多元化的学习选择和更广阔的发展平台。通过这一系列措施的实施，我国的创客教育将培养出更多具有国际视野、跨文化交流能力和全球竞争力的创新人才。

第三节　人本化教育模式构建

一、人本化教育模式的理论基础

（一）人本主义教育思想的源流

"人是客观物质性、实践主导性、结构完整性、普遍与特殊统一性、动态发展性辨证统一的物质有机体，以人为本的核心就是遵循人的内在辨证规律。"[①]人本主义教育思想可以追溯至古希腊哲学，其中蕴含了早期的人本主义思想萌芽。古希腊哲学家如苏格拉底、柏拉图、亚里士多德等，均重视人作为理性存在体的价值。他们倡导通过教育培养个体的理性能力与道德品质，强调人在社会中的中心地位和自我完善的重要性。苏格拉底的"认识你自己"与柏拉图的"理念论"均体现了人本主义思想的早期形式，强调个体内在潜能的发掘与理性的培养。亚里士多德进一步发展了这一思想，他主张通过德性培养实现个人幸福与社会和谐的统一，这种教育观念奠定了人本主义教育思想的哲学基础。

进入现代，教育理论发生了重要的转向，人本主义教育逐渐成为一股重要力量，这一转向与人文主义、启蒙思想和心理学的发展密切相关。文艺复兴时期的思想家如彼特拉克与蒙田等，开始重视个体的独立性和人的尊严，强调教育应服务于人的全面发展，这一思想逐步渗透到教育理论中，形成了以人为中心的教育理念。19世纪以来，随着心理学的兴起，尤其是人本主义心理学的出现，教育理论更加重视个体的内在需求、动机与情感的研究。马斯洛的需求层次理论和罗

---

① 江海潮，向国成.现代人本教育模式实践的人本要求研究[J].当代教育理论与实践，2011，3（4）：45.

杰斯的以人为中心的疗法,均强调个体在学习与发展过程中的主动性与主体性,为人本主义教育提供了心理学依据。这一理论强调教育的目的是帮助学生实现自我,关注学生的情感需求和个体差异,为人本化教育模式奠定了理论基础。

(二)人本化教育的核心概念解析

第一,人本化教育模式的核心在于确立学生的主体地位。学生在教育过程中不再是被动的知识的接受者,而是主动的知识的建构者,这一理念源于建构主义学习理论,它强调学生通过与环境的互动、自我反思和社会实践来构建知识体系。教育者的角色由知识传授者转变为引导者与促进者,支持学生自主学习与探索,激发学生的内在学习动力。通过这种方式,学生能够在教育过程中发挥积极作用,实现自我成长与发展。

第二,在追求学生全面发展的同时,人本化教育强调个性化成长的重要性。全面发展是指在认知、情感、社会性等方面的均衡发展,而个性化成长则关注学生的独特性、兴趣与潜能的发挥。人本化教育模式试图在二者之间寻求平衡,既要关注学生的共同发展目标,也要尊重和支持每个学生的个性化需求与发展路径。通过多样化的教育内容和教学方法,促进学生在全面发展的基础上实现个性化成长。

第三,人本化教育特别重视学生情感、态度与价值观的培养。教育不仅是知识的传授过程,更是情感与价值观的塑造过程。人本化教育模式强调在教学过程中关注学生的情感体验,通过积极的情感互动,培养学生的同理心、社会责任感与积极的生活态度。教育者应通过创造积极的学习氛围与人际关系,促进学生的心理健康与社会适应能力。同时,价值观教育也成为人本化教育的重要组成部分,旨在帮助学生形成正确的世界观、人生观与价值观,培养具有社会责任感与批判性思维能力的学生。

二、人本化教育模式的框架设计

(一)课程体系的人本化重构

1.跨学科融合与课程模块化设计

跨学科融合旨在打破学科间的壁垒,通过将不同学科的知识和方法整合到课程中，以促进学生的综合能力发展，这种融合不仅增强了课程的实际应用价值，还拓宽了学生的知识视野和思维方式。课程模块化设计则通过将课程内容拆分成多个模块，让学生根据个人兴趣和职业目标选择相关模块，构建个性化的学习路径。模块化设计提升了课程的灵活性和适应性，使学生能够根据自身的需求调整学习内容，以达成更有效的知识获取和技能提升。

2.自主选课与个性化学习路径规划

自主选课赋予学生在课程选择上的自由，允许他们根据自身的兴趣、能力和职业规划进行选择，这种方式不仅激发了学生的学习动机，还提高了学习的相关性和实际性。个性化学习路径规划则基于学生的学习进度和目标，为每个学生量身定制学习计划，这种规划不仅帮助学生明确了学习目标，还确保了学习内容和方式的适应性，进而提高了教学效果。

（二）教学方法与手段的创新

1.互动式教学与翻转课堂的应用

互动式教学和翻转课堂的应用是其中的核心方法。互动式教学通过积极的师生互动和小组讨论，鼓励学生参与到课堂中来，这种方法提升了课堂的活跃度和学习的主动性，有助于学生在真实情境中应用所学知识。翻转课堂则颠覆了传统的教学模式，通过将知识传授的任务从课堂转移到课外，从而让学生在课堂上更多地参与讨论和解决问题。这种方法不仅提高了学生的自主学习能力，还增强了课堂教学的针对性和效率。

2.信息技术支持下的智慧教育探索

智慧教育利用先进的信息技术手段，如大数据、人工智能和云计算等来提升教学质量和学习效果。通过信息技术的支持，教师能够实时获取学生的学习数据，并根据数据进行个性化的教学调整。同时，学生可以通过各种在线平台获取丰富的学习资源，并利用智能工具进行自我学习和复习。这种基于信息技术的教学方法，不仅提高了教育的效率和质量，还促进了教育资源的公平分配。

（三）学生参与和自我管理的强化

1.学生自治组织的角色与功能

学生自治组织在这一过程中发挥着关键作用，这些组织不仅为学生提供了一个展示和发展领导能力的平台，还促进了学生的自我管理能力和团队合作能力。学生自治组织通过组织各种活动和项目，增强了学生的参与感和归属感，同时也培养了他们的组织能力和社会责任感。组织内的民主决策和团队合作机制，有助于学生在实践中学习和成长，提升整体的教育质量和效果。

2.实习实训与创新创业平台的搭建

实习实训与创新创业平台的搭建是学生参与和自我管理强化的重要组成部分，这些平台为学生提供了丰富的实践机会，使他们能够将所学的理论知识应用于实际操作中。实习实训不仅能够帮助学生积累工作经验，还提高了他们的职业技能水平和就业竞争力。创新创业平台则为有志于创业的学生提供必要的支持和资源，包括创业指导、资金支持和市场开发等。这些平台不仅促进了学生的创新思维和创业精神，还为他们提供了实现自我价值的机会。通过这些实践和创业机会，学生能够更好地步入职场，同时也提升了他们的自我管理能力和综合素质。

三、人本化教育模式中的教师角色转变

在高等教育日益强调人本化教育的背景下，教师的角色不再局限于知识的传授者，而是逐步向促进学生全面发展、激发学生潜能、培养学生创新能力的多元角色转变，这一转变不仅要求教师具备深厚的专业知识，更需要在人本素养、师生关系构建以及评价体系等方面实现全面升级。

（一）教师专业发展与人本素养提升

1.终身学习与教育理念更新

在人本化教育模式下，教师的专业发展被赋予了新的内涵，即终身学习成为教师职业生涯的常态。随着知识更新速度的加快和跨学科融合的加深，教师需不断拓宽知识边界，掌握最新的教育理念和教学方法，这就要求教师具备高度的自

我驱动力和学习能力，通过参加专业培训、学术研讨会、在线课程等多种途径，持续更新知识结构，提升教学能力。同时，教师应深刻理解人本化教育的核心理念，即以学生为中心，关注学生的个体差异，尊重其主体地位，促进学生的全面发展。这一教育理念的更新，是教师角色转变的基石，它引导教师从传统的知识灌输者转变为学习的引导者和促进者。

2.情感教育能力与同理心的培养

人本化教育强调情感在学生学习和成长过程中的重要作用。因此，提升教师的情感教育能力和同理心成为教师角色转变的关键环节。情感教育能力包括教师识别、理解、表达和管理自身及学生情感的能力，它要求教师能够敏锐地感知学生的情绪变化，通过积极的情感交流，建立信任和谐的师生关系。同理心则要求教师能够站在学生的角度思考问题，理解他们的需求和困惑，从而提供更加贴心和有效的帮助。这种能力的培养，需要教师具备高度的情感智商和人文关怀精神，教师通过日常教学实践中的不断反思和积累，逐渐达到炉火纯青的境界。

（二）师生关系的新定位

1.导师制与朋辈辅导的实践

在人本化教育模式下，师生关系被赋予了更加丰富的内涵和更加灵活的形式。导师制的实施，为每位学生配备了专门的指导教师，不仅在学习上给予指导，更在人生规划、心理健康等方面提供全方位的帮助。这种一对一的辅导模式，有助于建立更加紧密和个性化的师生关系，促进学生的个性化发展。同时，朋辈辅导作为一种新兴的辅导方式，鼓励学生之间相互帮助、共同成长。通过组织学习小组、经验分享会等活动，学生可以在同龄人的陪伴下，解决学习中的难题，分享成长的喜悦，形成积极向上的学习氛围。这种师生关系的新定位，既体现了教师的主导作用，又充分发挥了学生的主体作用，实现了教学相长、共同进步的目标。

2.平等对话与共同成长的文化氛围

在人本化教育模式下，师生之间的平等对话成为构建良好师生关系的重要途径。教师应摒弃传统的权威形象，以开放、包容的心态与学生进行平等的交流和讨论，这种对话不仅局限于课堂之内，更应延伸到课外活动当中，通过共同参与科研项目、社会实践等活动，增进师生之间的了解和信任。同时，教师应鼓励学生表达自己的观点和想法，尊重他们的创造性和批判性思维，为他们提供展示自我、实现自我价值的舞台。在这种平等对话的氛围中，师生双方都能获得成长和进步，形成一种相互促进、共同发展的良性循环。

（三）教师激励机制与评价体系改革

1.教学成果的多维度评估

在人本化教育模式下，对教学成果的评估不再仅仅局限于学生的考试成绩和升学率等量化指标，而是更加注重对学生综合素质和创新能力的考察。因此，建立多维度的教学成果评估体系成为教师激励机制改革的重要方向，这一体系应包括学生的满意度调查、同行评价、自我反思报告等多个方面，全面反映教师的教学水平和教学效果。同时，学校应加强对教学创新和实践教学的评估力度，鼓励教师探索新的教学方法和手段，提高教学的针对性和实效性。

2.科研与教学并重的职业发展路径

在人本化教育模式下，教师的职业发展路径应实现科研与教学的有机结合。一方面，教师应积极参与科研工作，提升自己的学术水平和研究能力；另一方面，教师应将科研成果转化为教学资源，丰富教学内容和形式，提高教学质量。这种科研与教学并重的职业发展路径，有助于教师实现个人价值的最大化，同时也为学校的学科建设和人才培养提供了有力支撑。为此，学校应制定科学合理的考核和奖励机制，对在科研和教学方面取得突出成绩的教师给予表彰和奖励，激发他们的工作热情和创造力。

四、人本化教育模式的环境与文化营造

（一）校园物理环境的优化与人文氛围的营造

在当代教育体系中，大学作为培养高级专业人才和开展学术研究的重要基

地，其物理环境与人文氛围直接关系到学生的全面发展和教育质量的提升。因此，大学人本化教育模式首要关注的是校园物理环境的优化与人文氛围的营造，这一过程旨在为学生创造一个既满足学习需求又富含人文精神的成长环境。

1.学习空间的灵活布局与功能分区

（1）传统的教室布局往往局限于固定的桌椅排列，难以满足多样化的教学需求。在现代大学中，应推广可重组、多功能的教室设计，如移动式桌椅、智能投影设备、互动白板等，以支持小组讨论、演讲报告、实践操作等多种教学形式。此外，学习空间还应包括图书馆、实验室、创新中心、研讨室等多种功能区域，这些区域不仅要满足学生基本的学术需求，还要注重其空间的开放性和舒适度，使学生能够根据自身学习特点自由选择和切换学习环境。

（2）大学通过科学规划，将校园划分为教学区、生活区、运动区、休闲区等不同功能区，这样既能确保教学活动的顺利进行，又能丰富学生的课余生活，促进其全面发展。教学区应集中配置优质的教学资源和实验设备，确保教学活动的有效开展；生活区则需提供便利的生活服务设施，如宿舍、食堂、超市等，满足学生的基本生活需求；运动区和休闲区则为学生提供放松身心、锻炼身体的场所，有助于缓解学生的学习压力，促进学生的身心健康。

2.校园文化活动的丰富性与参与度

（1）校园文化活动是营造人文氛围的重要载体。大学应高度重视校园文化活动的丰富性和参与度，通过举办学术讲座、文化节、社团活动、体育赛事等多种形式的活动，丰富学生的课余生活，拓宽其视野和知识面。同时，鼓励师生共同参与文化活动的策划和组织，培养学生的组织能力和团队合作精神。

（2）在文化活动的内容上，大学应注重传统与现代的结合，既要弘扬中华优秀传统文化，又要积极引进和吸收外来优秀文化成果。通过举办文化展览、文艺演出、学术交流等活动，营造浓厚的文化氛围，提升学生的文化素养和审美品位。此外，学校还应关注不同专业、不同年级学生的特点和需求，举办具有针对性的文化活动，确保每位学生都能在活动中找到归属感和成就感。

（3）校园文化活动的参与度是衡量活动效果的重要指标。大学应通过广泛宣传、灵活组织、优化奖励机制等手段，激发学生的参与热情，提高活动的覆盖面和影响力。同时，学校要加强对文化活动的监督和评估，及时总结经验教训，不断优化活动内容和形式，确保文化活动持续健康的发展。

（二）虚拟学习社区的构建与管理

随着信息技术的飞速发展，虚拟学习社区已成为大学教育不可或缺的一部分。构建和管理好虚拟学习社区，对提高教学质量、促进学生自主学习具有重要意义。

1.线上学习资源的整合与共享

线上学习资源的整合与共享是实现虚拟学习社区功能的重要途径。大学应充分利用网络平台和技术手段整合校内外优质教学资源，建立统一的在线学习平台或课程管理系统，通过平台发布课程视频、教学课件、学习资料等丰富的学习资源，供学生自主选择和学习。同时，学校应鼓励学生和教师利用平台进行线上互动和交流，提高学习效率和质量。在资源整合过程中，应注重资源的多样性和针对性。根据学科特点和教学需求，开发适合不同学习层次和需求的课程资源。同时，大学应加强与其他高校和教育机构的合作与交流，实现资源共享和优势互补。通过建立跨区域、跨学科的在线学习联盟或共同体，共同推进优质教育资源的开发和应用。

2.社交媒体在学习社群建设中的作用

社交媒体作为现代社会的重要交流平台，对大学学习社群的建设具有重要推动作用。大学应充分利用社交媒体平台（如微信、微博、抖音等）的便捷性和互动性特点，建立学习社群或学习群组，为学生提供交流、分享和合作的平台。在学习社群中，学生可以分享学习心得、讨论疑难问题、分享学习资源。教师则可以通过社群了解学生的学习动态和需求，及时给予指导和帮助。此外，社群还可以组织线上学习活动（如在线研讨会、知识竞赛等），激发学生的学习兴趣和动力。通过社交媒体的运用，可以有效拓展学生的学习空间和交流渠道，促进其自主学习和合作学习能力的发展。然而，值得注意的是，社交媒体在学习社群建设中也存在一定的挑战和风险。如信息泛滥、负面信息干扰等问题可能会对学生的学习产生不利影响。因此，大学在利用社交媒体进行学习社群建设时，应加强管理和引导，确保社群的健康有序发展。大学可以通过制定相关规章制度、加强信息审核和监管等手段，维护社群的良好秩序和积极的学习氛围。

（三）家庭教育与社会支持的协同作用

1.家校合作模式的创新

家校合作是实现教育目标的重要手段。大学应加强与家庭的联系和沟通，建立有效的家校合作机制。通过定期召开家长会、家访、电话联系等方式了解学生在家庭中的表现和需求，及时反馈学生在校的表现和成长情况，共同商讨教育策略，形成家校共育的良好局面。

在家校合作模式的创新上，大学可以尝试以下方式：一是建立家校合作平台，利用现代信息技术手段，如开发家校合作 App 或微信公众号，以实现家校之间的即时沟通和信息共享。平台可以发布学校动态、学生成绩、活动通知等信息，同时家长也可以在平台上提出反馈意见和建议，形成双向互动的沟通机制。二是开展家长教育培训，定期邀请教育专家或资深教师为家长举办讲座或工作坊，提升家长的教育理念和方法，增强其参与孩子教育的能力和信心。三是建立家校共育项目，如共同策划和组织学生社会实践活动、志愿服务活动等，让家长在参与过程中更深入地了解孩子的成长环境和需求，同时也能增进家校之间的信任和合作。

2.社会资源引入教育领域的策略

社会资源是大学教育的重要补充和支撑。大学应积极引入社会资源，丰富教育内容，拓宽教育渠道，为学生提供更多元化、更贴近实际的学习体验。

（1）大学可以与企业、行业协会等建立合作关系，共同开展实践教学、实习实训等活动。通过与企业合作，学生可以接触了解到真实的职业环境和岗位要求，提升其职业素养和实践能力。同时，企业也可以借助大学的科研力量和人才资源，开展技术创新和产品研发，从而实现互利共赢。

（2）大学可以积极争取教育部门和社会各界的支持，争取更多的教育资金和项目资助。教育部门可以通过政策引导和资金投入，支持大学开展教育改革和创新，提升教育质量。社会各界也可以通过捐赠、设立奖学金、提供实习岗位等方式，为大学教育贡献力量。

（3）大学还可以利用社会文化资源，如博物馆、图书馆、艺术馆等，组织学生参观学习，拓宽其知识面和视野。通过与社会文化资源的互动，学生可以更加深入地了解社会、文化和历史，提升其文化素养和人文精神。

五、人本化教育模式的实施策略与保障机制

（一）政策制定与顶层设计的思考

1.教育政策的人本化导向

在大学人本化教育模式的实施过程中，政策制定扮演着至关重要的角色。人本化教育强调以学生为中心，关注学生的全面发展与个性成长。因此，教育政策的制定必须紧密围绕这一核心理念展开。政策制定者需深刻理解人本化教育的内涵与价值取向，确保所有教育政策均体现出对学生主体性的尊重与促进。

（1）政策制定应明确将学生的全面发展作为教育工作的首要目标，这包括在课程设置、教学方法、评价体系等多个方面融入人本化理念，确保教学活动能够激发学生的学习兴趣，培养学生的创新能力、批判性思维及社会责任感。同时，政策还需关注弱势群体的教育需求，通过制定特殊支持政策，确保教育公平与质量的双重提升。

（2）政策制定应注重灵活性与前瞻性。随着社会的快速发展，学生的需求与期望也在不断变化。因此，教育政策应具备足够的灵活性，能够根据时代发展和学生需求的变化进行适时调整。同时，政策制定者还需具备前瞻性思维，预见未来教育发展的趋势与挑战，提前布局，为大学人本化教育的可持续发展奠定坚实基础。

2.法律法规的保障与支持

法律法规是确保教育政策得以有效实施的重要保障。在大学人本化教育模式的推进过程中，建立健全相关法律法规体系，对保障学生权益、规范教育行为、促进教育公平具有重要意义。

（1）法律法规应明确界定教育机构的职责与义务，确保其在实施人本化教

育过程中能够遵循相关规定，尊重学生的主体性，维护学生的合法权益。例如，可以制定相关法律法规，规范高校在招生录取、课程设置、教学质量监控等方面的行为，防止教育资源的浪费与滥用。

（2）法律法规还应为教育创新提供必要的支持与保障。人本化教育强调教育创新，鼓励教育者积极探索新的教学理念与方法。因此，相关法律法规应明确保护教育创新的成果，激励教育者投身于教育改革的实践之中。同时，法律法规还应为教育创新提供必要的政策支持与资源保障，确保教育创新活动的顺利开展。

（二）资源配置与经费投入的优化

1.教育经费的合理分配与使用效率

（1）建立科学的经费分配体系。根据教育发展的实际需要，合理确定各项教育经费的分配比例。在人本化教育模式下，大学应加大对教学质量提升、学生创新能力培养等方面的经费投入，确保这些关键领域得到充分的支持。同时，还应建立经费使用的绩效评价体系，对经费使用效果进行定期评估与反馈，及时调整经费分配方案，提高经费使用效率。

（2）加强经费使用的监管与审计。大学应建立健全的经费监管机制，确保经费使用的合规性与透明性。加强对教育经费的审计力度，及时发现并纠正经费使用中的违规行为，防止教育经费的浪费与滥用。同时，大学还应鼓励社会力量参与教育经费的监督与管理，形成多元化、多层次的经费监管体系。

2.教育资源的均衡配置与共享

教育资源的均衡配置与共享是实现大学人本化教育目标的重要保障。为确保所有学生都能享受到优质的教育资源，大学必须采取有效的措施推动教育资源的均衡配置与共享。

（1）加大对教育资源薄弱地区的投入力度。大学通过政策倾斜、资金扶持等方式，帮助这些地区改善办学条件，提高教育质量。同时，还应鼓励优秀教师到这些地区支教或挂职锻炼，以此来带动当地教育水平的提升。

（2）建立健全教育资源共享机制。利用现代信息技术手段，搭建教育资源共享平台，实现优质教育资源的跨地区、跨学校共享。大学通过在线教育、远程教育等方式，让更多学生享受到优质的教育资源。同时，还应加强校际合作与交流，促进教育资源的优势互补与协同发展。

（三）监督评估与持续改进的机制

1.教育质量监控体系的建立

教育质量监控体系是确保大学人本化教育模式有效实施的关键环节。为确保教育质量的稳步提升，大学必须建立健全的教育质量监控体系，对教学活动进行全过程、全方位的监督与管理。

（1）明确教育质量监控的目标与标准。根据人本化教育的核心理念与价值取向，大学应制定科学合理的教育质量监控目标与标准，这些目标与标准应涵盖课程设置、教学方法、教学效果等多个方面，确保教学活动能够全面体现人本化的教育理念。

（2）建立多元化的教育质量监控主体。除了政府教育部门外，大学还应鼓励学校、学生、家长以及社会机构等多方参与教育质量监控工作。通过建立多方参与的教育质量监控机制，形成合力，共同推动教育质量的提升。

（3）建立定期评估与反馈机制。大学应定期对教学质量进行评估与检查，及时发现并纠正教学活动中存在的问题与不足。同时，还应建立有效的反馈机制，将评估结果及时反馈给教育者与学生，引导他们根据评估结果进行有针对性地改进与提升。

2.人本化教育效果的评估与反馈

人本化教育效果的评估与反馈是检验教育模式实施成效的重要环节。为确保评估结果的客观性与准确性，大学必须建立科学合理的评估指标体系与评估方法。

（1）人本化教育效果的评估指标体系，主要包括以下方面。

第一，学生发展指标。这是评估人本化教育效果的核心部分，包括学生的学术成就、创新能力、批判性思维、社会责任感、身心健康等多个维度。具体可以通过学业成绩、科研成果、社会实践参与情况、心理健康测试等方式进行量化或质性评估。

第二，教师教学质量指标。人本化教育强调教师的教学理念、教学方法与学生的学习需求相契合。因此，评估指标体系应包括教师的教学态度、教学方法的多样性、教学资源的有效利用、师生互动情况等方面，这可以通过学生评教、同行评审、教学观摩等方式进行。

第三，教育环境指标。良好的教育环境是实施人本化教育的重要条件。评估指标体系应涵盖学校的硬件设施、校园文化、学习资源、学生支持服务等方面，这些可以通过实地考察、问卷调查、学生访谈等方式进行评估。

（2）人本化教育效果的评估方法，主要包括以下几个方面。

第一，量化评估与质性评估相结合。量化评估通过数据统计与分析，能够直观地反映教育效果的某些方面；而质性评估则通过深入访谈、观察记录等方式，揭示教育现象背后的深层次原因。这两者相结合，能够更全面地评估人本化教育的效果。

第二，形成性评价与总结性评价并重。形成性评价关注教育过程中学生的表现与进步，为教育者提供及时的反馈与调整依据；而总结性评价则是对整个教育阶段效果的全面评估。两者并重，能够确保教育评估的连续性与全面性。

第三，第三方评估与内部评估相结合。第三方评估机构具有独立性、客观性，能够提供更为公正、准确的评估结果；而内部评估则能够深入了解学校的实际情况，发现具体问题。两者相结合，能够形成更为全面、深入的评估报告。

（3）反馈机制的建立与完善。评估结果的反馈是人本化教育持续改进的重要环节。为了确保评估结果的有效利用，必须建立完善的反馈机制。

第一，及时反馈。评估结果应及时反馈给教育者、学生及相关部门，以便他们及时了解自己的表现与问题所在。

第二，针对性改进。根据评估结果，制订具体的改进措施与计划，这些措施应针对评估中发现的问题与不足，具有可操作性和实效性。

第三，跟踪评估。对改进措施的实施效果进行跟踪评估，确保问题得到有效解决。同时，根据新的评估结果，不断调整与完善教育策略和措施。

第四，激励与约束机制。将评估结果与教育者的绩效考核、学生的奖励与激励相结合，形成有效的激励与约束机制，这能够激发教育者与学生的积极性与创造力，推动人本化教育的深入实施。

第四节 校企合作模式的构建

一、校企合作模式的框架体系

（一）教育改革的需求

教育改革在全球范围内逐步推进，旨在应对经济、科技和社会环境的快速变化。在这一背景下，教育体系需要不断适应市场需求，以培养具有实际操作能力和创新精神的高素质人才。高等教育的改革不仅包括课程设置和教学方法的调整，也涉及教育资源的优化配置和教育模式的创新。校企合作作为一种重要的教育改革模式，正是为满足新时代对高等教育的多样化需求而兴起的。近年来，经济全球化和科技进步加速了职业技能的变化和工作环境的复杂化。传统的教育模式和课程设置难以满足企业对毕业生的实际需求，这种情况促使教育机构在培养模式上进行改革，以增强毕业生的就业能力和职业适应能力。校企合作模式的引入，为教育改革提供了一种新的解决方案，通过将企业实际需求和教育培养目标有效结合，提升了教育的针对性和实用性。在校企合作模式中，企业可以参与课程的设计和开发，提供实际的项目和案例，让学生在真实的工作环境中进行实践，这不仅有助于学生掌握前沿的技术和行业动态，也能够使他们在毕业时具备直接进入职场的能力。同时，企业也可以通过合作培养出符合其需求的人才，提高招聘效率和员工培训的效果。

（二）企业创新与发展的驱动力

企业的创新和发展依赖于多个因素，其中，人才的培养和引进是关键驱动力之一。随着市场竞争的加剧和技术的不断进步，企业对具有创新能力和实践经验的高素质人才的需求越来越迫切。校企合作模式能够有效填补企业在人才培养和技术研发方面的空缺，通过与高校的紧密合作，企业不仅可以获得前沿的研究成果和技术支持，还能够培养出符合自身发展需求的人才。

在企业的创新过程中，高校可以提供丰富的理论知识和科研支持，而企业则可以提供实际应用场景和真实的需求问题。这种双向的合作关系，使得高校的研究成果能够快速转化到实际应用中，从而提升企业的创新能力和市场竞争力。此外，通过与高校合作，企业还能够参与到课程的设计和教学过程中，从而确保所培养的人才能够适应企业的实际需求，进一步提升企业的整体运营效率。

校企合作不仅有助于企业获取创新的资源和人才的支持，还能够促进企业内部的技术革新和管理优化。企业在与高校合作过程中，能够接触到最新的研究成果和先进的技术，这些都可以为企业的产品开发和技术升级提供有力的支持。同时，企业还能够借助高校的科研平台和实验设施，进行前沿技术的研发和应用测试，从而推动企业的技术创新和业务拓展。

（三）校企合作的社会价值

校企合作不仅具有经济和教育层面的价值，还有显著的社会价值，主要包括以下方面。

第一，校企合作可以促进社会就业的改善。通过校企合作模式，学生在校期间便能够参与实际的工作项目，提升了其就业能力和职业素养。这种模式使得学生在毕业后能够迅速适应工作环境，减少了企业的招聘和培训成本，从而有助于降低社会的整体失业率。

第二，校企合作能够推动社会创新和技术进步。高校在技术研发和创新方面具有较强的能力，而企业则能够将这些创新应用于实际生产和市场中。通过校企合作，科技成果能够快速转化为生产力，促进社会的技术进步和经济发展。此外，校企合作还能够促进学术界与产业界的沟通和合作，推动科研成果的实际应用，进一步提升社会的整体创新能力和竞争力。

第三，校企合作模式还能够推动社会资源的优化配置。高校和企业的合作不仅能够提高教育资源的使用效率，还能够使企业在技术研发和人才培养方面获得更多的支持。通过这种合作，社会资源能够更加有效地投入实际需要的领域中，从而提高社会整体的资源利用效率和经济效益。

（四）校企合作模式的主要类型

校企合作模式的多样性体现了其适应不同需求和环境的灵活性。根据合作的深度和形式，校企合作可以分为多个类型，每种类型都有其独特的特点和优势，主要包括以下方面。

第一，合作研究模式。在这种模式下，企业和高校通过共同进行科学研究和技术开发，实现科研资源的共享和技术的转化。企业能够利用高校的研究平台和实验设施，加速技术研发进程，并将研究成果应用于实际生产中。高校则可以通过与企业的合作，获得实际的研究课题和资金支持，提升科研水平和研究能力。合作研究模式不仅促进了技术的创新，还能够推动企业的技术进步和行业发展。

第二，实践教学模式。在这一模式中，企业参与到高校的教学过程中，通过提供实际的工作案例、实习机会和项目实践，帮助学生将理论知识应用于实际工作当中。企业不仅可以为学生提供实习和就业机会，还能够参与课程设计和教学活动，确保教学内容的实用性和前瞻性，这种模式有助于学生积累实践经验，提升职业技能，同时也使企业能够提前接触到潜在的人才，降低招聘和培训成本。

第三，人才培养模式。"校企合作开展人才培养工作有利于提高人才培养质量、充实更新企业生产资源、促进社会稳定健康发展，是实现高校、企业两方便利与高校、企业、社会三方共赢的有效手段。"[①]在这种模式下，企业和高校共同制订人才培养方案，确定培养目标和内容。企业可以根据自身的发展需求和未来的技术方向，参与到课程设置和教学大纲的设计中，从而确保培养的人才能够符合企业的实际需求。高校则可以通过与企业的合作，了解行业的发展趋势和人才需求，优化课程设置和培养方案，提高毕业生的就业能力和职业竞争力。

第四，技术服务模式。在这一模式中，企业可以利用高校的科研资源和技术优势，为自身的技术问题和需求寻求解决方案。高校则可以通过提供技术咨询、技术服务和技术支持，帮助企业解决实际问题，并推动技术的应用和转化。技术服务模式不仅有助于企业提升技术水平和竞争力，还能够促进高校科研成果的转化和应用，提高社会对高校科研的认可度。

二、校企合作模式的理论基础

（一）教育经济学视角下的校企合作

1.教育资源的优化配置

教育经济学为理解校企合作模式提供了理论基础，其中教育资源的优化配置

---

① 任青路，金惠妍.校企合作背景下高校人才培养模式的研究与构建[J].才智，2024（13）：152.

是关键要素之一。教育资源的配置涉及人力资源、物资资源、资金资源等多个方面。在校企合作中，教育资源的优化配置不仅可以提高教育资源的利用效率，还可以实现教育与产业的双赢。

（1）教育资源的有效分配。传统的教育体系往往存在资源分配不均的问题，从而导致某些领域或学科的资源过度集中，而其他领域则资源匮乏。校企合作能够通过资源的重新配置，促进资源的合理分配。例如，企业可以向学校提供设备、技术支持和实践机会，学校则可以向企业提供技术研发和人才支持，这种双向的资源流动有助于减少资源的浪费，提高资源的利用效率。

（2）促进教育资源的整合与优化。通过合作，学校可以利用企业的实际案例和技术，优化课程设置和教学内容，提高教育质量。企业也能够通过合作获取高素质的人才，满足自身的用人需求。教育资源的整合不仅提高了教育的针对性和实用性，还增强了教育的社会服务能力。

2.人力资本理论的应用

人力资本理论为校企合作提供了重要的理论支持。该理论认为，人力资本的投资能够带来经济回报，包括个人收入的提升和社会生产力的提高。在校企合作中，人力资本理论的应用主要体现在以下方面：

（1）校企合作可以通过共同培养人力资本来提升整体社会的生产力。企业与学校合作，可以共同制订人才培养计划，设计符合行业需求的课程体系，从而提高学生的专业技能和实践能力。这种合作方式有助于缩短学校教育与实际工作的距离，使学生更好地适应社会需求。

（2）人力资本理论强调教育投资的长期回报。校企合作能够通过优化教育投资，提升人力资本的整体素质和竞争力。企业参与教育过程中的技术培训和实践教学，有助于培养高素质的技术人才，增强企业的核心竞争力。同时，学校与企业的合作关系也能够促进教育资源的创新与发展，提高教育的整体水平和质量。

（二）产业与教育融合理论

1.产教融合的内涵与外延

（1）产教融合理论探讨了产业与教育系统的深度融合过程及其影响。产教融合的内涵主要包括产业需求与教育资源的对接、教育过程与生产过程的结合，以及产业发展与教育发展之间的互动关系。产教融合的外延则体现在融合的具体形式、实施路径及其对社会经济的影响上。

（2）产教融合的核心在于打破传统产业与教育之间的壁垒，实现资源的共享与互动。产业需求的变化对教育内容和形式提出了新的要求，而教育系统则需要根据产业的需求进行调整和优化，这种调整可以体现在课程内容的更新、教学方法的改进以及实践环节的增加等方面。

（3）产教融合还包括教育资源的直接投入与产业发展的共同推动。企业可以通过设立奖学金、支持研究项目、参与课程开发等方式，直接参与到教育过程中，这种直接投入有助于提升教育质量和实用性，同时也为企业提供了获取技术创新和人才储备的途径。

2.产教融合促进产业升级的路径

产教融合在促进产业升级方面具有显著的作用。产业升级通常涉及技术创新、生产方式的转变以及产业结构的调整。产教融合能够通过以下路径促进产业升级。

（1）技术创新。校企合作中的技术研发和创新活动有助于推动产业的技术进步。企业通过与高校的合作，利用学术资源和研究成果，开发新技术和新产品，从而提升自身的技术水平和市场竞争力。

（2）技能提升。产教融合可以通过教育培训提升劳动者的技能水平。学校根据企业需求设计培训课程，使学生掌握最新的技术和技能，企业则能够获得更高素质的劳动者。这种技能的提升不仅能够满足企业的发展需求，还能推动产业的技术升级。

（3）产业结构调整。通过校企合作，企业可以获得先进的技术和管理经验，从而优化产业结构。教育机构提供的技术支持和人才培养可以帮助企业在产业结构调整中顺利过渡，提升产业的整体竞争力。

（三）协同创新理论在校企合作中的应用

1.协同创新的概念与框架

协同创新理论强调不同主体之间的合作与互动，以实现创新的最大化。该理论认为,创新过程中的资源整合和知识共享是推动创新的重要因素。在校企合作中,协同创新指的是通过不同组织或机构之间的合作,共同推动创新活动的过程,这种合作可以是跨学科的、跨行业的,也可以是跨国的。协同创新强调不同主体之间的知识共享、资源整合和创新网络的构建。协同创新的框架通常包括合作机制、资源共享、创新网络和成果转化等方面。合作机制指的是合作伙伴之间的关系和合作方式;资源共享包括技术、资金、信息等资源的共享;创新网络则是指各合作方之间的联系和互动;成果转化则涉及创新成果的应用和推广。

2.校企合作中的协同创新机制

在校企合作中,协同创新机制的建立与完善是推动合作效果的关键。协同创新机制包括合作模式、知识共享机制和成果转化机制等方面。

(1)合作模式。校企合作的合作模式可以包括技术研发合作、人才培养合作、信息交流合作等。技术研发合作通常涉及企业与学校共同参与研究项目,开发新技术和产品;人才培养合作则包括企业参与学校的课程设计和教学活动;信息交流合作则通过定期的会议、研讨会等形式实现。

(2)知识共享机制。知识共享是协同创新的重要组成部分。在校企合作中,知识共享机制可以通过建立合作平台、开展合作研究等方式实现。企业和学校可以通过共享研究成果、技术资料和经验教训,提升创新能力和效率。

(3)成果转化机制。成果转化是协同创新的最终目标。校企合作中的成果转化机制包括创新成果的商业化、技术转让和应用推广等。企业可以将学校的研究成果应用到生产实践中,学校则可以通过技术转让和合作开发获得经济回报。

三、校企合作模式的创新构建

(一)多元合作模式探索

1."企业引入"模式的深化与拓展

在大学与企业合作的多元化探索中,"企业引入"模式作为一种经典且高效的方式,其深化与拓展对提升校企合作的质量具有重要意义。传统意义上的"企业引入"通常指企业将部分生产或研发部门直接设立于大学校园内,通过共建实验室、研发中心等形式，实现资源共享与优势互补。然而，随着时代的发展，该模式正逐步向更深层次和更广泛的领域迈进。

（1）深化"企业引入"模式要求双方在合作内容上实现深度融合，这不仅仅局限于物理空间的共享，更需体现在技术研发、人才培养、市场对接等多个层面的紧密合作。例如，大学可以依托企业的市场需求和技术优势，共同申报国家级科研项目，推动科研成果的产业化进程。同时，企业也可以借助大学的科研力量和人才储备，解决技术瓶颈，提升产品的竞争力。

（2）拓展"企业引入"模式的边界，需注重合作形式的多样化和灵活性。除了传统的共建实验室外，还可以探索"企业学院""产业学院"等新型合作模式。这些模式通过整合双方资源构建更加紧密的产业与教育联合体，为培养符合市场需求的高素质应用型人才提供了有力支撑。此外，大学还可以邀请企业参与课程设置、教学评估等环节，确保教学内容与产业前沿保持高度一致。

2. "设备共享"模式的优化策略

"设备共享"模式作为校企合作的重要形式之一，其核心在于通过资源的高效配置，实现校企双方设备资源的互补与共享。为了进一步优化该模式，需从以下方面入手。

（1）建立健全设备共享管理机制。制定详细的设备使用规范、维护标准和费用分摊机制，确保设备在共享过程中安全、高效的运行。同时，建立信息共享平台，可以实时发布设备使用情况、维护状态等信息，提高设备利用率。

（2）推动设备升级换代与技术改造。随着科技的不断进步，企业生产设备更新换代速度的加快，大学应与企业保持紧密沟通，共同推动设备升级换代，确保实训教学与企业生产实际接轨。同时，针对老旧设备，大学可探索技术改造途径，提升其教学价值和实用性。

（3）加强设备维护与管理人员的培训。设备共享模式的高效运行离不开专业的维护与管理团队。大学应与企业合作，共同开展设备维护与管理人员的培训工作，提升其专业技能和职业素养，为设备共享模式的顺利实施提供有力的保障。

3. "技术推广"与"岗位承包"

在多元合作模式的探索中，新兴模式如"技术推广""岗位承包"等逐渐崭露头角，为校企合作注入了新的活力。

（1）"技术推广"模式通过引入企业先进的生产设备和技术，由大学教师主导开展新技术、新设备的应用培训，这种模式不仅使学生能够掌握最新的技术动态和操作技能，还能够为企业提供潜在的技术人才储备。同时，企业在培训过程中也能进一步了解市场需求和技术发展趋势，为自身发展注入新的动力。

（2）"岗位承包"模式则是一种更加深入的合作模式。大学承接企业的生产流程外包业务，在企业技术人员的指导下开展生产活动。教师作为生产过程中的技术与管理人员，负责指导学生交替进行顶岗工作，这种模式不仅降低了企业的生产成本和人力成本，还为大学师生提供了实际的锻炼机会，促进了教学与实践的深度融合。

（二）信息化与数字化背景下的校企合作

1.数字化实训基地的建设

在信息化与数字化背景下，数字化实训基地的建设成为校企合作的重要方向。数字化实训基地通过集成先进的信息技术和数字化设备，为学生提供了一个高度仿真的实训环境。这种环境不仅能够模拟真实的生产场景和操作流程，还能够实现数据的实时采集、分析和反馈，提升实训教学的针对性和实效性。为了建设高质量的数字化实训基地，大学需从以下方面入手：一是加大资金投入，引进先进的数字化设备和软件系统；二是加强师资队伍建设，提升教师的信息化素养和数字化教学能力；三是优化实训课程体系，将数字化技术融入实训教学当中；四是完善实训管理制度，确保实训基地安全、高效的运行。

2.虚拟仿真技术在实训教学中的应用

虚拟仿真技术作为数字化教学的重要手段，在实训教学中的作用越来越大。通过虚拟仿真技术，学生可以在虚拟环境中进行模拟操作、实验验证等教学活动，从而避免真实环境中的风险和成本。同时，虚拟仿真技术还能够实现跨时空、跨领域的资源共享和协同教学，为校企合作提供了更加便捷、高效的平台。为了充分发挥虚拟仿真技术在实训教学中的应用价值，大学需注重以下方面：一是加强虚拟仿真资源的开发与整合，构建丰富的虚拟仿真教学资源库；二是推动虚拟仿真技术与传统教学方式的深度融合，探索线上线下相结合的混合教学模式；三是加强师生对虚拟仿真技术的培训和指导，提升其应用能力和创新能力；四是建立虚拟仿真教学的评估与反馈机制，确保教学效果的持续提升。

（三）校企共训与人才培养模式的创新

1.定制化人才培养方案

定制化人才培养方案是校企共训与人才培养模式创新的重要体现。该模式强调根据企业实际需求，量身定制人才培养计划，以实现教育与产业的精准对接。

（1）定制化人才培养方案需要深入调研企业的人才需求和发展趋势。大学应与企业建立长期稳定的合作关系，定期沟通了解企业的技术升级、业务扩展及未来规划等信息，从而准确把握企业对人才的知识结构、技能水平和综合素质等方面的要求。

（2）基于企业需求，大学需重构课程体系和教学内容。一方面，将企业的先进技术、管理理念和行业规范融入课堂教学，确保学生所学的内容与行业前沿保持一致；另一方面，根据企业岗位的需求，设置针对性的专业课程和实践环节，提升学生的岗位适应能力和就业竞争力。

（3）定制化人才培养方案还注重实践环节的强化。大学应与企业合作建立校外实习基地，为学生提供真实的工作环境和实践机会。通过校企联合指导、项目驱动教学等方式，使学生在实践中深化理论知识，提升专业技能，培养创新思维和团队协作能力。

2.校企联合课程开发与实施

校企联合的课程开发与实施是校企共训与人才培养模式创新的又一重要举措，该模式通过大学与企业的深度合作，共同设计、开发和实施课程，实现课程内容与行业需求的无缝对接。

（1）在联合课程开发过程中，大学应邀请企业专家参与课程设计，确保课程内容贴近企业实际。同时，结合企业技术革新和产业升级的需求，不断调整和优化课程内容，使其保持前瞻性和实用性。此外，还应注重课程形式的创新，如采用项目式学习、案例教学等方法，激发学生的学习兴趣和主动性。

（2）在联合课程实施过程中，大学与企业应共同制定教学计划和教学标准，确保教学质量的一致性和有效性。同时，加强师资力量的互融互通，邀请企业技术骨干担任兼职教师或实践导师，为学生提供行业前沿知识和实践经验。此外，大学还应建立完善的教学评估机制，定期对联合课程的教学效果进行评估和反馈，以不断优化和完善课程体系。

四、校企合作模式的实施策略

（一）政策法规与制度保障

在推动大学与企业合作的过程中，政策法规与制度保障是不可或缺的基石。当前，随着《中华人民共和国职业教育法》《国家职业教育改革实施方案》及《职业学校校企合作促进办法》等一系列政策法规的出台，为校企合作提供了基本的法律框架和政策支持。然而，为了进一步提升校企合作的深度与广度，仍需从以下方面进一步完善相关法律法规。

第一，明确校企合作中各方的法律地位与权责。当前法律法规虽已对校企合作的基本原则和框架有所规定，但在具体实施过程中，仍存在法律地位不明确、责任划分不清晰的问题。因此，建议通过立法形式，详细界定学校、企业、学生及相关部门等各方在校企合作中的权利、义务与责任，确保合作过程中的每一个环节都有法可依、有章可循。

第二，加强校企合作协议的规范性与法律效力。校企合作协议是双方合作的基础，其规范性与法律效力直接关系到其合作的稳定性和可持续性。因此，建议制定统一的校企合作协议范本，明确协议应包括的内容，如合作目标、合作内容、合作期限、利益分配、风险承担、违约责任等关键条款，并通过法律手段确保协议的有效执行。

第三，建立健全校企合作的监管与评估机制。校企合作涉及多个利益主体，其复杂性和多样性要求必须建立有效的监管与评估机制。建议设立专门的校企合作监管机构，负责对合作项目的实施情况进行定期检查和评估，确保合作项目按照协议要求顺利进行。同时，建立科学的评估指标体系，对合作成果进行量化评价，为政府决策提供依据，也为后续合作提供参考。

第四，加大对校企合作的政策支持与激励力度。政府应充分发挥在校企合作中的引导作用，通过财政补贴、税收优惠、项目资助等方式，鼓励和支持学校与企业开展深度合作。同时，政府应建立校企合作的优秀案例库，对表现突出的合作项目进行表彰和奖励以树立典型、推广经验，激发更多学校和企业参与校企合作的积极性。

（二）合作机制的建立与优化

1.利益共享与风险共担机制

校企合作的核心在于实现双方的利益共享与风险共担。因此，建立科学合理的利益共享与风险共担机制是校企合作成功的关键。

（1）在利益共享方面，校企合作应明确合作双方各自的利益诉求和合作目标，通过签订合作协议明确利益分配的具体方式和比例。同时，建立多元化的利益分配机制，如技术转让、成果共享、人才培养等，确保双方利益得到最大化。此外，校企合作还应注重长期利益的培育和共享，通过合作项目的持续推进和深化，不断提升双方的竞争力和市场地位。

（2）在风险共担方面，双方应充分认识到校企合作过程中可能面临的各种风险，如市场风险、技术风险、管理风险等。为了有效应对这些风险，应建立风险预警机制和风险分担机制。风险预警机制要求双方对合作过程中可能出现的风险进行提前预判和防范；风险分担机制则要求根据合作项目的具体情况和双方的实力情况，合理划分风险承担比例和责任范围。同时，风险预警机制还应建立风险应对预案和应急处理机制，确保在风险发生时能够迅速响应、有效应对。

2.沟通协调与反馈机制的构建

沟通协调与反馈机制是校企合作顺利进行的重要保障。为了构建高效、顺畅的沟通协调与反馈机制，应从以下方面入手。

（1）建立常态化的沟通渠道和平台。双方应定期召开联席会议或工作会议，就合作项目的进展情况、存在的问题和下一步工作计划进行交流和讨论。同时，利用现代信息技术手段建立在线沟通平台或工作群组，实现信息的即时传递和共享。

（2）建立高效的反馈机制。双方应明确反馈的流程和责任主体，确保反馈信息的及时性和准确性。同时，建立反馈问题的处理机制和跟踪机制，对反馈的问题进行及时响应和处理，并将处理结果及时反馈给相关方。此外，双方还应建立反馈结果的评估机制，对反馈问题的解决效果进行评估和总结，为后续合作提供参考。

（3）注重情感沟通和文化融合。校企合作不仅仅是技术和经济上的合作，更是文化和情感上的交流与融合。双方应注重彼此的文化差异和情感需求，通过文化交流、联谊活动等形式增进彼此的了解和信任，为合作的顺利进行奠定坚实的情感基础。

（三）师资队伍与教学资源建设

1.兼职教师队伍建设与管理

兼职教师队伍是校企合作中不可或缺的重要组成部分。为了加强兼职教师队伍的建设与管理，应从以下方面入手。

（1）建立健全兼职教师选聘机制。学校应根据合作项目的具体需求和企业的实际情况，制定明确的兼职教师选聘标准和程序。通过公开招聘、企业推荐等方式选拔具有丰富实践经验和较高教学水平的兼职教师。同时，学校还应建立兼职教师信息库和档案管理制度，对兼职教师的基本信息、教学经历、教学成果等进行全面记录和管理。

（2）加强兼职教师的培训与管理。学校应为兼职教师提供必要的培训和支持，帮助他们提升教学水平和职业素养。培训内容可以包括教育教学理论、教学方法与技巧、现代教育技术应用等方面。同时，建立兼职教师考核评价机制，定期对兼职教师的教学效果进行评估，并根据评估结果给予相应的奖励或改进建议。此外，学校还应加强与兼职教师的沟通与协作，建立良好的工作关系，激发他们的工作热情和创造力。

2.教学资源的整合与共享

教学资源的整合与共享是提升校企合作质量和效益的重要途径。为了实现教学资源的有效整合与共享，应从以下方面进行努力。

（1）明确教学资源整合的目标与原则。教学资源整合的目标是优化资源配置，提高资源利用效率，促进教学与科研的协同发展。在整合过程中，大学应坚持优势互补、互利共赢的原则，充分发挥学校和企业在各自领域的优势资源，实现资源共享和优势互补。

（2）加强教学资源的信息化建设。利用现代信息技术手段，建立教学资源信息化平台，实现教学资源的数字化、网络化和智能化管理。通过平台的建设，可以实现教学资源的快速检索、在线浏览、下载使用等功能，为师生提供便捷的教学资源服务。同时，平台还可以作为校企合作信息交流的重要渠道，促进双方在教学资源方面的深度合作。

（3）推动教学资源的开放共享。在保护知识产权的前提下，积极推动教学资源的开放共享。学校和企业可以通过签订协议或建立联盟的方式，共同制定教学资源共享的规则和标准，明确共享的范围和方式。通过开放共享教学资源，可以促进知识传播和技术创新，提升双方的核心竞争力。

（4）加强教学资源的质量监控与评估。为了确保教学资源的质量和有效性，大学应建立教学资源质量监控与评估机制。对教学资源进行定期检查和评估，及时发现并解决存在的问题。同时，鼓励师生积极参与到教学资源的监控与评价工作中来，并提出改进意见和建议，推动教学资源的持续优化和升级。

思考与练习

1.设计一份MOOC课程大纲，包含至少三个不同学科的课程模块，并说明如何确保课程的开放性和互动性。

2.阐述创客教育的定义，包括其基于兴趣、项目学习、数字化工具的使用、鼓励分享和创造等特点。

3.设计一堂体现人本化教育理念的教学方案，包括教学目标、教学内容、教学方法和评估方式，确保关注学生的个体差异和全面发展。

4.制定一份校企合作协议书草案，明确双方的合作目标、内容、方式、责任和义务，以及合作成果的分配和保障机制。

第四章

教育维度的多元实践

在当今这个日新月异的时代，教育不再局限于传统的教室与课本，而是迈向了一个更加广阔、多维的实践领域。每一位学生的潜能都是独一无二的，他们的成长需求也因而各具特色。因此，推动教育维度的多元实践，成为时代赋予我们的重要使命，这不仅是教学方法的革新，更是教育理念的根本性转变。鉴于此，本章主要围绕教育维度实践中的德育、智育、体育、美育、劳育进行研究。

第一节 教育维度实践——德育

一、德育的内涵与重要性

大学德育是高等教育中不可或缺的一部分，其主要目标是通过系统的教育活动培养学生的思想道德品质、社会责任感和良好行为习惯。德育的核心在于帮助学生形成科学的世界观、人生观和价值观，塑造高尚的道德品质和健全的人格。大学德育不仅关注知识的传授，更着眼于引导学生树立正确的价值观念，提升其道德素质和社会适应能力。

（一）德育的内涵

第一，思想道德素质的培养。大学德育通过多样化的教育形式和手段，致力于培养学生的思想道德素质，这包括帮助学生树立正确的世界观、人生观和价值观，增强其对社会伦理道德规范的理解和认同。通过德育课程、讲座、讨论等形式，学生能够在理论学习和实际应用中逐步建立和巩固良好的道德品质。

第二，社会责任感的培养。大学德育强调对学生社会责任感的培养，使其认识到个人的行为不仅关乎自身，还影响社会。通过参与社会服务、志愿活动以及对社会问题的讨论，学生能够更深入地理解社会责任的内涵，培养其主动担当社会责任的意识和能力。

第三，行为习惯的培养。大学德育还关注学生日常行为习惯的培养，这包括帮助学生养成良好的学习习惯、生活习惯和交往习惯。通过系统的德育教育，学生能够在日常生活中自觉遵守社会规范，形成良好的行为模式，进而促进个人全面发展。

（二）德育的重要性

第一，提升社会适应能力。大学德育的重要目标是提升学生的社会适应能力。通过对社会伦理道德规范的学习和实践，学生能够更好地理解社会规则，增强适应复杂社会环境的能力。这不仅有助于学生顺利融入社会，也能够促进社会的和谐稳定。

第二，塑造高尚的人格。高尚的人格是大学德育的核心目标。通过系统的德育教育，学生能够形成健全的人格特征，如诚信、责任感、合作精神等，这些人格特征不仅对个人的成长和发展至关重要，也对社会的进步和发展产生积极的影响。

第三，促进社会和谐。大学德育培养学生的社会责任感和道德素养，有助于促进社会的和谐。具有良好道德品质和社会责任感的公民，能够在日常生活中自觉遵守社会规范，积极参与社会事务，推动社会的和谐与进步。

二、德育与大学教育的关系

大学教育是人才培养的重要阶段，而德育在这一过程中扮演着不可或缺的角色。德育与大学教育之间的关系表现为两者的相互渗透和相互作用。大学教育通过德育实现教育目标的全面性和系统性，同时德育在大学教育中起到了塑造学生人格、培养学生社会责任感等多方面的功能。

（一）德育对大学教育目标实现的作用

大学教育的目标不仅包括知识的传授和技能的培养，还涵盖了学生价值观、道德观的塑造。德育在这一过程中起着至关重要的作用，主要包括以下方面。

第一，德育为大学教育提供了价值导向。知识的学习并非孤立存在，而是需要在一定的价值体系和行为规范下进行。德育通过倡导正确的价值观和行为规范，使学生在接受专业知识的同时，能够形成正确的世界观、人生观和价值观，这种价值导向帮助学生将所学知识与社会需求相结合，从而实现学生的全面发展。

第二，德育有助于大学教育目标的系统性实现。大学教育不仅仅是对学生进行单一学科知识的传授，而是一个多方面、多层次的培养过程。德育作为大学教育的重要组成部分，通过系统化的课程设置和活动安排，使学生在各个方面都得到均衡的发展。德育课程不仅包括传统的伦理道德教育，还涵盖了对社会责任感的培养、对法律法规的理解等。这种系统性的德育内容，确保了学生在知识、能力和品格等方面的全面提升。

（二）德育对学生社会责任感的培养

德育不仅关注学生的道德修养，还重视学生对社会的责任感。大学阶段是学生形成社会意识和社会责任感的重要时期。通过德育，学生能够正确认识社会现实，理解社会发展中的各种问题，从而培养积极的社会责任感。德育在培养学生社会责任感方面的作用主要体现在以下方面。

第一，德育引导学生认识到个人与社会的关系。大学教育通过德育课程和社会实践活动，帮助学生理解社会发展的规律和社会对个人的期望，使学生认识到自身在社会中的角色和责任，这种认识有助于学生在未来的职业生涯中，更好地履行社会责任，作出对社会有益的贡献。

第二，德育通过培养学生的社会责任感，促进其在专业学习中的自主性和创造性。学生在了解社会需求和挑战的过程中，能够自主地寻找解决问题的方法，这种自主性和创造性不仅对学生未来的职业发展有积极影响，也对社会的发展产生了促进作用。德育鼓励学生在学习过程中积极思考、勇于创新，使学生在专业领域内不断探索和进步。

（三）德育在学生人格塑造中的作用

德育在大学教育中扮演着重要的角色，特别是在学生人格塑造方面。人格是一个人综合素质的体现，包括道德品质、情感态度、社会交往能力等。大学通过德育，对学生进行人格塑造，从而为其全面发展奠定坚实的基础。德育对学生人格塑造的作用主要体现在以下方面。

第一，德育通过道德教育培养学生的道德品质。大学阶段是学生价值观和道德观形成的关键时期，德育通过系统的道德教育，使学生在行为规范、道德标准等方面形成稳定的价值观。这种道德品质的培养，不仅对学生的个人发展有利，也对社会的和谐稳定起到积极的推动作用。

第二，德育有助于培养学生的情感态度和社会交往能力。大学通过德育课程和活动，帮助学生提高情商，增强对他人情感的理解和对社会关系的处理能力，这种能力的提升，使学生能够更好地适应社会环境，并进行有效地沟通和合作，从而在其未来的职业生涯中表现出色。

第三，德育在学生人格塑造中涉及自我认知和自我管理的培养。大学通过德育引导学生进行自我反思，认识自身的优点和不足，从而实现自我完善和自我管理，这种自我认知和自我管理能力的培养，为学生未来的全面发展和职业成功提供了有力的支持。

三、德育在学生全面发展中的作用

（一）德育与学生人生观的塑造

人生观作为个体对生命的意义、价值的追求及人生道路的根本看法，是指导个人行为选择的内在动力。德育通过系统的道德理论教育、丰富的实践活动以及榜样的示范引领，引导大学生树立正确的世界观、人生观和价值观。在这一过程中，德育不仅传授道德知识，更重要的是激发大学生的道德自觉，使其能够自主判断是非善恶，形成积极向上的生活态度和人生追求。具体而言，德育通过参观学习历史名人的高尚品德、分析社会现象中的道德冲突、组织志愿服务等社会实践活动，让大学生在亲身体验中感悟道德的力量，理解个人价值与社会责任的内在联系。这种教育方式有助于大学生在复杂多变的社会环境中保持清醒的头脑，明确自己的人生定位和发展方向，为未来的职业生涯和社会生活奠定坚实的思想基础。

（二）德育与大学生心理健康的促进

心理健康是大学生全面发展的重要标志之一。随着社会的快速发展和竞争的日益激烈，大学生面临着学业压力、就业焦虑、人际关系紧张等多重挑战，这些压力若得不到有效缓解，极易引发心理问题。德育在此方面发挥着不可替代的作用。德育通过心理健康教育课程、心理咨询与辅导、心理健康教育活动等途径，为大学生提供心理支持和干预。一方面，德育注重培养学生的自我认知能力和情绪管理能力，帮助他们学会正确面对挫折和失败，调整心态，保持积极向上的心理状态；另一方面，德育还强调建立和谐的人际关系，通过团队合作、沟通交流等训练，增强大学生的社会适应能力和人际交往能力，从而减少因孤独、隔阂等因素导致的心理问题。

（三）德育与学生社会责任感的强化

社会责任感是个体对社会的责任意识和担当精神，是公民素质的重要体现。德育通过强化大学生的国家意识、民族精神和公民道德教育，培养其成为有理想、有道德、有文化、有纪律的社会主义建设者和接班人。在具体实施中，德育注重将理论知识与社会实践相结合，通过组织大学生参与社会调查、志愿服务、公益活动等形式，让他们亲身体验社会现实，了解国情民情，增强对国家和社会的认同感和归属感。同时，德育还通过案例分析、角色扮演等教学方法，引导学生深入思考个人行为对社会的影响，培养其主动承担社会责任的意识和能力。

（四）德育与大学生职业素养的提升

职业素养是大学生未来职业生涯中不可或缺的重要素质，包括职业道德、职业技能、职业态度等多个方面。德育在提升大学生职业素养方面发挥着关键作用。

第一，德育通过职业道德教育，引导大学生树立正确的职业观念，明确职业责任，遵守职业道德规范，培养良好的职业操守。这有助于大学生在未来的工作中保持高度的责任心和敬业精神，赢得同事和客户的信任与尊重。

第二，德育注重培养大学生的创新意识和实践能力。通过开设创新创业课程、组织科研项目、举办创新创业大赛等活动，激发学生的创新思维和创业精神，提升其解决实际问题的能力。这些经历不仅有助于大学生在求职过程中脱颖而出，更为其未来的职业发展奠定了坚实的基础。

第三，德育还通过职业规划和就业指导服务，帮助大学生明确职业目标和发展路径，制定科学合理的职业规划。同时，德育还注重培养学生的职业态度和职业素养，如团队合作精神、沟通能力、时间管理等。这些能力对大学生在未来的职业生涯中取得成功至关重要。

四、德育的实践模式

在高等教育体系中，德育作为培养学生全面发展不可或缺的环节，其重要性日益凸显。大学德育实践模式的设计与实施，不仅关乎学生个体道德品质的塑造，更直接影响到社会整体道德风尚的形成与提升。

（一）课堂教学

1.课程体系构建

课堂教学作为德育的主要渠道，其课程体系的科学构建至关重要。高校应围绕社会主义核心价值观，结合学科特点，系统规划德育课程内容。一方面，强化思政课程的主体地位，通过"思政课+专业课"的协同育人模式，将德育元素深度融入专业课程，使学生在专业知识的学习中同步接受道德教育；另一方面，开发特色德育选修课程，如伦理学、社会学、心理健康教育等，满足学生多样化的学习需求，拓宽德育视野。

2.教学方法创新

教学方法的革新是提升德育实效性的关键。传统教学模式往往侧重于理论灌输，而现代德育教学则更加注重学生的主体性和参与性。采用案例分析法、情境模拟法、小组讨论法等互动式教学方法，能够激发学生的学习兴趣，促进其主动思考、积极探讨，从而在潜移默化中内化道德认知，外化道德行为。此外，高校利用多媒体、网络平台等现代教育技术，实现德育教学的数字化、网络化，这也是当前高校德育改革的重要方向。

（二）校园文化建设

1.营造积极向上的文化氛围

校园文化建设是大学德育的重要载体。学校通过举办各类文化活动、学术讲座、艺术展览等，营造健康向上、充满正能量的校园文化氛围，从而对学生产生潜移默化的影响。这些活动不仅能够丰富学生的课余生活，还能在潜移默化中提升他们的审美情趣、人文素养和道德情操。

2.强化校训校风的引领作用

校训校风是学校精神文化的集中体现，具有强大的凝聚力和感召力。高校应深入挖掘和弘扬自身独特的校训校风精神，通过举办开学典礼、毕业典礼、校庆活动等重要仪式，强化学生对校训校风的认同感和归属感，引导他们在日常学习生活中自觉践行道德规范，形成良好的道德风尚。

（三）社会实践

1.社会服务与志愿者活动

社会实践是大学生接触社会、了解国情、服务人民的重要途径，也是德育的重要组成部分。高校通过组织学生参与社区服务、支教扶贫、环保公益等社会服务与志愿者活动，可以让学生在实践中体验社会责任，增强社会责任感和实践能力。这些活动不仅能够提升学生的综合素质，还能帮助他们树立正确的世界观、人生观和价值观。

2.专业实习与实训

专业实习与实训不仅是学生将理论知识转化为实践能力的重要环节，也是德育的生动课堂。在实习实训过程中，学生需要遵守职业道德规范，学会与人合作、沟通与交流，这些经历对培养学生的职业道德、团队协作精神和创新精神具有重要意义。高校应加强与实习单位的合作，共同制订实习实训计划，确保学生在实践中得到充分的道德教育和锻炼。

（四）学生管理

1.完善管理制度

学生管理是德育工作的重要组成部分，完善的管理制度是保障德育工作有序开展的前提。高校应建立健全学生管理制度体系，包括学生行为规范、奖惩机制、心理健康教育等方面，确保学生在校期间的行为受到有效的引导和约束。同时，高校还应注重管理制度的灵活性和人性化，避免采用简单粗暴的管理方式，让学生在被管理的过程中感受到尊重和关爱。

2.加强队伍建设

辅导员、班主任等学生管理队伍是德育工作的直接实施者，他们的素质和能力直接影响到德育工作的效果。高校应重视学生管理队伍的建设和培训，提高他们的政治素质、业务能力和师德水平，确保他们能够胜任德育工作的各项任务。同时，还应建立健全激励机制，激发他们的工作热情和创造力，为德育工作的持续发展提供有力的保障。

第二节 教育维度实践——智育

智育在教育实践中占据着重要地位，其核心目标在于通过知识传授与思维训练，提升个体的智力水平和认知能力。智育的内容涵盖广泛，包括基础知识的学习、思维能力的培养以及创造力的激发。在这一过程中，教学方法的选择和应用对智育目标的实现至关重要，教师需要综合运用多种教学策略，促进学生在知识掌握、思维发展和创新意识上的全面进步。智育不仅是知识的简单传授，更要培养学生的独立思考能力和解决问题的能力。通过智育，学生能够形成良好的认知结构，这种认知结构不仅包含知识的积累，更包括知识之间的联系以及应用这些知识进行创新和解决实际问题的能力。

一、智育的知识传授与掌握

（一）知识传授的基础与要求

知识传授在大学智育中占据着核心地位，是学生认知能力发展的关键，它不仅涉及理论知识的讲解，还包括实践操作的指导。教师在实施知识传授时，需综合考虑学生的认知水平、学习需求及背景，精心设计教学内容，以确保知识传授的系统性和逻辑性，从而帮助学生构建完善的知识体系。

第一，知识传授的过程应关注理论知识的系统化组织。教师需要依据学科的内在逻辑，将知识进行层次化、模块化地分解，使学生能够循序渐进地掌握相关内容。系统化的知识组织有助于学生理解不同知识点之间的关系，并在此基础上进行知识的内化与应用。

第二，实践操作的指导是知识传授中不可或缺的一部分。理论知识的学习如果仅停留在纸面上，学生难以将其有效应用于实际问题的解决。因此，教师需要设计相应的实践活动，如实验、案例分析和项目任务等，促使学生将理论知识转化为实践能力，这种实践与理论的结合不仅有助于学生加深对知识的理解，还能提升其解决实际问题的能力。

（二）知识掌握的自主学习与教师反馈

知识的掌握不仅依赖于教师的讲解，更需要学生的主动参与和自主学习。学生在学习过程中，需通过自主学习、反思和问题解决等方式，进一步深化对知识的理解。自主学习不仅包括对课堂内容的复习，还应涵盖课外的延伸阅读和探究，以拓宽学生的知识面和提高其综合能力。在自主学习的过程中，学生面临的挑战包括信息筛选、知识整合以及应用能力的提升。教师应为学生提供必要的指导和资源，帮助其在自主学习中克服困难。例如，教师可以推荐相关书籍、在线资源和学术期刊，指导学生如何进行有效的资料查找和信息整合。教师的反馈在知识掌握中起着重要作用。通过对学生作业、测试和课堂参与的反馈，教师能够了解学生的学习状况和掌握程度。基于这些反馈，教师可以调整教学内容和方法，优化教学策略。例如，若发现学生对某一知识点的理解普遍存在困难，教师应及时调整教学重点，增加针对性的辅导和练习，以提升学生的掌握水平。

（三）知识传授的策略与方法

为了提高知识传授的效果，教师需采用多种教学策略和方法。讲授法是传统的知识传授方式，通过系统的讲解帮助学生建立基础知识框架。然而，讲授法的局限性在于其单向传递信息，可能导致学生的参与度不高。因此，教师应结合讲授法，采用讨论法、案例法和实验法等多样化的教学方式，增强课堂互动性和实践性。讨论法通过组织学生进行集体讨论，鼓励学生提出问题和见解，促进思维的碰撞和知识的深化。案例法通过具体实例分析，帮助学生将理论知识应用于实际情境，提升其解决问题的能力。实验法则通过动手操作，使学生在实践中验证理论，增强对知识的实际掌握和理解。此外，信息技术的应用也是提升知识传授效果的重要手段。现代教育技术工具如多媒体课件、在线学习平台和虚拟实验室等，能够提供丰富的教学资源和互动体验，拓展学生的学习方式和渠道。教师应充分利用这些技术手段，结合传统教学方法，为学生提供多样化的学习体验。

二、智育的思维能力培养

智育的核心目标之一在于培养学生的思维能力。思维能力的培养涉及逻辑思维、批判性思维、创造性思维等多个方面，这些能力不仅是学生学术发展的基础，也是其未来职业生涯成功的关键。

（一）逻辑思维能力

逻辑思维能力是学生进行分析和推理的根本，其核心在于对事物进行系统性分析、辨别因果关系、进行合理推理。逻辑思维能力的培养要求学生掌握基本的逻辑规则，如推理规则、逻辑关系以及证据评估方法。通过对这些规则的学习，学生能够在面对复杂问题时，进行有效地分析，提出合理的解释和解决方案。在教学实践中，教师可以通过设置具有挑战性的问题，促进学生进行深入的逻辑分析。例如，教师可以通过数学问题、逻辑推理题以及实验设计等帮助学生培养严谨的思维模式。在这些过程中，学生需要对问题进行分解，识别关键因素，并运用逻辑规则进行推理和判断，这不仅提升了学生的逻辑思维能力，也增强了其解决实际问题的能力。

（二）批判性思维能力

批判性思维能力涉及对信息的评估和判断，这种思维能力可以帮助学生在面对各种观点和信息时，进行独立的分析和评价。批判性思维要求学生不仅要识别信息的真实性，还要评估信息的相关性和可靠性。通过批判性思维，学生能够避免盲目接受信息，提高其决策和判断能力。教师可以通过案例分析、讨论和辩论等方式，培养学生的批判性思维能力。案例分析要求学生对实际案例进行深入剖析，识别其中的问题和潜在的解决方案。在讨论和辩论中，学生需要提出自己的观点，并对其他观点进行质疑和反驳。这些活动不仅锻炼了学生的分析能力，还提升了其论证和沟通能力。

（三）创造性思维能力

创造性思维能力是学生进行创新和解决复杂问题的关键。创造性思维强调对问题的独特见解和新颖解决方案的提出，它要求学生能够超越传统思维模式，运用想象力和灵活性，探索不同的解决途径。在教学中，教师可以通过创新活动和项目式学习，激发学生的创造性思维。例如，教师可以设计开放性的问题，引导学生进行自由探索和创新。项目式学习要求学生在实际问题的背景下，进行自主研究和提出解决方案，这些活动不仅培养了学生的创造力，还提升了其团队合作及项目管理能力。

（四）综合思维能力的培养

为了实现全面的思维能力的培养，教学中应注重逻辑思维、批判性思维和创造性思维的综合发展。教师可以通过跨学科的教学方法，将不同类型的思维能力结合起来。例如，在科学课程中，教师可以通过实验设计和数据分析，培养学生的逻辑推理能力和批判性思维能力；在艺术课程中，教师可以通过创意设计和作品分析，激发学生的创造性思维能力。此外，教师还应注重对学生思维过程的引导和反馈。在教学过程中，教师可以通过个别指导和小组讨论，帮助学生识别和改进思维中的不足之处。通过定期的评估和反馈，教师能够帮助学生了解自己的思维进展，进一步提升其思维能力。

三、智育的创新能力激发

在高等教育体系中，智育作为培养学生综合素质的核心环节，其内涵远不止知识的传授与技能的掌握，更在于激发学生的创新潜能，培养其成为未来社会的创新型人才。创新能力，作为智育不可或缺的组成部分，不仅是个人智力发展的高级表现，也是推动社会进步与发展的重要动力。

（一）创新能力的概念界定与重要性

创新能力，简而言之，是指个体在已有知识、经验和技能的基础上，通过独特的思维方式和实践活动，创造出具有社会价值的新思想、新方法、新产品或新服务的能力，它涵盖了创新思维、创新技能、创新人格等多个维度，是综合素质的集中体现。在知识经济的时代，创新能力已成为衡量一个国家、一个民族乃至一个个体竞争力的重要标志。对大学生而言，创新能力的重要性不言而喻，它不仅能够帮助学生更好地适应快速变化的社会环境，解决复杂多变的问题，还能促进个人职业生涯的持续发展，提升其在专业领域乃至更广泛的社会领域的竞争力。因此，大学教育应当把培养学生的创新能力作为核心任务之一，并贯穿于智育的全过程。

（二）创新能力培养的理论基础

第一，建构主义学习理论。建构主义学习理论强调学习者的主体性和知识的建构性，认为学习是一个主动建构知识意义的过程。在这一理论指导下，教师应设计以学生为中心的教学活动，鼓励学生主动探索、积极建构，从而培养学生的创新思维和创新能力。

第二，创造力理论。创造力由领域相关技能、创造力相关技能和任务动机三个成分构成。这一理论为创新能力的培养提供了具体路径，即需要同时关注学生专业知识的学习、创造性思维的训练以及积极动机的激发。

（三）创新能力激发的具体策略

1.问题导向的教学方法

问题导向的教学方法（PBL）强调以问题为中心组织教学活动，鼓励学生围绕真实或模拟的问题情境进行探究学习,这种方法能够促使学生主动思考、积极寻求解决方案,培养其批判性思维、问题解决能力和创新能力。教师应精心设计问题,确保问题具有挑战性、开放性和真实性,以激发学生的探索欲望和创新潜能。

2.创意工作坊与项目制学习

创意工作坊和项目制学习是激发学生创新能力的有效手段。通过组织各类创意工作坊,如设计思维工作坊、创新创业工作坊等,为学生提供动手实践、团队协作和创意交流的平台。项目制学习则要求学生围绕特定项目目标进行自主学习、合作探究和成果展示,在这一过程中,学生的创新能力将得到充分的锻炼和提升。

3.营造开放包容的创新环境

创新环境的营造对激发学生的创新能力至关重要。大学应构建开放包容的校园文化氛围,鼓励学生敢于质疑、勇于尝试、不怕失败。同时,建立健全的创新激励机制,如设立创新奖学金、创新成果展示会等,对学生的创新成果给予肯定和奖励,从而进一步激发学生的创新热情。

四、智育的学习动力激发与维持

(一)学习动力激发的理论基础与实践路径

1.理论基础

学习动力的激发与维持根植于心理学、教育学及认知科学等多学科理论之中。其中,动机理论(如自我决定理论、成就动机理论)为理解学习动力提供了重要视角。自我决定理论强调个体内在需求(如自主感、胜任感、归属感)的满足对学习动机的促进作用;而成就动机理论则关注个体追求成功、避免失败的倾向及其对学习行为的影响。此外,认知评价理论指出,外部因素(如奖励、惩罚)对内在动机的复杂作用,提示教师在激发学习动力时需谨慎选择干预方式。

2.实践路径

(1)设置明确且具有挑战性的学习目标。目标是学习行为的导向,明确而具有挑战性的学习目标能够激发学生的探索欲和求知欲。教师应根据学生个体差异，设定既符合其当前能力水平又稍高于其"最近发展区"的目标，确保目标既可实现又具有激励性。同时，鼓励学生参与目标设定过程，增强其自主性和责任感。

（2）提供及时、具体的反馈与鼓励。及时、具体的反馈是调整学习策略、增强学习动力的关键。教师应定期评估学生的学习进展，提供具体、建设性的反馈，帮助学生认识自己的优点与不足，明确改进方向。同时，正面鼓励能够提升学生的自我效能感，增强其克服困难的勇气和信心。

（3）创建积极的学习环境。学习环境对学习动力的影响不容忽视。教师应努力营造一种包容、合作、支持的学习氛围，鼓励学生之间相互交流与协作。此外，教师可以利用现代信息技术手段，如在线学习平台、虚拟现实技术等，丰富学习资源，创新教学方式，提升学习体验，这也是激发学习动力的有效途径。

（二）学习动力维持的策略与机制

1.培养自我效能感

自我效能感是个体对自己能否成功完成某一任务的主观判断，是学习动力的重要来源。教师应通过设置适当难度的任务、提供成功体验、引导学生正确归因等方式，帮助学生建立积极的自我认知，增强其自我效能感。同时，鼓励学生自我反思，认识到自己的成长与进步，从而保持持续的学习动力。

2.培养良好的学习习惯与自律能力

良好的学习习惯和自律能力是学习动力长期维持的重要保障。教师应通过示范引导、制订学习计划、设置学习时间表等方式，帮助学生建立规律的学习习惯。同时，通过时间管理、任务分解等技能训练，提升学生的自律能力，使其能够在无人监督的情况下也能保持积极的学习态度和行为。

3.关注个体差异，实施差异化教学

学生之间的个体差异是维持学习动力不可忽视的因素。教师应深入了解每位学生的兴趣、能力、学习风格等，实施差异化教学策略，以满足不同学生的需求。教师通过个性化辅导、分层教学等方式，确保每位学生都能在适合自己的学习节奏和难度下获得成长，从而保持持久的学习动力。

（三）学习动力的激发与维持对教育质量和学生的影响

1.提升教育质量

学习动力的有效激发与维持能够显著提高学生的学习投入度和学习效率，进而提升整体教育质量。当学生具备强烈的学习动力时，他们会更加主动地参与课堂活动、完成学习任务，积极寻求解决问题的方法和途径。这种积极的学习态度和行为不仅有助于知识的掌握和技能的提升，还能促进学生创新思维和批判性思维的发展。

2.促进学生全面发展

学习动力的激发与维持不仅关乎学业成就，更关乎学生的全面发展。在积极的学习过程中，学生不仅能够获得知识和技能的增长，还能在情感态度、价值观等方面得到熏陶和塑造。他们学会了如何面对挑战、如何与他人合作、如何自我反思和调整等重要的生活技能，为未来的职业生涯和人生道路奠定了坚实的基础。

3.增强社会适应能力

在快速变化的社会环境中，持续的学习能力和适应能力成为个人成功的关键。学习动力的激发与维持有助于培养学生终身学习的意识和习惯，使他们能够在离开校园后仍然保持对知识的渴望和追求。这种持续的学习行为不仅能够提升个人的职业竞争力，还能促进个人与社会的和谐共生，为社会的进步和发展贡献力量。

五、教育技术运用与智育的结合

（一）教育技术及其在智育中的应用潜力

教育技术指的是利用现代信息技术手段，如计算机网络、多媒体、人工智能、大数据等来优化教育过程、提高教育效率与质量的综合性实践活动，它不仅包括教学资源的开发、整合与利用，还涉及教学方法、学习模式及教育管理的创新。在智育领域，教育技术的运用极大地丰富了教学手段与资源，使得学习过程更加灵活多样、高效互动。具体而言，通过在线教育平台，学生可以跨越时空的限制，随时随地获取优质的教育资源；虚拟实验技术的引入，为学生提供了安全、可重复的实践环境，增强了理论知识的应用能力和解决问题的能力；而人工智能辅助的教学系统，能根据学生的学习行为和表现，提供个性化的学习路径和反馈，促进学生的深度学习。

（二）教育技术提升教学效率和效果的具体实践

1.在线学习平台的构建与应用

在线学习平台，如慕课、混合式学习系统等，为大规模、高质量的智育实施提供了可能，这些平台不仅汇聚了国内外顶尖学府的优质课程资源，还通过视频讲解、在线讨论、作业提交与反馈等功能，实现了师生间的即时互动与远程协作。教师能够利用平台数据分析学生的学习进度与成效，及时调整教学策略；学生则能根据自己的兴趣和需求，自主选择课程，灵活安排学习节奏，从而提高学习的主动性和有效性。

2.虚拟实验技术的创新应用

在理工科及部分文科的智育过程中，实验与实践是不可或缺的环节。虚拟实验技术通过模拟真实或理想化的实验环境，让学生在无风险的环境中反复操作、观察现象、分析数据，从而加深对理论知识的理解。此外，虚拟实验还具有成本低廉、可重复性强、可定制性高等优点，这为教育资源匮乏的地区提供了平等的学习机会，促进了教育公平。

3.人工智能辅助教学系统的开发

人工智能在教育领域的应用，尤其是智能辅导系统的出现，为个性化教学提供了有力支持，这些系统能够基于学生的学习经历、能力水平、兴趣偏好等数据，智能推荐学习资源、设计学习路径、提供个性化反馈。例如，智能作文批改系统能即时评估学生的写作水平，指出语法错误、逻辑问题，并提出改进建议；智能问答系统则能实时解答学生的疑问，促进知识的即时消化与吸收。

（三）教育技术促进个性化学习与综合能力提升

1.个性化学习路径的定制

教育技术的运用，使得根据学生个体差异定制个性化学习的路径成为可能。通过分析学生的学习数据，系统能够识别其学习风格、优势领域及潜在的困难，从而推荐适合的学习资源、方法和策略。这种定制化的学习方式，不仅提高了学习效率，还增强了学生的学习动力和自信心。

2.自主学习与合作学习能力的培养

教育技术鼓励学生从被动接受知识转向主动探索与学习。在线学习平台提供的丰富资源和灵活的学习方式，为学生提供了自主学习的广阔空间。同时，通过小组讨论、协作项目等形式，学生可以在线上或线下进行合作学习，共同解决问题、分享经验，从而培养其团队协作能力、沟通能力和批判性思维。

3.综合素质与创新精神的提升

教育技术的运用，还促进了学生综合素质与创新精神的培养。通过参与跨学科项目、创新竞赛等活动，学生能够将所学知识应用于解决实际问题，锻炼创新思维和实践能力中。此外，教育技术还为学生提供了接触前沿科技、了解行业动态的机会，激发了他们对未知世界的好奇心和探索欲。

六、智育的文化背景与全球视野

（一）文化背景

1.本土文化传统的继承与创新

每一所大学，乃至每一个教育体系，都深深植根于其所在的文化土壤之中。本土文化传统作为智育的根基，不仅为学生提供了独特的知识体系和价值观念，还塑造了他们的思维方式与行为习惯。在全球化进程中，坚守并传承本土文化，不仅是对历史的尊重，更是培养民族认同感和文化自信的重要途径。大学智育应鼓励学生在深入理解本土文化的基础上，进行批判性思考和创新性发展，将传统文化精髓与现代知识体系相融合，形成具有时代特色的新文化形态。

2.多元文化的融合与共生

随着全球化的深入发展，多元文化成为大学校园不可或缺的一部分。来自不同国家和地区的学生、教师及学者，带着各自的文化背景和生活经验，汇聚于大学这一知识殿堂，促进了文化的交流与碰撞。大学智育应充分利用这一优势，构建开放包容的学习环境，鼓励学生参与跨文化交流活动，增进对不同文化的理解和尊重。通过文化比较与融合，学生不仅能够拓宽视野，还能培养跨文化沟通的能力，为未来的国际合作与交流奠定坚实基础。

（二）全球视野

1.国际教育资源的整合与利用

在全球化时代，教育资源不再局限于某一国或某一地区，而是呈现出全球流动与共享的趋势。大学智育应积极整合国际教育资源，包括优质课程、教学方法、研究平台等，为学生提供更多元化的学习选择。通过引入国际先进的教育理念和教学方法，如慕课、翻转课堂等，可以激发学生的学习兴趣和主动性，提升教学效果。同时，高校应加强与国外知名高校的合作与交流，开展联合培养项目、国际学术会议等，这样有助于学生拓宽国际视野，提升国际竞争力。

2.全球问题的关注与解决

全球化不仅带来了经济、文化的交流融合，也带来了一系列全球性问题，如气候变化、公共卫生、贫富差距等，这些问题的解决需要全球范围内的合作与努力。大学智育应引导学生关注全球性问题，培养其全球意识和责任感。高校通过开设相关课程、组织研讨会、开展社会实践等方式，使学生深入了解全球问题的现状与挑战，激发他们参与全球治理的热情和能力。同时，鼓励学生参与跨国界的科研项目和公益活动，为解决全球性问题贡献智慧和力量。

（三）教育实践

1.国际交流与合作的深化

为了实现文化背景与全球视野的有机融合，大学应深化国际交流与合作。一方面，通过学生交换项目、访问学者计划等方式，促进师生之间的跨国界交流，增进理解和友谊。另一方面，加强与国际知名高校和研究机构的合作，共同开展科研项目、人才培养等活动，实现教育资源的共享与互补。此外，大学还可以探索建立国际联合学院或研究中心等新型合作模式，为培养具有国际视野的高素质人才提供有力支持。

2.跨文化学习项目的实施

为了增强学生的跨文化沟通能力，大学应积极开展跨文化学习项目，这些项目可以包括语言学习、文化体验、国际志愿服务等多种形式。通过参与这些项目，学生可以亲身体验不同文化的魅力与挑战，加深对其他国家和地区的理解与认识。同时，跨文化学习项目还能锻炼学生的语言能力和团队协作精神，为其未来的国际交流与合作奠定坚实的基础。

3.国际理解力与跨文化适应力的培养

在国际化的教育环境中，培养学生的国际理解力和跨文化适应力显得尤为重要。大学应将其纳入智育的目标之中，通过课堂教学、课外实践等多种途径加以实现。在课堂上，教师可以引入国际案例、采用国际化教材等方式，拓宽学生的国际视野；在课外实践中，可以组织学生参与国际文化交流活动、跨国企业实习等，增强学生的跨文化沟通能力和适应能力。此外，教师还应注重培养学生的批判性思维和创新能力，使其能够在全球化的时代背景下，以更加开放和包容的心态面对不同文化的碰撞与融合。

第三节　教育维度实践——体育

一、体育教育体系的特点

第一，体育课程设置的多样性体现了现代大学对学生综合素质培养的重视。课程不仅包括传统的竞技体育项目，如篮球、足球、乒乓球等，还涵盖了现代健身、休闲运动以及体育理论课程。这种多样化的课程设置旨在满足不同学生的兴趣与需求，提高其参与体育活动的积极性。

第二，大学体育教育的结构性特点日益显著。许多高校已建立了系统的体育教育体系，包括体育教学、体育科研与体育竞赛等多个方面。体育教学方面，大学通常设有专门的体育学院或体育系，负责制定课程标准与教学计划。体育科研方面，越来越多的高校设立了体育科学研究机构，致力于运动训练、运动医学等领域的研究。体育竞赛方面，高校组织的各类体育赛事成为学生展示体育技能与增强集体凝聚力的重要平台。

第三，大学体育教育的专业化程度不断提升。许多高校已设立专门的体育职业培训课程与学位项目，培养具有专业技能与理论知识的体育人才，这些专业课程涵盖了运动管理、体育教育、运动医学等领域，为社会输送了大量具备高水平体育素养的专业人才。

第四，大学体育教育在教育模式上的创新也逐渐显现。线上线下结合的教学模式得到了广泛应用，尤其是在数字化技术快速发展的背景下，许多高校通过网络平台提供虚拟运动课程与训练指导，拓宽了体育教育的覆盖面与参与度。此外，跨学科的体育教育模式也逐渐受到重视，其通过与心理学、营养学等学科的交叉融合，提升了体育教育的科学性与综合性。

第五，大学体育教育在全球化背景下展现出国际化的特点。许多高校积极参与国际体育交流与合作，引入国际先进的体育教育理念与实践，推动体育教育的国际化发展。学生在全球化的体育环境中，不仅能够提高自身的体育技能，还能增强国际视野与跨文化交流能力。

二、体育与大学生身心健康的深度关联

（一）体育对体质健康的促进作用

体育活动对大学生体质健康的促进作用是一个多层次、多方面的过程，其生理机制涉及多个层面的变化。

第一，规律的体育锻炼对心血管系统产生积极影响。研究表明，适量的有氧运动可以提高心脏的泵血能力，降低静息心率，从而改善心血管疾病。锻炼还能促进血管内皮细胞的功能，增强血管弹性，减少动脉粥样硬化的风险。

第二，体育锻炼对肌肉骨骼系统的作用同样显著。力量训练能够刺激肌肉蛋白质的合成，增强肌肉的力量和耐力，同时提高骨密度，降低骨质疏松的风险。负重运动还能够刺激骨骼的矿化过程，进一步促进骨骼健康。

第三，体育活动对代谢系统的影响也不容忽视。规律的运动能够提高基础代谢率，改善胰岛素的敏感性，有助于预防和管理2型糖尿病。运动还能够促进脂肪的代谢，减少体脂肪的积累，进而降低肥胖的发生率。

（二）心理健康的体育干预

第一，体育活动被广泛应用于压力管理中。运动可以通过多种机制缓解压力，包括释放内啡肽和其他神经递质，这些物质能够提升情绪，产生愉悦感。此外，体育活动通过改变应对策略、增强个人控制感，从而帮助个体更有效地管理和减轻压力。

第二，情绪调节是体育干预的关键方面。规律的运动被证明能够改善情绪状态，减少抑郁和焦虑的症状。运动时，身体释放的化学物质，如内啡肽和多巴胺，可以提升情绪稳定性，并改善心理健康状况。系统性运动还能够影响大脑的神经，促进神经生长因子的分泌，从而改善认知功能和情绪调节能力。

第三，心理韧性的培养是体育干预的重要成果。大学生在参与体育活动的过程中，往往会经历一系列挑战和困难，这些经历有助于培养其应对挫折的能力和心理韧性。体育活动通过增强自我效能感和自信心，帮助个体在面对压力和困难时保持积极的态度，从而提高整体的心理韧性。

（三）终身健康意识的培养

第一，大学生阶段是个体生活习惯和健康观念形成的关键时期。在此阶段，建立良好的体育锻炼习惯不仅有助于提高现阶段的健康水平，还能够对未来的生活方式产生深远影响。

第二，形成并保持体育锻炼习惯的过程涉及多个因素，包括个人动机、社会支持和环境因素。大学生的体育锻炼习惯形成与其内在动机和外部支持系统密切相关。内在动机，如对运动的兴趣和享受，通常能够促进体育锻炼习惯的建立和维持。而外部支持，包括来自家庭、朋友和学校的支持，也在体育锻炼习惯的保持中发挥着重要作用。

第三，环境因素对体育锻炼习惯的形成和保持也有显著影响。方便的运动设施、良好的运动环境和适当的体育课程设计，均能够促进大学生的体育参与。学校和社区通过提供多样化的体育活动和激励措施，可以有效地增强大学生的运动参与度和体育锻炼习惯的持久性。

第四，从长远而言，体育锻炼习惯的形成与保持对大学生的终身健康具有重要意义。规律的体育锻炼能够帮助个体维持健康的体重，预防慢性疾病，增强心理健康。此外，早期形成的体育锻炼习惯往往能够延续到成年期，从而形成健康的生活方式和积极的健康观念。

三、体育教育与学生社会能力的塑造

在高等教育体系中，体育教育作为促进学生全面发展不可或缺的环节，其深远影响远不止于体质的增强与运动技能的提升。尤其在培养大学生团队合作与领导力方面，体育竞赛提供了一个独特且高效的实践平台。

（一）体育竞赛中的团队合作机制

团队合作是现代社会各项事业成功的基石，而体育竞赛以其高度组织化、目标导向明确的特点，成为锻炼团队合作能力的理想场域。在比赛中，每个队员都是团队整体功能实现的关键部分，需要紧密协作以达成共同目标，这一过程不仅要求队员间技术上配合默契，更强调心理层面的相互信任与支持。

1.角色定位与责任分担

体育竞赛中，每个队员根据其特长被赋予了特定角色，如前锋、后卫、中锋等，这种明确的角色定位促使队员专注于自身任务，同时理解并尊重队友的角色，形成优势互补。通过反复训练与比赛实践，大学生学会了如何在团队中找准自己的位置，承担起相应的责任，这是团队合作的基础。

2.沟通与协调

有效的沟通是团队合作的润滑剂。在快速变化的比赛环境中，队员需通过口头指令、手势、眼神等非语言方式迅速传达信息，调整战术布局。这种高强度的沟通实践不仅锻炼了大学生的即时反应能力，还促进了他们非语言沟通技能的发展，这对未来职场中的高效协作具有重要意义。

3.冲突解决与共识达成

团队合作中难免会出现意见不合甚至冲突，体育竞赛提供了一个相对安全的环境来模拟和解决这些问题。通过教练的指导、团队的讨论以及赛后的反思，大学生学会了如何在尊重差异的基础上寻求共识，这对培养他们在复杂社会环境中处理人际关系的能力至关重要。

（二）领导力培养在体育竞赛中的体现

领导力是引领团队实现目标的关键能力。体育竞赛为大学生提供了展示和提升领导力的广阔舞台。

1.决策制定与执行

在比赛的关键时刻，队长或关键队员需要迅速做出决策，并有效传达给团队成员，这一过程不仅考验了他们的判断力，还锻炼了他们的决策制定与执行能力。通过不断地实践，大学生能够逐渐学会如何在不确定的环境中做出合理决策，并带领团队克服挑战。

2.激励与鼓舞

体育竞赛中的竞争压力巨大，领导者需要具备良好的情绪管理能力，能够在逆境中激励队友，保持团队士气。通过正面激励、榜样示范等方式，能够激发队友的潜能，共同面对困难，这种经历对培养他们在未来职业生涯中的激励与鼓舞能力具有重要意义。

3.愿景设定与团队凝聚

优秀的领导者能够清晰地设定团队愿景，并通过共同的目标将团队成员紧密的凝聚在一起。在体育竞赛中，通过赛前动员、目标设定等活动，大学生领导者能够引导团队成员形成共同的价值观和使命感，增强团队凝聚力，为取得优异成绩奠定了坚实基础。

（三）沟通与交流能力的提升

沟通与交流是人际交往的基石，而体育活动中丰富的非语言沟通形式为大学生提供了提升这一能力的宝贵机会。

1.身体语言与情感表达

在体育活动中，身体语言成为传递信息、表达情感的重要手段。运动员通过姿势、动作、面部表情等非言语方式传递比赛信息、表达情绪状态，这种即时且直观的沟通方式对促进团队合作、增强比赛效果具有不可替代的作用。大学生在参与体育活动的过程中，逐渐学会解读和运用身体语言，提高了自己的情感表达与理解能力。

2.默契与直觉

长期共同训练与比赛的运动员之间往往能够形成高度的默契与直觉。他们能够在没有言语交流的情况下，通过微小的身体动作和眼神交流理解对方的意图，从而做出精准的反应，这种默契与直觉的培养不仅有助于提升运动表现，还促进了大学生在人际交往中的敏感性与适应性。

3.跨文化沟通

在国际体育赛事中，大学生运动员还需要面对不同文化背景的队友和对手，这种跨文化的交流环境要求他们具备更强的非语言沟通能力，以克服语言障碍，实现有效沟通。通过参与国际体育赛事，大学生能够拓宽视野、增进对不同文化的理解和尊重，提升自己在多元文化环境中的沟通与适应能力。

（四）公平竞争与规则意识

体育精神的核心在于公平竞争与遵守规则，这种精神不仅体现在赛场上，更渗透到运动员的日常生活中，会对其社会行为产生正面影响。

1.公平竞争意识的树立

体育竞赛强调在同等条件下展开竞争，这种公平竞争的环境促使大学生树立正确的竞争观念，认识到只有通过不断努力和提升自我才能取得胜利。这种观念的形成有助于他们在未来的职业生涯中保持积极向上的心态，以公平、公正的态度参与社会竞争。

2.规则意识的强化

体育竞赛有一套严格的规则体系来维护比赛的公平性和秩序性。运动员在参与体育竞赛的过程中，必须严格遵守这些规则，否则将面临惩罚，这种对规则的敬畏和遵守，不仅塑造了运动员的纪律性和自律性，也深刻影响了他们的社会行为模式。大学生通过体育竞赛中的规则实践，逐渐形成了强烈的规则意识，学会在复杂多变的社会环境中遵循既定的规范和准则，从而成为有责任感、有担当的社会成员。

3.道德品质的锤炼

体育精神还蕴含着丰富的道德内涵，如尊重对手、团结协作、勇于拼搏等。在比赛中，运动员不仅要追求胜利，更要展现出良好的体育道德风尚。面对胜利不骄不躁，面对失败不气馁不放弃，这种积极向上的精神风貌，对提升大学生的道德品质具有重要意义。通过体育竞赛的洗礼，大学生学会了尊重他人、勇于担当、坚持不懈等优秀品质，这些品质将成为他们未来人生道路上的宝贵财富。

四、体育创新与教育的融合发展

（一）数字化体育

"在互联网背景下，充分运用先进技术手段实现智慧体育教学环境设计，对营造智能化体育学习环境、打造个性化体育教学具有重要的意义。"[1]在当今数字化时代背景下，大数据与人工智能技术的飞速发展正深刻改变着各行各业，体育教育领域亦不例外，这一变革不仅为体育教学与训练带来了前所未有的机遇，也对其提出了新的挑战。

1.大数据技术在体育教学中的应用

大数据技术以其强大的数据处理与分析能力，为体育教学提供了科学依据和个性化支持。在传统体育教学中，教师往往依据个人经验和直观观察来评估学生的体能状况和学习进度，这种方法虽有一定效果，但缺乏精准性和系统性。大数

---

[1] 于海.互联网背景下智慧体育教学环境设计策略[J].武汉冶金管理干部学院学报，2021，31（2）：81.

据技术的引入，使得体育教学得以从"经验教学"向"数据驱动"转变。具体而言，大数据技术通过收集学生在体育活动中的各项数据，如身高、体重、心率、运动轨迹、运动时长等，形成庞大的数据集，这些数据经过处理后，能够生成学生运动能力的全面画像，为教师提供精准的学生体能评估报告。教师可根据这些数据，科学制订个性化的训练计划，确保学生在适合自己的强度和节奏下进行训练，从而提高训练效果，减少运动损伤风险。此外，大数据技术还应用于体育学习评价中。通过对学生在学习过程中的各项数据进行持续跟踪与分析，教师可以及时发现学生的学习难点和进步空间，并据此调整教学策略，实现因材施教。这种基于数据的评价方式，不仅提高了评价的客观性和准确性，也促进了学生学习的积极性和主动性。

2.人工智能技术在体育教学与训练中的融合

人工智能技术的快速发展，为体育教学与训练带来了智能化和个性化的新体验。人工智能技术通过机器学习、自然语言处理、计算机视觉等先进技术，能够模拟人类教练的指导和反馈，为学生提供更加精准、高效的训练指导。在体育教学方面，人工智能技术可以根据学生的身体素质、运动能力、兴趣爱好等因素，智能生成个性化的训练计划，这些计划不仅考虑了学生的个体差异，还融入了最新的体育教学理念和训练方法，确保学生在科学、合理的训练体系下逐步提升。同时，人工智能技术还能通过虚拟现实（VR）和增强现实（AR）等技术，为学生提供沉浸式的学习体验，让学生在虚拟环境中进行实战模拟和技能训练，从而提高学习的趣味性和实效性。

在训练过程中，人工智能技术能够实时监测学生的运动数据，包括动作姿态、运动轨迹、运动速度等，通过智能分析，为学生提供即时的反馈和建议，这种即时反馈机制，使学生能够及时调整自己的训练动作和策略，提高训练效率和质量。此外，人工智能技术还能根据学生的学习进度和表现，自动调整训练难度和强度，确保学生在"最近发展区"内持续进步。

（二）跨界融合

随着学科交叉与融合趋势的加强，体育学科与其他学科的交叉探索日益成为体育创新的重要途径。这种跨界融合不仅丰富了体育学科的研究内容和方法，也促进了体育教育的多元化和综合性发展。

1.体育与心理学的交叉探索

体育心理学作为体育与心理学交叉融合的产物，主要研究体育活动中的心理现象及其规律，这一领域的研究不仅有助于揭示体育活动中的心理机制，也为体育教学与训练提供了重要的理论支持和实践指导。在体育教学中，体育心理学的研究成果可以应用于学生的动机激发、情绪调控、意志品质培养等方面。例如，教师可以通过了解学生的心理需求和动机特点，设计更加符合学生兴趣和心理发展的教学活动；同时，教师还可以运用心理学的方法和技术，帮助学生克服运动中的心理障碍和焦虑情绪，提高运动表现和心理韧性。

2.体育与经济学的交叉探索

体育经济学作为体育与经济学交叉融合的产物，主要研究体育活动中的经济现象及其规律，这一领域的研究不仅有助于揭示体育产业发展的内在逻辑和动力机制，也为体育政策的制定和实施提供了重要的参考依据。在大学教育中，体育经济学的研究有助于培养学生的经济思维和创新能力。通过系统学习体育经济学的相关理论和方法，学生可以深入了解体育产业的运营模式和盈利模式，掌握体育市场分析和预测的技能。这些知识和技能不仅有助于学生在未来的职业生涯中更好地适应市场需求和变化，也为他们参与体育产业的创新和发展提供有力支持。

（三）体育科研

大学生作为高校科研活动的重要参与者和推动者，在体育科学研究中发挥着不可替代的作用。他们通过参与科研项目、发表学术论文、参加学术交流等方式，为体育科学的进步和发展作出了积极贡献。

1.大学生在体育科研中的角色定位

大学生在体育科研中主要扮演以下角色：一是科研助手，他们协助导师完成科研项目的实验设计、数据采集、数据分析等工作；二是研究参与者，他们结合自己的专业背景和兴趣爱好，独立开展或参与科研项目的研究工作；三是学术交流者，他们通过参加学术会议、发表学术论文等方式，与同行进行学术交流与合作。

2.大学生在体育科研中的贡献

大学生在体育科研中的贡献主要体现在以下方面：一是推动了体育科学研究的深入发展。大学生通过参与科研项目和发表学术论文，为体育科学领域注入了新的活力和思想。二是促进了科研成果的转化和应用。大学生通过参与科研成果的转化和应用工作，将科研成果转化为实际的生产力和社会效益。三是培养了自身的科研能力和综合素质。在体育科研的过程中，大学生不仅掌握了科学研究的基本方法和技能，还培养了创新思维、批判性思维、团队合作等综合素质，为未来的学术研究和职业发展奠定了坚实的基础。

3.大学生参与体育科研的路径与策略

为了充分发挥大学生在体育科研中的潜力，高校和教育机构应采取一系列有效的路径与策略。首先，建立完善的科研导师制度，为大学生配备具有丰富科研经验和专业知识的导师，提供个性化的指导和支持；其次，加强科研平台建设，为大学生提供先进的科研设备和实验条件，保障科研工作的顺利进行；再次，鼓励大学生参与科研项目申报和学术交流活动，拓宽他们的科研视野和合作网络；最后，建立科学的科研评价体系，对大学生的科研成果进行公正、客观的评价，激发他们的科研热情和积极性。

五、体育文化与校园文化的互动共生

（一）体育传统的历史传承

体育传统作为中华优秀传统文化的重要组成部分，具有深厚的历史底蕴和广泛的群众基础。在中国，传统体育项目如太极、八段锦、舞狮、龙舟等，不仅具有强身健体、愉悦身心的基本功能，还蕴含着丰富的精神文化内涵，成为彰显各民族生活习性、民族性格、审美理念和情感表达的优秀文化载体。这些传统体育项目在长期的发展过程中，逐渐形成了独特的运动方式和文化体系，对校园文化的构建产生了深远的影响。高校作为文化传承与创新的重要阵地，积极将传统体育项目引入体育教学和校园文化活动中，这样不仅丰富了学生的课余生活，还促进了学生对传统文化的认知和认同。通过开设传统体育课程、举办传统体育文化节等活动，高校不仅传承了传统体育项目的技艺和技巧，还深入挖掘了其背后的文化内涵和精神价值，将其转化为校园文化的重要组成部分。

（二）体育传统的现代创新

面对新时代的挑战和机遇，体育传统需要与现代文化相结合，通过创新手段焕发新的生机和活力。高校在传承体育传统的同时，注重对其进行现代创新，以满足学生多元化、个性化的需求。这种创新不仅体现在教学内容和教学方法上，还体现在体育文化的传播方式和呈现方式上。

在教学内容方面，高校将传统体育项目与现代体育项目相结合，开发出具有时代特色的体育课程。例如，将太极拳与瑜伽、普拉提等现代健身方式相结合，创造出更加符合现代学生需求的体育课程。在教学方法上，高校积极采用信息化教学手段，如虚拟现实（VR）、增强现实（AR）等技术，为学生提供更加直观、生动的学习体验。此外，高校还注重通过现代传媒手段传播体育文化，如利用社交媒体、短视频平台等新媒体工具，扩大体育文化的传播范围和影响力，这些创新手段不仅丰富了体育文化的传播方式，还增强了学生参与体育活动的积极性和主动性，为校园文化的构建注入了新的活力。

（三）体育社团与校园活力的激发

体育社团作为大学校园文化的重要组成部分，对激发校园活力、促进学生全面发展具有重要作用。通过组织丰富多彩的社团活动，体育社团不仅能够满足学生的运动需求，还能够培养学生的团队合作精神、组织能力和创新意识。

在社团活动的组织与管理方面，高校应注重以下三点：一是加强社团建设和管理，完善社团组织架构和管理制度，确保社团活动的有序进行；二是加强师资培训和指导，提高社团指导教师的专业水平和教学能力，为社团活动的顺利开展提供有力保障；三是注重社团活动的创新性和多样性，鼓励学生结合自身兴趣和特长开展形式多样的体育活动，如体育竞赛、体育表演、体育讲座等，以丰富学生的课余生活，激发学生的参与热情。同时，高校还应加强体育社团与其他学生组织、社会团体的交流与合作，共同推动校园文化的繁荣发展。例如，通过举办校际体育联赛、参与社会公益活动等方式，增强体育社团的社会影响力和辐射力，为校园文化的传播和弘扬贡献力量。

（四）体育赛事与校园品牌建设

体育赛事作为校园文化的重要展示窗口，对提升学校知名度与影响力具有重要作用。通过举办高水平的体育赛事，高校不仅能够展示自身的体育实力和办学水平，还能够吸引更多的社会关注和资源投入，为学校的长远发展奠定坚实基础。在举办体育赛事方面，高校应注重以下方面：一是明确赛事的定位和目标，根据学校的实际情况和资源优势选择合适的赛事项目，确保赛事的针对性和实效性；二是加强赛事的组织和管理，制订详细的赛事计划和实施方案，确保赛事的顺利进行；三是注重赛事的宣传和推广，利用多种渠道和方式扩大赛事的知名度和影响力，吸引更多的观众和参与者。同时，高校还应注重体育赛事与校园文化的结合，通过赛事的举办弘扬校园文化的精神内涵和价值追求。例如，在赛事中融入学校的校训、校歌等文化元素，增强师生的归属感和认同感；通过举办开幕式、闭幕式等文化活动，展示学校的文化底蕴和艺术魅力，这些举措不仅能够提升体育赛事的文化品位和内涵价值，还能够为校园文化的建设和发展提供有力支撑。

六、体育精神与教育的人文关怀

（一）体育精神的内涵与价值

第一，坚韧不拔体现了在面对困难与挫折时的坚持不懈和不屈不挠的态度。在体育活动中，运动员必须面对体力和心理的双重考验，持续的训练与比赛往往需要超越自我、承受痛苦与失败。在这个过程中，坚韧不拔的品质不仅是个人成就的基础，也是团队成功的重要因素。通过不断地实践和挑战，运动员能够在挫折中成长，在胜利中提升自我，从而形成强大的意志力和持久的奋斗精神。

第二，勇于挑战强调面对未知和困难时的勇气与探索精神。在体育竞赛中，运动员经常需要突破自我限制，接受高难度的挑战，并在不断试错中寻求突破，这种精神不仅体现在竞技领域，同样也适用于学术研究、社会实践等其他领域。勇于挑战的价值在于推动个人及集体向更高目标迈进，激发创新思维和改进的动力。体育精神中的勇于挑战促使运动员和参与者在追求卓越的过程中不断超越自我限制，从而塑造积极向上的人生观。

(二)体育教育在人文素养培养中的作用

第一,情感教育在体育教育中表现为通过运动体验对情感的认知进行调节。体育活动能够激发个体的情感反应,例如,在比赛中的紧张、胜利时的喜悦、失败后的失落等,这些情感体验有助于个体认识自身情感的多样性和复杂性。在这一过程中,运动员可以学会如何管理和调节情绪,以更积极的心态面对挑战和压力。这种情感管理能力不仅对运动员在竞技中的表现有益,也有助于其在日常生活和职业发展中更好地应对各种情境。

第二,道德教育则通过体育活动中的规则遵守和公平竞争来体现。体育竞赛强调公平、公正的原则,运动员在参与过程中必须尊重规则、尊重对手、遵循公平竞争的基本准则。体育教育中道德教育的核心在于培养个体的责任感和诚信意识,使其在遵守规则、尊重他人方面形成自觉行为。体育活动中,运动员不仅需要在比赛中表现出诚实与公正,还需要在日常训练中展现对自身和他人的尊重,这种道德观念的培养,不仅提升了运动员的道德素养,还促进了其在社会中的积极行为和良好品质的形成。

(三)体育与大学生社会责任感的培养

体育活动在培养大学生社会责任感方面发挥了重要作用。大学生通过参与体育活动,不仅能够增强个人的身体素质,还能够体会到社会服务的重要性。体育活动中的志愿服务和社会公益项目为大学生提供了实践的平台,使其能够将体育精神转化为社会责任的行动。在这一过程中,大学生不仅能够提升自身的社会实践能力,还能够通过实际行动影响社会,促进社会的和谐与发展。

大学生参与体育服务社会的方式包括组织和参与社区体育活动、开展公益体育项目、支援弱势群体等。通过这些活动,大学生能够直接接触到社会的多样性与复杂性,增强其对社会问题的敏感度和责任感。例如,组织社区运动会不仅有助于提升社区居民的健康水平,还能够增强社区的凝聚力和合作精神。在这些活动中,大学生作为组织者和参与者,能够通过实际行动体现其对社会的关怀和对公共利益的支持。

此外,大学生在体育活动中培养的团队合作精神和领导能力,也能够在社会服务中得到体现。团队合作的经验使大学生能够在社会服务中有效地协作与沟通，领导能力则帮助其在组织和管理社会活动中发挥作用。在体育活动中培养的这些能力和素质，使大学生能够在社会服务中发挥更积极的作用，从而促进社会的良性发展。

第四节 教育维度实践——美育

大学教育作为培养全面发展人才的重要途径，涵盖了多维度的教育内容，其中美育是培养学生审美能力、艺术鉴赏力及道德修养的重要形式，具有不可忽视的地位。美育不仅在塑造学生的人格、提升文化素养方面发挥着关键作用，还在大学教育整体框架中与德育、智育、体育、劳育形成了有机结合，共同促进学生的全面发展。美育的实施在大学教育中不仅涉及课堂教学，还包括校园文化建设、艺术实践活动等多个方面，其最终目的是培养具有健全人格和高尚情操的现代公民。

一、美育的教育功能

美育在大学教育中扮演着多重且至关重要的角色。美育涉及审美能力的培养、情操的陶冶、创新思维的激发以及人际交往能力的提升等方面，主要包括以下方面。

第一，美育在大学教育中具有显著的审美能力培养功能。通过艺术欣赏和艺术实践等活动，大学生可以在系统的艺术教育过程中，逐步提高其对美的感知力和鉴赏力。艺术欣赏不仅包括对经典艺术作品的观赏，还涉及对当代艺术现象的理解和评价。在这一过程中，学生的审美视野得以拓展，对美的多样性和复杂性有了更深刻的认识。艺术实践活动则进一步加深了学生对美的理解，通过动手创作和参与艺术表演等形式，学生能够在实际操作中体会到美的形成过程及其内在规律。这种审美能力的培养，不仅提升了学生的艺术素养，也增强了其对生活中美的发现和欣赏能力。

第二，美育在大学教育中的另一个重要功能是陶冶情操和提升道德修养。艺术具有净化心灵的力量，通过对美的体验和欣赏，学生能够在艺术的熏陶下净化心灵，塑造高尚的品格。艺术作品常常蕴含深刻的人文关怀和社会责任感，在艺术教育中，学生可以接触到这些思想和情感，从而对自己的行为和价值观进行反思和修正。通过这种情操的陶冶，学生不仅提高了自身的道德修养，还能够在未来的社会生活中更好地体现和践行高尚的道德品质。

第三，美育对大学生的创新能力和创造性思维的发展具有重要作用。艺术教育的过程本质上是一个激发创造力的过程。艺术创作和艺术实践常常要求学生跳出传统的思维模式，勇于尝试和探索新的形式和表达方式，这种创造性的思维训练，不仅能够提高学生的艺术表现能力，还对其未来的职业发展产生积极的影响。在现代社会中，创新能力成为个人和组织成功的关键，而美育通过培养学生的创造性思维，帮助他们在面对复杂问题时能够提出独特而有效的解决方案。

第四，美育在促进学生的人际交往能力方面也发挥着重要作用。在艺术活动中，学生常常需要进行团队合作，无论是排练一场戏剧还是共同创作一件艺术作品，团队合作和沟通都是不可或缺的。通过这些活动，学生能够在实践中提升自身的沟通能力和团队合作意识，这不仅有助于学生在学术和艺术领域的发展，也对他们未来进入职场后与人合作、协调工作起到积极的推动作用。

二、美育在课程设置中的体现

在高等教育体系中，美育是培养学生全面素质不可或缺的环节，其重要性日益凸显。"美育的作用就在于完善人的情感，培养对假、恶、丑的恐惧感、憎恶感，对真、善、美的同情感、亲近感、共鸣感。"[1]大学课程设置中，美育的融入不仅丰富了教育内容，更促进了学生人格的完善与创造力的激发。

（一）艺术类课程的专项深化

艺术类课程作为美育的直接载体，其设置涵盖了音乐、美术、舞蹈、戏剧等多个领域，旨在为学生提供系统的艺术知识学习与技能训练平台。音乐课程通过旋律、和声、节奏等元素的讲解与实践，引导学生感受音乐的情感表达与结构之美；美术课程则侧重于色彩、构图、造型等技法的教学，培养学生的视觉审美与创作能力；舞蹈与戏剧课程则强调身体语言与情感传达的结合，通过表演实践提升学生的舞台表现力与审美感知力。此类课程不仅注重技艺的传授，更强调艺术鉴赏能力的培养。通过经典作品的赏析、艺术流派的研究、创作过程的体验，学生得以深入理解艺术的内在价值与社会功能，形成独立的审美判断与批判性思

---

[1] 董玲.高校美育课程建设与艺术审美研究[M].北京：国家行政学院出版社，2018：11.

维。艺术类课程的专项深化,为学生构建了一个全方位、多层次的艺术学习生态系统,促进了学生艺术素养的全面提升。

(二)通识教育中的美育渗透

在通识教育课程体系中,美育的融入打破了学科壁垒,实现了与文学、历史、哲学等人文社科乃至自然科学的交叉融合。文学课程通过经典作品的阅读与分析,引导学生领悟文字背后的情感与思想之美,感受不同文化背景下审美观念的多样性;历史课程则通过历史事件与人物的讲述,展现人类文明进程中审美观念的演变与传承;哲学课程则深入探讨美的本质、审美活动的心理机制等理论问题,为学生提供了更为深刻的美学思考框架。这种跨学科的美育渗透,不仅拓宽了学生的知识视野,更促进了他们对美的多元性与复杂性的理解。在多元文化背景下,学生能够更加包容地欣赏不同艺术风格与文化传统,形成开放、多元的审美态度,为构建和谐社会贡献力量。

(三)跨学科美育课程的创新融合

随着学科交叉融合趋势的加强,跨学科美育课程应运而生,这类课程将美学原理与自然科学、工程技术等领域相结合,通过设计、建筑、环境艺术等实践课程,探索美学在解决实际问题中的应用路径。例如,设计类课程鼓励学生将美学理念融入产品设计、视觉传达等创意活动中,提升作品的审美价值与市场竞争力;建筑与环境艺术课程则关注空间布局、色彩搭配、材质选择等方面的美学考量,为学生未来从事相关行业奠定了坚实基础。跨学科美育课程的创新融合,不仅培养了学生的创新思维与实践能力,还促进了艺术与科技的深度融合。在数字化、智能化时代背景下,这种融合趋势尤为显著,为学生提供了更多元化、更富挑战性的学习机会与发展空间。

(四)理论与实践并重的教育模式

在美育课程设置中,理论与实践相结合的原则贯穿始终。"美育只有从传统的综合交叉结构中分离出来,才能形成自己的学术体系和独立地位,才能获得新的生命力。"[①]理论课程通过系统的美学教育,使学生掌握美的基本原理、标

---

① 冉祥华.中国现代美育理论的确立及实践生成[J].商丘师范学院学报,2014,30(1):88.

准与流派特征，为后续的实践活动提供理论支撑。实践课程则通过艺术创作、欣赏、批评等具体活动，让学生在实践中体验美、感受美、创造美，增强对美的感性认识与体验。这种教育模式不仅要求学生掌握扎实的艺术知识与技能，更强调通过艺术教育培养学生的审美判断力与创造性思维。审美判断力使学生能够在纷繁复杂的艺术现象中做出明智的选择与判断；创造性思维则鼓励学生突破传统束缚，勇于尝试新的艺术表达方式与创作手法。这种双重培育机制为学生未来的职业生涯奠定了坚实的基础，使他们能够在各自的领域中运用美学原理与创造性思维解决问题、创造价值。

三、美育在校园文化建设中的实践

在高等教育体系中，校园文化建设作为创造学生全面发展环境的关键环节，其内涵深远且广泛，美育作为这一过程中的重要支柱，以其独特的魅力与价值，在构建大学精神风貌、促进学生综合素质提升方面发挥着不可替代的作用。

（一）校园环境美化

校园环境作为大学生日常学习与生活的直接空间，其美学设计不仅关乎物理空间的舒适度与美观性，更是美育教育的重要场所。校园内的艺术雕塑、园林景观、建筑设计等，不仅是技术与艺术的结晶，更是文化的传承与创新的体现，这些元素以无声的语言，向师生传递着美的理念与价值观念，影响着学生的审美趣味与审美判断。通过精心设计的校园环境，大学能够营造出一个既富有文化底蕴又充满现代气息的学习生活空间，使学生在这样的环境中自然而然地接受美的熏陶，提升个人的审美素养。

（二）文化艺术活动的多元实践

大学校园文化活动的丰富多彩是美育实践的生动展现。艺术节、音乐会、戏剧演出、舞蹈比赛等艺术活动，不仅为学生提供了展示自我才华的舞台，更是艺术教育与审美教育的重要载体。这些活动通过多样化的表现形式，如古典与现代音乐的交融、东西方戏剧的碰撞等，拓宽了学生的艺术视野，激发了他们的艺术兴趣与创造力。同时，通过参与这些活动，学生能够亲身体验艺术创作的乐趣与挑战，培养了其艺术表现能力与团队协作能力。此外，校园内的艺术展览、学术讲座、艺术工作坊等，为学生提供了近距离接触艺术原作、聆听专家解读、参与艺术创作实践的机会，进一步加深了他们对艺术的理解与热爱，提升了他们的审美鉴赏力与批判性思维。

（三）美育实践与学生创新能力的培养

美育在大学校园文化建设中的实践，不仅局限于艺术领域的熏陶与培养，更在于通过艺术教育的独特方式，激发学生的创新思维与创造力。艺术创造过程本身就是一个不断尝试、探索与创新的过程，它鼓励学生打破常规思维束缚，勇于表达个性与创意。在大学校园文化建设中，大学通过组织学生参与艺术创作比赛、设计项目、科技艺术展等活动，激发学生的创新潜能，培养他们的创新思维与解决问题的能力。同时，艺术与其他学科的交叉融合也为学生的创新实践提供了更广阔的舞台，如艺术与科技、艺术与医学、艺术与商学等领域的结合，不仅促进了学科间的交流与融合，也为学生提供了更多元化的创新实践路径。

（四）美育实践与学生社会责任感的培育

美育在校园文化建设中的实践还体现在对学生社会责任感的培育上。艺术作品往往蕴含着深刻的社会意义与人文关怀，通过欣赏与创作艺术作品，学生可以更加深刻地理解社会现实与人生百态，培养起对社会的关注与责任感。同时，大学还可以通过组织公益艺术活动、社区艺术服务等方式，引导学生将艺术才华与社会需求相结合，通过艺术实践为社会作出贡献。这些活动不仅能够提升学生的社会责任感与公民意识，还能够促进他们与社会的紧密联系与互动，为未来的职业生涯与社会生活奠定坚实的基础。

四、美育在教育中的实施策略

美育，作为高等教育体系中不可或缺的环节，其核心价值在于培养学生的审美情趣、创新思维及人文素养，对促进学生的全面发展具有深远意义。在当代大学教育中，有效实施美育策略，不仅是传承与弘扬优秀文化的重要途径，也是培养未来社会所需复合型人才的关键举措。

（一）课程体系建设

大学教育应明确美育在人才培养目标中的定位，将美育课程纳入整体教学计划中，确保其地位与科学教育、人文教育相并列，形成"三育并举"的教育格局。课程设置上，既要注重基础理论与艺术史论的传授，如美学原理、艺术概论、中外艺术史等，为学生奠定坚实的理论基础；又要开设丰富多彩的艺术实践课程，如绘画、音乐、舞蹈、戏剧、影视制作等，让学生在实践中体验艺术的魅力，提升艺术技能。此外，大学还应尝试开设跨学科的美育课程，如医学美学、法律美学、科技美学等，以拓宽学生的视野，增强美育的实用性和时代感。

（二）跨学科融合

美育的实施不应局限于艺术学科内部，而应积极寻求与其他学科的交叉融合，以拓展美育的教育范畴与深度。例如，与人文社科类学科结合，通过文学作品、历史事件的艺术再现，加深学生对人文精神的理解与感悟；与自然科学类学科融合，利用科学原理探索艺术创作的新领域，如数字艺术、生物艺术等，培养学生的创新思维与跨界能力。此外，大学还可以探索美育与体育、心理学、社会学等领域的结合点，全方位提升学生的综合素质。

（三）个性化发展

每个学生都是独一无二的个体，拥有不同的兴趣爱好与潜能。在美育实施过程中，学校应充分尊重学生的个性化需求，提供多样化的艺术教育资源与平台。通过开设选修课程、兴趣小组、工作坊等形式，让学生根据自己的兴趣与特长选择适合的学习路径。同时，大学应建立个性化指导机制，为每位学生量身定制成长计划，提供针对性的指导与帮助。此外，还应鼓励学生参与各类艺术竞赛、展览、演出等活动，为他们提供展示自我、提高能力的舞台，激发学生的艺术潜能与创造力。

（四）实践平台搭建

美育的精髓在于实践。大学应积极搭建艺术实践平台，为学生提供丰富的实践机会与条件。一方面，加强校内艺术场馆、工作室、实验室等硬件设施建设，为师生提供良好的艺术创作与展示空间；另一方面，积极与社会各界合作，建立校外实践基地，如艺术院团、文化企业、艺术机构等，让学生在真实的社会环境中锻炼能力、积累经验。同时，大学还应鼓励学生参与社会实践项目，如社区服务、文化遗产保护、艺术支教等，将所学知识转化为服务社会的实际行动，培养学生的社会责任感和使命感。

第五节 教育维度实践——劳育

一、劳动教育的理论体系

劳动教育强调教育与生产劳动相结合的原则，认为劳动是创造世界、改造人自身的根本途径。同时，劳动教育也吸收了现代教育理论中的全人教育理念，即教育应促进个体在认知、情感、意志、行为等多方面的均衡发展。此外，心理学、社会学、经济学等多学科视角的融入，为劳动教育提供了更为丰富的理论支撑，如认知发展理论强调劳动中的问题解决能力可以促进智力发展；社会学习理论则揭示了劳动过程中的社会互动与角色承担对个体社会化的影响。面对快速变化的社会环境，劳动教育不仅是提升学生劳动技能、增强就业竞争力的手段，更是培养其创新精神、社会责任感及劳动价值观的重要途径。首先，劳动教育有助于学生在实践中深化对专业知识的理解与应用，促进知行合一；其次，通过参与劳动，学生能够体验劳动的艰辛与价值，形成尊重劳动、热爱劳动的良好风尚；再次，劳动教育能够激发学生的创造力与探索欲，培养其解决复杂问题的能力；最后，劳动过程中的团队协作与责任担当培养，有助于增强学生的社会责任感和公民意识。

"在学科课程中渗透劳动教育有着明确的政策依据、学理依据和实践原则，这是把劳动教育纳入并有机融入和渗透于学校课程体系全过程、各方面的根本遵循。"[1]劳动教育作为教育体系中的重要组成部分，其理论与实践的演变跨越了悠久的历史长河，从古代朴素的劳动观念到现代科学的劳动教育理论，再到全球化背景下的多元发展，劳动教育始终与人类社会的发展紧密相连，不断适应并推动着社会的进步。

---

[1] 郝志军.学科课程渗透劳动教育：理据与路径[J].中国教育学刊，2021（5）：75.

二、劳动教育的价值重塑

（一）劳动教育在大学教育中的定位

1.增强社会责任感与使命感

在全球化与信息化交织的今天，大学生作为社会未来的建设者和接班人，其社会责任感与使命感的培养显得尤为重要。劳动教育通过让学生参与社会服务、公益劳动等活动，使其直接面对社会现实，感受劳动成果对社会进步的贡献，从而激发其服务社会、报效国家的热情。同时，劳动过程中的团队协作、责任分担等经历，也有助于学生形成集体主义观念，增强团队意识和社会责任感。

2.培养创新思维与实践能力

创新是引领发展的第一动力，而实践能力则是将创新想法转化为现实成果的关键。劳动教育为学生提供了广阔的实践平台，鼓励学生在劳动过程中发现问题、分析问题并尝试解决问题，这一过程本身就是对创新思维和实践能力的培养。此外，劳动教育还注重培养学生的动手能力和问题解决能力，通过实践操作，学生可以更直观地理解理论知识，并将其应用于实际问题解决当中，从而提升其创新能力和实践水平。

（二）劳动价值观的重塑

1.劳动的尊严与价值认知

在重塑劳动教育的价值时，首要任务是提升学生对劳动的尊严和价值的认知。长期以来，受传统观念影响，部分学生对体力劳动存在偏见，认为其低人一等。因此，大学需要通过教育引导，让学生认识到无论何种形式的劳动都是社会财富的源泉，都是实现个人价值和社会价值的重要途径。同时，要强调劳动的创造性和艺术性，让学生看到劳动背后蕴含的智慧和美感，从而树立起尊重劳动、崇尚劳动的正确观念。

2.树立正确的劳动观念

树立正确的劳动观念是劳动价值观重塑的核心内容，这包括理解劳动的意义、认识劳动的价值、尊重劳动的成果以及培养积极的劳动态度等方面。大学教育应当通过课程设置、校园文化活动等多种渠道，向学生传递正确的劳动观念，使其认识到劳动不仅是谋生的手段，更是实现个人成长和社会进步的重要途径。同时，大学要鼓励学生树立正确的职业观和就业观，将个人职业规划与国家发展需要相结合，积极投身到社会主义现代化建设的伟大实践中去。

（三）劳动教育与专业学习的融合路径

1.专业实践中的劳动教育渗透

将劳动教育融入专业实践中是提升教育效果的有效途径。在专业实践过程中，学生不仅能够运用所学知识解决实际问题，还能在劳动中体验到知识的力量和价值。因此，高校应充分利用实验室、实训基地等教学资源，结合专业特点设计劳动实践项目，让学生在专业实践中接受劳动教育。例如，在工科类专业中，可以组织学生参与工程项目的设计与实施；在农科类专业中，可以安排学生进行农作物种植、畜牧养殖等实践活动，这些实践活动不仅能够提升学生的专业技能和实践能力，还能培养其吃苦耐劳、团结协作等优良品质。

2.跨学科劳动教育项目设计

跨学科劳动教育项目设计是促进学生综合素质提升的重要手段。通过跨学科合作，可以打破学科壁垒，实现知识的交叉融合和互补优势。高校可以围绕社会热点问题和国家重大战略需求，设计跨学科劳动教育项目，如环保公益项目等，这些项目往往需要多个学科的知识和技能支持，能够让学生在实践中综合运用所学知识解决实际问题。同时，跨学科合作还能激发学生的创新思维和跨学科视野，培养其综合分析和解决问题的能力。

三、劳动教育的课程设计实践

在当今高等教育体系中，劳动教育作为促进学生全面发展、增强社会责任感及创新能力的重要途径，其课程设计与实践模式的探索日益受到重视。

（一）劳动教育课程体系的构建

1.必修与选修课程的平衡

大学劳动教育课程体系的构建，首要任务在于实现必修课程与选修课程的合理平衡。必修课程作为劳动教育的基础，旨在确保每位学生都能接受系统的劳动观念、劳动精神及基本劳动技能的培养。这类课程通常涵盖劳动历史、劳动法律法规、劳动伦理等内容，通过理论讲授、案例分析等形式，帮助学生树立正确的劳动价值观，为后续的实践活动奠定坚实的理论基础。同时，为了满足学生个性化发展的需求，大学还应设置多样化的劳动教育选修课程，这些课程可以围绕特定行业技能、创新劳动实践、劳动文化研究等主题展开，如"现代工匠技艺""绿色农业实践""互联网+劳动创新"等，鼓励学生根据自身兴趣与职业规划进行选择，从而在拓宽知识视野的同时，深化对劳动教育的理解和体验。

2.理论与实践课程的结合

劳动教育不仅是知识的传授，更是技能的训练与情感的陶冶。因此，课程体系中必须强调理论与实践的紧密结合。理论课程侧重于劳动理论、政策解读、法律法规等方面的学习，帮助学生构建系统的知识体系；而实践课程则通过校内外实训基地、劳动实践项目、志愿服务活动等形式，让学生在真实或模拟的劳动环境中，亲身体验劳动过程，掌握劳动技能，培养劳动习惯，深化对劳动价值的认识。为实现这一目标，高校需加强与企事业单位、社区等社会资源的合作，共同开发劳动教育实践教学基地，为学生提供丰富的实践平台。同时，高校还应注重课程内容的创新性与时代性，紧跟社会发展趋势，将新技术、新业态、新模式融入劳动教育课程，培养学生的创新能力和适应能力。

（二）创新劳动教育模式探索

1."社区参与"中的社会责任培养

社区是社会的缩影，也是劳动教育的重要阵地。高校通过组织学生参与社区服务、公益活动等"社区参与"活动，可以让学生在服务他人、奉献社会的过程中，增强社会责任感，培养奉献精神。这些活动可以包括环保宣传、助老助残、文化传承等多种形式，让学生在实践中学习如何与人相处、如何解决问题，从而提升学生的综合素质。同时，"社区参与"还为学生提供了接触社会、了解社会的机会。通过参与社区治理、调研社区需求等活动，学生可以更加深入地了解社会现实，增强对国情民情的认识，为未来的职业生涯奠定坚实的基础。

2."项目制学习"中的劳动创新

"项目制学习"是一种以项目为核心、以任务为驱动的教学模式。在劳动教育中引入"项目制学习"，可以激发学生的学习兴趣和创造力，培养他们的问题解决能力和团队协作能力。高校通过设计具有挑战性、实践性的劳动项目，让学生在完成项目的过程中，经历从需求分析、方案设计、资源调配、实施操作到成果展示的全过程，从而实现对劳动知识的综合运用和劳动技能的全面提升。此外，"项目制学习"还鼓励学生进行劳动创新。在项目实施过程中，学生可以运用所学知识，结合实际情况，提出创新性的解决方案，并通过实践验证其可行性。这种创新实践不仅有助于培养学生的创新思维和实践能力，还有助于推动劳动教育的创新发展。

四、劳动教育中的师资队伍建设

（一）教师的劳动教育理念与能力提升

1.教师的劳动教育角色认知

在劳动教育领域，教师的角色认知对教育质量的提升具有至关重要的作用。教师不仅需要认识到劳动教育的核心目标，还需了解自身在实施这一教育模式中的多重角色，包括教育者、指导者和评估者。首先，教师需对劳动教育的基本理念有深刻的理解，要认识到劳动教育不仅是技能培养的过程，更是学生综合素质提升的重要途径。其次，教师应当具备将劳动教育理念有效融入课堂教学的能力，从而使学生能够在实际操作中掌握必要的劳动技能，并在实践中提高解决问题的能力。教师的角色认知还包括对劳动教育的政策与实践的熟悉程度。教师需要不断更新自身对劳动教育相关政策的理解，保持与教育改革方向的一致性，以确保教育实施的有效性。教师的角色认知同时涉及对学生个体差异的关注，教师需要根据学生的不同特点调整教学策略，从而满足各类学生的需求，促进其全面发展。

2.教师的专业发展与培训路径

教师的专业发展和培训是提高劳动教育质量的关键因素。为提升教师的劳动教育能力，系统的专业培训和发展路径应当得到充分的重视。教师的专业发展应包括理论知识的学习与实践技能的提升两方面。理论学习方面，教师需掌握劳动教育的基础理论与前沿动态，包括劳动教育的政策背景、教学方法以及评估标准等。实践技能方面，教师应通过实际操作，熟悉并掌握劳动技能的教学方法和技术，提升其在实际教学中的应用能力。在专业发展路径的设计中，高校应重视教师的个性化需求与职业发展阶段的不同。初入职的教师可以通过基础培训和现场观摩积累经验，而在职教师则应通过持续地进修与交流，保持与时俱进的专业水平。此外，教师的专业发展还应包含跨学科的学习与合作，以促进其在多元教育环境中的适应能力与创新能力。针对劳动教育的具体需求，教师应参与专项培训，学习相关领域的新技术、新方法，确保其教育实践能够有效应对时代变化带来的挑战。

（二）跨学科教师团队的组建与合作

1.打破学科壁垒，促进知识融合

在劳动教育实施过程中，跨学科教师团队的组建与合作显得尤为重要。打破学科壁垒、促进知识融合是实现综合劳动教育目标的关键步骤。传统教育体系中的学科分隔往往导致知识的片面性与局限性，跨学科合作则有助于弥补这一不足。通过跨学科团队的合作，教师可以将不同学科的知识融合到劳动教育的教学中，从而提供更加全面的教育体验。跨学科团队的组建需要明确团队成员的学科背景与专长，以便合理配置资源与任务。团队成员应当具备开放的合作态度，并且能够在共同的教育目标下，发挥各自领域的优势。跨学科合作不仅仅是知识的简单叠加，更是不同学科方法与视角的深度融合。通过这种融合，教师可以为学生提供多角度的问题解决方案，并且增强学生的综合分析与创新能力。

2.团队教学模式在劳动教育中的应用

团队教学模式在劳动教育中的应用可以使教学效果得到显著的提升。该模式的核心在于通过团队合作实现教育目标的共享与达成。在团队教学模式下，不同学科背景下的教师共同参与课程设计与实施，能够为学生提供多样化的学习体验。教师团队可以根据课程内容的需求，将各自的专业知识和教学方法有机整合，从而设计出符合劳动教育要求的综合课程。团队教学模式的应用还可以提升教师的教学能力与专业素养。在团队合作过程中，教师能够互相借鉴、学习新方法，并且在实践中不断优化教学策略。团队教学模式的实施需要良好的沟通与协调机制，教师团队需要定期进行教学研讨与反思，以确保教学内容的有效性与教学方法的科学性。此外，团队教学模式还应关注学生的反馈与评价，根据学生的实际需求调整教学策略，从而实现教育效果的最优化。

（三）劳动教育导师制度的建立与完善

1.导师制的优势与特色

劳动教育导师制度的建立与完善对提升教育质量具有显著的优势。导师制度的核心在于通过个性化的指导与支持，帮助学生在劳动教育过程中实现自我提升。与传统的班级教学模式相比，导师制度更注重对学生个体的关注，通过导师与学生之间的互动，能够更好地满足学生的个人需求与发展目标。导师制度的优势体现在多个方面：首先，导师能够为学生提供针对性的指导与建议，帮助学生在劳动技能的学习与实践中克服困难；其次，导师制有助于建立学生与教师之间的信任关系，使学生能够在心理上获得支持，增强其学习动力；最后，导师制度还能够促进学生的自我反思与自主学习能力，提高其解决实际问题的能力。通过导师的引导，学生能够更加明确自己的职业方向，并且在实践中不断提升自己的综合素质。

2.导师在劳动教育中的指导作用

（1）导师不仅需要具备丰富的专业知识与实践经验，还需具备良好的沟通能力与教育技巧。导师的指导包括对学生劳动技能的具体培训与提升，帮助学生掌握必要的操作技术。此外，导师还应关注学生在劳动教育过程中的心理状态与情感变化，及时给予支持和帮助。

（2）导师的作用还体现在对学生职业发展的引导上。通过与学生的深入交流，导师能够帮助学生明确职业发展目标，并且提供相关的职业建议与规划指导。导师应根据学生的兴趣与能力，为其制定个性化的职业发展路径，从而提高学生在劳动市场中的竞争力。导师的指导不仅限于技能培训，还应包括对学生职业素养与综合能力的培养，确保学生能够在劳动教育中全面成长。

（3）在劳动教育导师制度的实践中，教师还应不断总结与反思，优化指导策略。导师应与学校其他教师保持良好的沟通，分享指导经验与成果，共同探讨劳动教育中的问题与解决方案。通过不断完善导师制度，能够有效提升劳动教育的质量与效果，为学生的全面发展提供支持。

五、劳动教育的文化营造与校园生态

（一）劳动文化的培育与传播

1.校园劳动文化的特征

校园劳动文化作为教育体系中的重要组成部分，具有深刻的社会和教育意义。在内涵方面，校园劳动文化不仅涵盖了学生参与实际劳动的经历，还包括了劳动对学生身心发展的促进作用。它强调劳动的教育价值，旨在通过劳动过程中的体验，让学生理解劳动的社会功能和个人成长意义。校园劳动文化的核心特征包括实用性、教育性和体验性。实用性指的是劳动不仅仅是技能的训练，更是对学生实际能力的培养；教育性体现为劳动文化在提升学生综合素质、培养其责任感和团队精神方面的作用；体验性则强调通过亲身参与劳动，学生能够真实感受劳动的艰辛和成就感。

2.劳动文化的宣传与推广活动

劳动文化的宣传与推广是实现劳动教育目标的重要途径。宣传活动的核心在于提升学生对劳动的认识和重视程度，这包括通过多种渠道和形式介绍劳动的重要性及其对个人和社会的贡献。学校可以通过开展劳动文化讲座、展览和主题活动等形式，加强对劳动文化的普及。同时，学校可以通过展示劳动成果，如劳动竞赛和技能展示，增强学生参与劳动的积极性和荣誉感。推广活动还应注重将劳动教育融入日常校园活动，通过组织各类劳动实践活动，使学生在真实的劳动情境中体验和学习。

（二）劳动教育与校园生活的深度融合

1.学生自治组织中的劳动教育元素

学生自治组织在劳动教育中扮演着重要角色。通过将劳动教育元素融入学生自治组织的日常活动中，可以有效增强劳动教育的渗透力和影响力。自治组织可以组织各种与劳动相关的活动，如清洁校园、组织义工服务和开展劳动技能培训等，以促进学生的劳动实践和责任感。通过自主策划和组织劳动活动，学生不仅能够提升组织能力和团队协作精神，还能够在实际劳动中体会到成就感和社会责任。

2.社团活动与劳动教育的有机结合

社团活动与劳动教育的结合是提升劳动教育效果的重要途径。各类学生社团可以根据自身特点，设计与劳动教育相关的活动，如环境保护社团可以组织校园清洁和绿化活动，科技创新社团可以进行技术制作和实操训练。社团活动中的劳动教育应强调实践性和创新性，通过鼓励学生参与实际的劳动项目，提升其动手能力和解决问题的能力。此外，通过社团活动的形式，可以促进学生之间的互动和合作，进一步增强劳动教育的趣味性和实践性。

思考与练习

1.组织一次"道德两难情境模拟"活动，让学生分组讨论并扮演不同角色，解决设定的道德冲突问题，分享各组决策过程及理由，最后教师引导总结道德判断的原则和方法。

2.设计一项跨学科项目式学习（PBL），如"未来城市设计"，要求学生结合科学、技术、艺术等多领域知识，提出创新解决方案，并在小组内分工合作，最终展示项目成果，接受师生评审。

3.组织一场团队接力赛或拔河比赛，赛前进行团队建设和策略讨论，比赛过程中强调团队成员间的沟通与配合，赛后通过反思会议讨论个人贡献与团队协作的关系,并加深学生对这场赛事的理解。

4.开展"校园美发现"摄影/绘画比赛,鼓励学生用镜头或画笔捕捉校园中的美景、人物或情感瞬间,同时举办作品展览和创作心得分享会,从而促进学生间的艺术交流与相互启发。

5.组织一次校园农场或社区服务的劳动实践活动,如种植蔬菜、环保清洁等,让学生在实践中体验劳动的艰辛与乐趣,同时记录劳动过程,撰写劳动心得,思考劳动对个人成长的意义。活动结束后,举行一次劳动成果展示会,增强学生的成就感和自豪感。

第五章

教育管理的具体实践

　　教育管理的具体实践是教育系统运作的核心环节，随着教育环境的不断变化和技术的快速发展，教育管理实践也在不断创新和调整。本章重点探讨教育中的学科管理实践、课程管理实践、质量管理实践和信息化管理实践。

第一节　教育中的学科管理实践

一、构建学科信息监测管理体系

（一）学科信息监测管理体系构建的意义

在高等教育的现代化进程中，学科信息监测管理体系的构建不仅是提升学科建设质量的必要手段，也是实现高等教育公平与效率的关键因素。这一体系的建立具有深远的理论和实践意义。

第一，学科信息监测管理体系通过系统化的数据收集与分析，有助于精准掌握学科发展的现状与趋势。高校在学科建设过程中，面临动态的外部环境和内部需求变化。传统的管理模式往往依赖经验和个别反馈，难以形成科学化、系统化的决策支持。而学科信息监测管理体系通过建立规范的数据采集和分析流程，能够实时反映学科的发展状态、资源配置及其成效，为科学决策提供数据支持。这种数据驱动的决策机制不仅提高了管理的透明度和公正性，也为学科优化提供了实证依据，促使学科发展更加符合实际需求。

第二，学科信息监测管理体系有助于推动学科的内涵式发展。随着高等教育质量的不断提升，单纯依靠外在指标的量化评估已无法全面反映学科的实际水平。因此，构建以"立德树人"为根本的监测管理体系，可以更好地突出学科建设的质量、贡献与特色。这一体系强调在学科建设过程中关注学科的内涵发展，而不仅仅是外在的排名和成绩。这种关注能够促使高校在学科建设中更加注重教育的根本目标，培养具有综合素养和创新能力的高素质人才，从而推动教育质量的全面提升。

第三，学科信息监测管理体系的构建促进了高校资源的优化配置。在学科建设过程中，资源的合理配置是提升学科水平的重要保障。通过系统化的信息监测与分析，高校能够识别出各学科在资源配置中的不足与问题，进而进行针对性的调整和优化。这种基于信息的资源配置方式，不仅提高了资源的使用效率，也推动了学科建设的整体提升。此外，信息监测管理体系的引入还能够促进高校间的良性竞争与合作，推动整体教育水平的提高。

（二）学科信息监测管理体系构建的举措

1.建立"多对多"的学科信息平台

学科建设作为一项涉及全校各部门的系统性工作，其有效推进依赖于信息的无缝流通和充分共享。因此，克服信息化壁垒是确保学科建设工作顺利进行的关键环节。为实现这一目标，各部门需共同协作，建立统一的学科信息平台，以便信息能够全面、准确地汇集并得到有效应用。

（1）学科信息平台的建设应基于各部门的实际需求与信息流动的特点，确保平台能够支持多途径的数据输入。这包括从教学、科研、管理等各个方面汇集信息，形成一个全面的信息数据库。信息的多途径输入不仅涵盖来自不同部门的数据，还包括各类动态信息，如项目进展、科研成果、教学反馈等。这种全面的信息汇集能够为学科建设提供更加准确的现状评估和需求分析。

（2）建立信息平台后，必须对汇集的信息进行系统的梳理和解读。这一过程涉及数据的清洗、整合和分析，以确保信息的准确性和实用性。通过对信息进行深度分析，可以揭示学科建设中的关键问题和发展趋势，为后续工作提供数据支持和决策依据。

（3）多途径的输出机制能够确保信息的有效应用和传递。学科信息应通过报告、简报、专题会议等多种形式输出，确保各相关部门能够及时获取、理解和利用这些信息。这样，各部门可以根据信息提供的指导意见，开展有针对性的工作，推动学科建设的整体进步。通过信息的全面汇集、精准解读与有效输出，各部门能够更加协调一致地推进学科建设，提升工作效率与成果质量。

2.进行科学性的管理与评价

构建学科信息监测管理体系时，应充分考虑国家相关政策文件的指导，科学性地管理与评价学科建设。国家政策文件如《国家中长期教育改革和发展规划纲要》和《高等教育质量保障体系建设实施办法》等，为学科建设提供了宏观指导和具体要求。依据这些文件进行顶层设计，能够确保学科信息监测管理体系的科学性和规范性。

（1）顶层设计应当明确学科信息平台的各模块功能，确保系统的完整性和有效性。顶层设计不仅需要考虑系统的技术实现，还需要对接学科评估的指标体系框架。这些指标体系通常包括学科的学术水平、研究成果、教学质量、社会服务等方面。通过将顶层设计与评估指标体系相结合，可以确保系统设计的科学性和合理性，从而提高信息监测的准确性和实用性。

（2）构建学科信息监测管理体系时，要破除"五唯"现象，即唯论文、唯职称、唯学历、唯奖项、唯经验。这些单一的评价指标往往忽视了学科建设的多样性和复杂性。相反，应当突出学科建设的质量、贡献与特色，强调内涵式发展。通过引入多维度的评价指标，如学科的社会影响、国际化程度、创新能力等，可以更全面地反映学科的发展状态。这种评价体系有助于促进学科在质量提升方面的综合发展，推动高等教育的内涵式增长。

3.通过多元化措施进行建设

在构建学科信息监测管理体系的过程中，高校需要建立完善的制度保障，明确专职部门负责，并实施常态化跟踪管理。这些措施有助于提高信息解读的科学性，促进学科建设的持续改进。

（1）制度保障是确保学科信息监测管理体系有效运行的基础。高校应当制定相关管理规章制度，明确信息采集、分析和使用的流程与标准。这些制度不仅包括数据的收集与处理，还涵盖信息的存储与保护。通过建立健全的制度体系，可以确保信息监测的规范性和可靠性，为学科建设提供科学依据。

（2）专职部门负责的信息解读是提升体系运作效率的重要举措。高校可以设立专门的信息监测部门，负责对学科信息进行分析与解读。专职部门不仅需要具备一定的数据分析能力，还应当熟悉学科建设的相关知识。这一部门的职能包括数据的收集、分析、反馈和建议，以帮助高校识别建设中的不足，并进行针对性改进。

（3）常态化跟踪管理是确保学科信息监测管理体系持续有效运行的关键。高校应当建立常态化的监测机制，定期对学科信息进行跟踪与评估。这种常态化的管理方式能够及时发现问题，反思建设中的不足，并根据实际情况进行调整。这种动态管理模式有助于保持学科建设的持续改进，推动学科向组织性、科学性、体系化的方向发展。

二、注重学科信息平台建设

学科是高校教学、科研工作的基础功能单位。高校发展的核心要素是学科建设。在高校学科建设中，学科信息管理是不可忽视的环节，良好的学科信息管理模式可以更好地提升高校学科建设的质量。反之，则会制约高校学科建设的发展。随着时间的推移，信息化建设也会影响高校的工作管理。运用先进的信息管理平台对高校的教学、人事、科研等基础信息进行效率管理，可以简化办事流程。可见，建设高效便利的学科信息管理平台将极大地提高高校学科建设的管理水平，推进高校学科建设工作，使高校整体的教学水平获得质的提升。

（一）学科信息平台建设的作用

1.系统的学科信息是学科建设定位与发展的支撑条件

系统的学科信息是有效推进学科建设的核心支撑条件。学科建设不仅涉及学科内的教学和科研活动，还包括资源配置、政策制定以及发展战略的实施。为实现这一目标，学科信息必须全面、准确地反映学科的现状与需求，从而为学科的定位与发展提供科学依据。

（1）系统的学科信息能够为学科建设提供明确的定位依据。学科建设的首要任务是明确学科的定位和发展方向，这需要对学科现有的基础、优势、劣势及发展潜力有充分的了解。通过系统收集和分析学科信息，如教师队伍的结构与水平、科研成果、教学质量、社会影响等，可以全面评估学科的现状和发展趋势。这种系统性的信息支持能够帮助决策者制定符合实际的学科发展目标和战略，以避免盲目跟风或资源浪费。

（2）学科信息的系统性有助于精确制定发展策略。学科建设的有效实施需要基于科学的数据分析和实际需求的准确把握。通过建立全面的信息系统，可以对各类数据进行整合与分析，揭示学科在发展过程中面临的主要问题和瓶颈。这一过程使得学科建设的策略制定更具针对性，能够有效提升资源配置的效率。例如，通过对科研成果和学术交流数据的分析，可以识别出学科的研究热点和空白领域，从而指导科研方向的调整和研究资源的重点投入。

（3）系统的学科信息能够支持动态调整与优化。学科建设不是一成不变的过程，而是需要根据实际情况不断调整和优化的过程。系统的信息平台可以实时跟踪学科的发展情况，收集和分析最新的数据，及时反映学科建设中的成效与问题。通过这种动态的监测与反馈机制，可以不断优化学科的发展策略和实施方案，从而保持学科建设的持续改进和进步。

2.学科信息平台是实现学科建设科学管理的重要手段

高校学科建设工作涉及的范围广且环节多，各项指标较为复杂。"因此，高校必须采用与之相适应的全新管理模式，建立一套符合现代科学发展趋势的管理体制和运行机制已经成为当今高校学科管理的新要求。"[①]借助现代信息数据管理手段，高校可以实现对学科建设信息的系统分类与科学管理，这在提升学科建设质量和效率方面发挥了重要作用。信息化管理不仅仅限于招生、培养及学位授予等传统领域，人才培养、师资队伍建设、科研成果以及资源配置等方面的信息也需要进行全面的数字化管理。通过这种信息化手段，高校能够将各类数据进行有效整合，形成一个全面的学科信息数据库。这种系统化的信息管理能够确保信息的全面性和准确性，为学科建设提供坚实的基础。

（1）系统的学科信息管理使得高校可以科学地规划和实施学科建设战略。信息化管理平台将涉及学科的各类数据，如教师资质、教学效果、科研成果、学科资源等进行分类和整合。管理人员能够通过平台获得清晰的学科现状与动态，从而制定更加科学的学科发展目标和实施方案。这种数据驱动的管理方式大大提高了决策的效率和准确性，使得学科建设工作能够更具前瞻性和针对性。

（2）现代化的信息手段提升了高校管理人员的决策能力和效率。通过对学科信息进行实时更新和智能分析，管理人员能够快速获取关键信息，识别学科建设中的主要问题和发展机遇。这种及时、准确的信息支持不仅有助于快速响应内部和外部环境的变化，也能够有效指导资源的优化配置和战略调整，从而提升学科建设的整体水平和管理效能。

（3）通过建立科学的学科信息管理平台，高校能够增强学科的竞争力，并更好地为社会培养高素质人才。系统、全面的学科信息使得高校在学科建设中能够精准定位，优化资源配置，提升教育质量。这不仅增强了高校的学科影响力和

---

① 沈忱，王玲，金迪.依托学科信息平台促进高校学科建设管理[J].教育观察，2021，10（6）：1.

社会服务能力，也能为社会培养出更具竞争力的人才，从而进一步推动高校的综合发展。

（二）学科信息平台建设的策略

1.满足学科建设管理的现实需求

在高等教育的现代化进程中，学科信息平台的建设必须充分满足学科建设管理的现实需要，以确保平台能够有效支撑学科的定位、发展和优化。学科建设是一个复杂的系统工程，涵盖从教育教学到科研管理、从资源配置到绩效评估的各个方面。为了实现这一目标，学科信息平台需要具备适应不同管理需求的功能和特性。

（1）学科信息平台必须支持全面的信息采集和管理。这意味着平台需要能够整合不同来源的数据，包括教学质量、科研成果、师资队伍、资源配置等。这种全面的信息采集能够为学科建设提供全面的基础数据，使得管理人员能够从整体上把握学科的现状和发展趋势。这种全面性不仅有助于科学规划学科的发展战略，还能够在日常管理中提供及时的数据支持，从而提高管理决策的科学性和准确性。

（2）平台设计需要考虑到不同管理层级和职能的需求。学科建设涉及多个层级的管理，从学科级到学院级，再到校级管理，各层级的需求和关注点有所不同。学科信息平台必须具备分层次的数据展示和分析功能，使得各层级管理人员能够获取适合其职责的数据和信息。例如，学科级管理人员可能更关注教学质量和科研进展，而校级管理人员可能更关注学科整体的发展趋势和资源配置情况。通过满足不同层级的需求，平台能够更好地支持学科建设的全方位管理。

（3）学科信息平台应具备灵活的数据分析和决策支持功能。学科建设需要依据数据进行科学决策，平台的分析工具和决策支持功能应能够处理大量数据，并提供准确的分析结果。这包括数据的统计分析、趋势预测、绩效评估等。通过这些分析功能，管理人员可以识别学科建设中的关键问题和机会，制定有效的改进措施，从而提升学科建设的效果和质量。

（4）学科信息平台需要具备强大的数据安全和隐私保护功能。在信息化管理过程中，数据的安全性和隐私保护至关重要。平台必须遵循相关的法律法规，采取必要的安全措施，以确保数据的完整性和保密性。这不仅保护了学校的敏感数据，也增强了师生对平台的信任感，从而提升平台的使用效果。

2.进行学科信息平台设计的模块化分析

学科信息平台的设计应当基于模块化的原则，以便灵活应对学科建设管理中的各种需求和挑战。模块化设计能够使平台具备较高的适应性和扩展性，满足不同管理功能的需求，并在实际运行中提供高效的支持。

（1）模块化设计有助于功能的分层和分级管理。在学科信息平台的设计中，可以将不同的功能需求划分为多个模块，如数据采集模块、数据分析模块、报告生成模块、用户管理模块等。这种设计使得平台能够针对不同的功能进行独立的开发和维护。例如，数据采集模块可以专注于从各种来源收集数据，而数据分析模块则可以处理这些数据并生成分析结果。通过这种分层管理，平台能够更加高效地运行，并在出现问题时进行针对性的调整和优化。

（2）模块化设计使得平台具备较强的扩展性和灵活性。学科建设的需求随着时间和环境的变化而不断变化，因此，信息平台需要具备灵活的扩展能力，以适应新的需求和功能的增加。模块化设计允许在平台运行中逐步添加新功能或调整现有功能，而不必对整个系统进行大规模的改动。这种设计方式不仅提高了平台的适应能力，还降低了系统升级和维护的难度。

（3）模块化设计能够提高平台的可维护性和稳定性。通过将平台划分为多个功能模块，可以在出现问题时迅速定位和修复。每个模块的独立性使得故障的影响范围被限制在特定模块内，从而避免全系统的瘫痪。此外，模块化设计还便于系统的升级和功能的优化，各个模块可以独立升级，确保系统的持续稳定运行。此外，模块化设计还能够提升用户体验。不同的用户群体，如学科管理人员、教师、学生等，对平台的功能需求有所不同。通过模块化设计，可以根据不同用户的需求提供个性化的功能和界面。例如，教师可能需要的功能包括教学资源管理和教学反馈，而学生则可能关注学习进度和成绩查询。模块化设计使得平台能够针对不同用户群体提供定制化的服务，提高用户的使用满意度。

3.注重学科建设管理和信息平台的运行

学科建设管理与信息平台的运行是实现学科建设目标的关键环节。信息平台不仅为学科建设提供了技术支持，还在实际运作中发挥着重要作用。平台的有效运行涉及多方面，包括数据管理、系统维护、用户培训和运行评估等。

（1）数据管理是信息平台运行的核心。平台的成功运行依赖于数据的准确性、完整性和时效性。在数据采集阶段，需要确保信息来源的可靠性和数据录入的准确性。在数据存储和处理阶段，必须采用先进的数据库管理技术，以确保数据的安全性和高效检索。通过建立科学的数据管理流程，可以确保平台提供的数据支持是可靠的，从而提高管理决策的科学性和有效性。

（2）系统维护是信息平台稳定运行的保障。信息平台的维护工作包括系统的定期检查、软件的升级更新、硬件的故障修复等。维护工作需要由专业的技术团队负责，以确保平台能够及时修复运行中的问题，并保持系统的正常运行。此外，系统维护还包括对平台安全性的监测和防护，防止数据泄露和系统攻击，保护平台的数据和用户隐私。

（3）用户培训是信息平台成功实施的关键。平台的有效使用依赖于用户对其功能和操作的熟悉程度。高校应当提供系统的培训计划，包括平台的操作教程、使用手册和培训课程。通过对学科管理人员、教师和学生进行培训，可以提高他们对平台的使用能力，从而确保平台功能的充分发挥。此外，平台的用户反馈机制也非常重要，通过收集用户的意见和建议，可以不断优化平台的功能和服务，提升用户体验。

（4）运行评估是确保信息平台持续改进的重要手段。平台运行的效果应当定期进行评估，包括对数据准确性、系统稳定性、用户满意度等方面的评估。通过评估结果，可以识别平台运行中的问题和不足，并进行相应的改进和优化。这种评估机制不仅有助于提高平台的运行效果，还能够推动平台技术和服务的持续提升，确保学科建设管理的需求得到有效满足。

第二节　教育中的课程管理实践

一、课程管理的内容与方法

近年来，高校越发重视课程建设与改革，全力把握好高校教育教学"新基建"的重要内容之一就是"抓课程"，高校课程管理的水平是影响课程建设与改革水平和成效的重要因素,"管什么""如何管"是探讨高校课程管理不可回避的核心问题。换言之,核心问题就是课程管理的内容和方法。

(一)课程管理的内容

分析高校课程管理先要明确"管什么",熟悉高校中与"课程"相关的方方面面,清楚实际的情况。因此,考察课程管理的内容总体上可以依据理论和实践两个层面来进行。

1.理论层面的内容

课程管理理论中的两种观念反映了不同教育体系对课程定义、课程与教学关系的理解,以及在课程管理中的关注点,这些观念对当前高等教育的课程实践和管理方式有深远的影响。

凯洛夫教育学作为苏联教育观念的代表,将课程理解为学校设立的各类学科及其结构体系,这种观念强调课程内容的预先设定,把课程看作一个宏观概念,它不仅包括教学内容的全面规划,也涉及教学内容的组织安排,在这一框架下,教学活动则被视为课程实施的具体过程。在管理层面上,苏联式的课程管理关注于制定详尽的规章制度,以确保课程内容的严格执行。这种管理模式注重教师的教学行为和执行监督,以确保课程内容按照预定的计划进行。这种观念的现代体现往往表现为高校教师在教学实践中照搬教材目录,课程大纲的制定并未充分考虑学生培养目标的变化和发展需要。因此,在苏联影响的课程观念下,课程的实施较为僵化,缺乏灵活性和对教育目标的动态适应。

与之形成对比的是欧美影响的课程观念,主要以拉尔夫·泰勒为代表,"泰勒原理"将课程定义为根据教育目的构建的学科和教学活动系统,强调课程是上位概念,而教学是课程的实施。在这一理论框架下,课程的设计和实施不仅关注课程内容的执行,还包括支持课程的开发和过程监控,这种管理模式要求评价课程本身及其效果,以确保课程目标的实现,这种观点的现代体现主要表现在课程目标主导课程内容的选择和组织上,课堂教学则依据既定的课程目标进行,这种模式强调课程的灵活性和针对性,使得课程的设计和实施能够更好地适应教育目标和学生需求的变化。因此,在欧美影响的课程观念下,课程管理更加注重课程的动态调整和优化,以及教师在课程开发和实施过程中的专业发展。

2.实践层面的内容

在课程管理的实践层面，制定和实施明确的人才培养方案与教学大纲是实现人才培养目标和满足毕业要求的基础。一个科学合理的人才培养方案应当从宏观层面规划课程体系，以确保培养目标的实现，同时反映国家、地方及行业的标准与需求。在课程体系的设计过程中，需要平衡通识教育与专业教育、理论教学与实践教学、必修课程与选修课程的比例，以构建一个全面而灵活的课程结构。这种平衡不仅有助于学生的全面发展，还能确保其在专业领域中的深入理解和实践能力。

课程设置应符合国家和地方的教育标准，同时需对行业需求做出响应，优化课程比例结构。为了达到这一目标，课程体系必须通过对各类课程进行科学的比例分配和结构优化，以适应不断变化的教育要求和行业标准。此外，严格执行制定的人才培养方案是确保课程体系有效运行的关键，这包括按照方案开设所有课程、规范教材选用，同时按照规定选择境外教材。通过建立和实施保障方案，确保课程的质量和教学效果，从而提升人才培养的整体水平。

课程建设规划方面，制定详尽的课程发展规划至关重要。高质量的课程建设应优先考虑专业核心课程和公共基础课程的构建，特别是在思想政治教育、创新创业教育和劳动教育等领域。通过积极申报各类课程建设项目，不断提升课程建设水平，并为高级别课程建设项目奠定坚实的基础。这样的规划不仅推动了课程的系统化建设，还确保了课程内容的前沿性和实用性。

在现代信息技术的融合方面，引入优质的线上课程资源并建设网络教学平台，是提升课程质量和教学效果的重要举措。建设精品在线课程可以促进信息技术与教育教学的深度融合，从而推动课堂革命。通过利用现代信息技术，改善大学生的学习方式，能够有效地支持课程建设，提供更加多样化和个性化的学习体验。这不仅提升了课程的互动性和灵活性，也推动了教学方法和学习模式的创新，为高等教育的持续发展提供了强有力的技术支持。

（二）课程管理的方法

高校课程管理方法的构建要充分认识高等教育组织特性，遵循现代大学治理模式的演变和发展趋势，把握高校课程建设的规律和特点，改进高校课程管理，提高管理的有效性。

1.优化并限制科层制，持续改进行政管理

高校去行政化是近年来高等教育领域持续关注的一个问题，但是高校去行政化与去掉大学的行政管理是不一样的，高校去行政化更多的是治理行政权力的"越界"问题，例如，行政权力对学术事务过多介入，排斥学术权力对学术事务的决策；学术权力按照行政权力的逻辑来运行的管理模式等。"从高等教育组织特性分析，大学具有理性科层组织与政治属性组织的双重属性。"[①]这就决定了大学的课程管理或者说课程治理不能完全摒弃行政管理这一方式。采用科层制组成管理系统还有许多优点，例如：促进了高等教育管理的规范化、制度化与标准化，提高了管理效率，保障了资源的有效配置，最大化实现组织目标等。鉴于此，提高高校课程管理有效性的路径之一就是优化和限制科层制，持续改进行政管理。

（1）强化管理人员课程建设与改革协调者、引导者、促进者、服务者的角色意识。高校的课程建设与改革有成效需要教师、管理人员、学生、社会力量等各方有效参与，各方利益诉求不同，管理人员就需要担负起"协调各方增进共识、形成合力，致力于课程建设和改革"的职责。高等教育改革属于学术改革范畴，它很少从内部产生，而是一种"外部引发，内部反应"的过程。这就需要课程管理人员，特别是学校层面的高层课程管理人员来引导和促进课程建设与改革，尤其是建立适当的学校文化——一种既支持学习者和教师又对其提出一定挑战的文化。

（2）明确校院两级从事课程建设与改革的部门和岗位的职责。科学合理界定校院两级在课程建设和改革上的职能，哪些工作由学校层面来推动，哪些工作由二级学院层面来落实；明晰分管教学副校长、教务处等与课程建设和改革有关的部门及课程管理者的工作职责，二级学院从事课程建设与改革的部门及课程管理者的工作职责。

（3）完善二级学院课程管理机构，适度增加课程管理人员的数量。职员人数多少和科层制运行的僵硬、行政化、行政滥权等没有必然关系。科层制的有效运行和科学管理反而需要一支数量充足、结构合理的高校职员队伍。高校的行政管理队伍太过庞大是经常探讨的问题，这里的行政管理队伍庞大，确切地说应该

---

① 张栋.高校课程管理：内容·主体·路径[J].四川文理学院学报，2022，32（5）：158.

是高校机关职能部门的人员数量多，实际上二级学院专门从事行政管理的人员占比并不高。要求二级学院发挥能动性，加强课程管理，切实履行课程管理职责的前提是健全机构、配备人员。在行政管理人员在高校师资队伍占比有限定的前提下，精减高校机关职能部门管理人员的数量，充实二级学院的课程管理力量是应有之义。从而更好地将"服务意识"落实为"服务的行动"。

（4）简政放权，科学合理适当地下放课程管理权限。与精减高校机关职能部门管理人员的数量，充实二级学院的课程管理力量相辅相成的是管理权限的下放。校级层面的课程管理要实现由微观管理转化为宏观调控、由过程管理转化为目标管理、由制约管理转化为激励驱动。

2.关注协商民主制，进一步加强学术管理

在现代高等教育的课程管理中，关注协商民主制并进一步加强学术管理，代表了对课程管理模式的一种重要革新。这一方法不仅促进了课程管理的科学化和民主化，还为学术管理的有效性和透明性提供了保障。协商民主制的核心理念在于通过广泛的参与和协商来达成决策，这一理念对课程管理的实施和改进具有深远的影响。

协商民主制在课程管理中的应用，首先，体现在课程决策的过程上。传统的课程管理往往由少数管理者和教师主导，决策过程可能缺乏足够的透明性和包容性。而在协商民主制下，课程的制定和调整过程强调广泛的参与，包括教师、学生及相关利益方的意见。通过建立有效的协商机制，课程决策不仅能够反映更多的视角和需求，还能够增强决策的合理性和执行的支持度。例如，课程设置的调整可以通过召开课程委员会、学术研讨会等形式，广泛听取各方意见，从而在课程内容、教学方法和评价体系等方面作出更为全面和均衡的决策。其次，协商民主制在课程管理中的应用还体现在学术管理的组织结构上。有效的学术管理需要一个科学的组织架构，以支持协商民主制的实施。这包括设立专门的学术委员会、课程开发小组和教学评估团队，这些组织能够在课程设计、实施和评估过程中发挥核心作用。学术委员会负责制定课程总体规划和政策，课程开发小组负责具体课程的设计和调整，而教学评估团队则负责对课程实施效果进行评估和反馈。通过这种结构化的组织形式，各个部门可以在协商和合作中共同推动课程管理的优化和改进。

在加强学术管理方面，协商民主制还要求建立健全的反馈和改进机制。在课程实施过程中，教师和学生的反馈是课程管理的重要依据。通过建立定期的反馈机制，如教学评价问卷、学生座谈会和教师反馈会议，可以及时了解课程实施中的问题和不足，并对课程内容和教学方法进行适时的调整。协商民主制鼓励开放和透明的反馈环境，使得课程管理能够在真实和全面的反馈基础上进行持续改进，从而提升课程质量和教育效果。

此外，协商民主制还促使学术管理向系统化和标准化发展。通过制定明确的协商程序和标准，确保各方参与的规范性和有效性。这些程序和标准可以包括意见征集的方式、决策的透明度要求、反馈的处理机制等。系统化的管理方式不仅提高了协商的效率，也保证了决策的科学性和公正性。这样的标准化管理方式，有助于形成稳定和高效的课程管理体系，提高学术管理的整体水平。

3.提高课程管理站位，强调综合建设改革

提高课程管理站位，强调综合建设改革，是推进高等教育课程管理现代化和提升教育质量的关键措施。课程管理不仅是教育实施的基础环节，还直接影响教育目标的实现和学生的全面发展。因此，在课程管理中应当提高站位，注重从综合角度进行建设和改革，以适应教育环境的变化和发展需求。

（1）提高课程管理站位的关键在于将课程管理纳入学校整体战略规划中。这要求课程管理不仅关注课程的具体实施，还要与学校的教育目标、发展战略和社会需求相对接。课程管理应当作为学校战略的一部分，参与制定和调整学校的教育目标和发展方向。例如，在制定课程改革方案时，需要考虑学校的长远发展目标，结合社会对人才的需求和行业的变化，进行课程内容和结构的调整。这种高站位的管理方式可以确保课程的设置和改革与学校的整体发展战略一致，从而提升课程的战略价值和教育质量。

（2）在课程管理的综合建设改革中，需要强调跨部门和跨学科的协作。课程管理涉及多个部门和学科，需要各方的共同努力和协调。通过建立跨部门的课程管理委员会、学科协调小组等组织形式，可以促进不同学科和部门之间的沟通与合作，以确保课程管理的综合性和协调性。此外，跨学科的协作也能够推动课程内容的整合和创新，促进课程与实际需求的对接，从而提升课程的整体质量和适应性。

（3）课程管理的综合建设改革应注重数据驱动和科学决策。通过建立课程管理的信息系统，收集和分析课程实施中的数据，如学生的学习情况、课程的反馈和教学效果等，可以为课程管理提供科学依据。这种数据驱动的管理方式能够帮助决策者了解课程实施的实际情况，识别存在的问题和改进的机会，从而作出更加精准和有效的决策。

（4）提高课程管理站位和强调综合建设改革还需要关注课程管理的持续性和动态性。教育环境和社会需求的不断变化要求课程管理能够进行持续的调整和优化。通过建立持续的课程评估和改进机制，定期进行课程的评估和反馈，能够确保课程管理的有效性和适应性。动态的管理方式能够及时响应教育环境的变化，进行必要的调整和改革，从而保持课程的前沿性和实用性。

二、课程管理体系的构建

"课程考试是高等教育教学过程中的一个重要环节，是评价教学得失和教学工作信息反馈的一种手段，也是稳定教学秩序、保证教学质量的重要途径之一。"[1] 因此，如何做好高校课程考试管理，使之科学化、规范化、合理化，是高校教学管理工作的一项重要内容。

（一）课程考试管理体系构建的原则

课程考试管理是一项基本的教学管理，是保证考试的公正性与客观性、正确发挥考试功效、促进教学工作的关键环节之一。考试管理质量直接关系着教风、学风的建设和教学质量的提高，是衡量学校办学水平、管理水平的重要标志。加强高校课程考试管理应遵循以下原则：

1.方向性原则

在课程考试管理体系的构建中，方向性原则占据了基础而重要的地位。这一原则强调考试管理体系的设立应明确其指导方向，与教育目标和课程设计保持一致。方向性原则不仅涉及考试目标的设定，还涵盖考试内容的选择、考试形式的设计以及评价标准的制定等多方面。它要求考试管理体系的各个环节都要服务于

---

[1] 岳若惠.现代教育理念下的高校教育教学管理[M].杨凌：西北农林科技大学出版社，2013：124.

教育目标的实现，并确保考试评价与课程目标的高度契合。

（1）方向性原则要求考试目标的设定必须明确且具有针对性。考试目标应与课程的教学目标一致，反映出对学生学习成果的具体要求。这意味着，在制定考试目标时，需要充分考虑课程内容、教学重点以及学生应掌握的知识和技能。例如，在课程目标中，如果明确要求学生掌握某一领域的核心概念和应用能力，则考试内容应重点考查这些方面，以确保考试能有效评估学生的学习效果。

（2）方向性原则要求考试内容的选择应与课程内容紧密相连。考试内容应涵盖课程的主要知识点和技能要求，避免出现与课程内容脱节的情况。在课程设计阶段，应明确哪些内容是考试的重点，并确保这些内容在考试中得到充分体现。通过对课程内容的系统梳理和分析，可以确定考试的主要考查范围，从而确保考试内容的针对性和有效性。

（3）方向性原则在考试形式的设计中也同样重要。考试形式应根据课程的性质和教学目标进行选择，以确保能够全面、准确地评估学生的学习成果。例如，对理论性强的课程，书面考试可能更适合；而对实践性较强的课程，可以通过项目报告、实验操作等形式进行评估。考试形式的选择不仅要符合课程目标，还要考虑到学生的实际情况和考试的可操作性。

（4）方向性原则要求考试评价标准的制定应明确且具有可操作性。评价标准应反映课程目标的具体要求，并能够准确衡量学生在各个方面的表现。标准的制定应考虑到学生的实际学习情况，避免过于宽泛或狭窄。通过制定科学合理的评价标准，可以确保考试结果能够真实反映学生的学习效果，为后续的教学改进提供依据。

2.科学性原则

科学性原则在课程考试管理体系的构建中至关重要，它要求考试管理体系的各个环节都应基于科学的方法和理论，以确保考试的有效性和可靠性。科学性原则不仅涉及考试设计的理论基础，还包括考试实施和评价过程中的数据分析和统计方法。它旨在通过科学的手段和方法，提高考试的准确性、公正性和实用性，从而推动教育质量的提升。

（1）科学性原则要求考试设计应基于教育测量和评估的理论基础。在制定考试内容和形式时，应参考相关的教育测量理论，如项目反应理论、经典测试理论等。这些理论可以为考试内容的选择、试题的设计和评分标准的制定提供科学依据。例如，在设计试题时，可以采用统计学方法对试题的难度和区分度进行分析，以确保试题能够有效测量学生的学习水平。

（2）科学性原则在考试实施过程中要求严格控制考试环境和条件。考试环境的稳定性和统一性对保证考试结果的可靠性至关重要。因此，在考试实施过程中，应确保考试场地的安静和整洁、考试设备的正常运行以及考试时间的准确掌控。此外，考试过程中的监控和管理也应严格按照预定的程序进行，以防止其他干扰因素影响考试结果。

（3）科学性原则要求在考试评价过程中应用统计分析方法，对考试结果进行科学分析。通过对考试数据进行统计分析，可以评估试题的质量、观察学生的成绩分布以及分析学生在不同知识点上的表现。这种分析不仅有助于了解学生的学习情况，还能为课程的改进和教学的优化提供依据。例如，通过对考试结果的分析，可以发现学生在某些知识点上的掌握情况较差，从而针对性地调整教学内容和方法。

（4）科学性原则要求对考试的可靠性和效度进行定期评估。考试的可靠性指的是考试结果的一致性和稳定性，效度则指考试是否能够有效测量学生的实际能力和知识水平。通过对考试的可靠性和效度进行评估，可以确保考试结果的准确性和有效性，为教育决策提供科学依据。评估方法可以包括内部一致性分析、试题分析以及与其他测量工具的比较等。

3.公正性原则

公正性原则在课程考试管理体系的构建中具有核心作用，它强调考试过程和结果的公平性与透明性。公正原则的实现不仅关系着考试的可信度和有效性，还影响着学生的学习积极性和教育公平。要实现公正原则，需要从考试的设计、实施、评价以及反馈等多方面进行系统管理，以确保每一位学生在考试中都能获得平等的机会和公正的评价。

（1）公正性原则要求在考试设计阶段就考虑到各类学生的需求和差异。考试内容和形式的设计应尽可能地避免对某些学生群体产生不利影响。设计过程中应考虑到不同学生的学习背景和能力差异，通过多样化的考试形式和内容，确保每一位学生都能在其擅长的领域展示自己的能力。例如，对语言能力较强的学生，可以通过论文写作和口头报告等形式进行评估，而对技术技能较强的学生，则可以通过实践操作和项目评估进行考核。

（2）公正性原则在考试实施过程中要求严格控制考试的公平性。考试实施的每一个环节都应按照公平、透明的原则进行，如考试时间的分配、试题的分发和监考的管理等。监考人员应公正无私，不得对任何考生给予特殊待遇或采取不公平的措施。此外，考试环境的管理也应做到公正，如确保考试场地的平等使用，避免出现影响考试结果的外部因素。

（3）公正性原则在考试评价过程中同样重要。考试评价应基于明确的标准和规则，以确保每一位学生的成绩都能得到公平的评价。评分标准应公开透明，评价过程应记录在案，并允许学生对评分结果提出异议。此外，对评分的复核和调整应遵循公正、客观的原则，以确保每一位学生的成绩都能真实反映其实际水平。

（4）公正性原则还要求在考试管理体系中建立有效的反馈机制。通过对考试过程和结果的反馈，可以发现和纠正可能存在的不公正现象。例如，学生可以通过反馈渠道提出考试中的问题和建议，而管理部门则需要对这些反馈进行认真的分析和处理，以不断优化考试管理体系，提高公正性。

4.系统性原则

系统性原则在课程考试管理体系的构建中强调各个环节的协调性和一致性。该原则要求考试管理体系应具备系统化的结构，通过有序的管理流程和有效的协调机制，实现考试的全面优化和管理的高效运作。系统原则的实现需要从整体上考虑考试管理的各个方面，并确保各个部分的紧密配合和无缝衔接。

（1）系统性原则要求构建一个综合的考试管理体系，包括考试设计、实施、评价和改进等各个环节。考试管理体系应具备明确的组织结构和流程，以保证各个环节的有序进行。例如，考试设计阶段应包括课程目标分析、考试内容选择、试题设计等；考试实施阶段应包括考试安排、监考管理、考试环境管理等；考试评价阶段应包括成绩评分、结果分析、反馈处理等。通过构建系统化的管理流程，可以确保考试的各个环节相互协调，保证考试管理的高效运作。

（2）系统性原则要求在考试管理中建立有效的信息管理系统。信息管理系统可以帮助管理者实时监控考试过程，收集和分析考试数据，提供决策支持。例如，通过信息管理系统可以实时跟踪考试的进展情况、记录考试中的异常情况、分析考试结果的分布和趋势。这些信息能够为考试的改进和优化提供数据支持，帮助管理者作出科学的决策。

（3）系统性原则还要求在考试管理中实施有效的沟通和协调机制。考试管理涉及多个部门和人员，如教学部门、考试中心、监考人员等。为了确保各个部门的有效配合，需要建立良好的沟通机制和协调机制。例如，定期召开协调会议，通报考试安排和实施情况，讨论考试中遇到的问题和解决方案。通过有效的沟通和协调，可以避免部门之间的沟通障碍，提高考试管理的整体效率。

（4）系统性原则要求在考试管理中关注持续改进和优化。通过对考试过程和结果的持续监控和分析，可以发现和解决存在的问题，不断优化考试管理体系。例如，可以定期进行考试质量评估，分析考试结果的有效性和可靠性，提出改进建议并加以实施。通过持续改进和优化，可以不断提升考试管理的水平，提高考试的质量和效果。

（二）课程考试管理体系构建的条件

考试管理，其目的在于维护考试的标准规范，维持考试实际运作与计划方案相一致，使考试沿着预先设定的轨道运行，同时对不切实际的计划予以及时调整，纠正运行过程中出现的偏误，矫正反馈信息中不确切的数据或结论，保证考试结果的真实性，并从中分析成功与失败的原因，探明修正的途径，通过反馈给新的考试运行提供理论及实践的依据。将考试目的从观念形态转化为现实形态，高校课程考试管理的正常运转应具备以下条件。

1.构建健全的考试组织机构

构建健全的考试组织机构是课程考试管理体系构建的基础条件之一。一个科学合理的考试组织机构不仅能够保障考试的顺利进行，还能提高考试的整体效率和质量。组织机构的设计应当充分考虑考试管理的复杂性与多样性，以确保各个环节的高效协作和功能的有效发挥。

（1）健全的考试组织机构应具备明确的层级结构和职责分工。通常而言，考试组织机构应包括以下主要组成部分：考试委员会、考试管理中心、监考部门以及评估与反馈部门。考试委员会负责制定考试政策、审批考试方案，并对考试过程进行总体监督；考试管理中心则负责具体的考试实施工作，包括考试安排、试卷管理、考场布置等；监考部门负责考试过程中的现场管理和监督，确保考试的公正性和纪律性；评估与反馈部门则负责对考试结果进行分析和评价，并提出改进建议。通过这种层级分明的组织结构，可以确保考试管理工作的高效运作和各个环节的有效衔接。

（2）组织机构的构建需要充分考虑人员配置和培训。考试组织机构中的各个岗位人员应具备相应的专业知识和管理技能。例如，考试委员会成员应具备丰富的教育管理经验和深厚的学科知识，能够科学制定考试政策和标准；考试管理中心的工作人员应具备良好的组织协调能力，能够有效实施考试安排和管理；监考人员则需要经过严格的培训，熟悉考试纪律和监考规范。通过对人员的专业培训和能力提升，可以确保考试组织机构的整体效能，并提高考试管理的专业性和可靠性。

（3）构建健全的考试组织机构还需要建立有效的沟通和协调机制。考试管理涉及多个部门和人员，良好的沟通机制可以促进部门之间的信息流动和协作。例如，可以定期召开工作协调会议，通报考试的最新进展和遇到的问题，讨论解决方案，并及时调整工作计划。通过这种沟通和协调机制，可以确保考试管理工作的顺利开展，并提升组织机构的整体运作效率。

2.培养素质优良的考试管理队伍

培养素质优良的考试管理队伍是课程考试管理体系构建的关键条件之一。考试管理队伍的素质直接影响考试的实施效果和管理水平，因此，在构建考试管理体系时，应特别重视考试管理人员的选拔、培训和发展。

（1）考试管理队伍的选拔应遵循科学的标准和程序。考试管理人员应具备相关的教育背景和管理经验，如教育学、心理学、管理学等专业知识背景，以及一定的考试组织和管理经验。在选拔过程中，应结合实际需求进行全面的评估，包括对候选人的专业能力、管理能力、沟通能力等方面的考查。通过科学的选拔程序，可以确保考试管理队伍的整体素质，并为考试管理工作提供坚实的人才保障。

（2）考试管理人员的培训和发展是提升队伍素质的重要途径。培训内容应包括考试组织与实施的基本知识、考试政策与法规、考试评价与反馈等方面的内容。此外，还应注重对考试管理人员的职业素养和沟通协调能力的培养。通过系统的培训，可以提高考试管理人员的专业水平和管理能力，从而更好地适应考试管理工作的要求。另外，在培训过程中，可以采取多种形式，如专题讲座、案例分析、实地考察等，以丰富培训内容和形式。同时，应建立完善的培训评估机制，对培训效果进行定期评估，并根据评估结果调整培训方案。通过这种持续的培训和评估机制，可以不断提升考试管理队伍的素质，并确保其能够高效、科学地执行考试管理工作。

（3）考试管理人员的职业发展和激励机制也是提升队伍素质的重要组成部分。应建立科学的职业发展路径和激励机制，为考试管理人员提供发展机会和激励措施。例如，可以设立专业职称评定、绩效考核、奖励机制等，以激励考试管理人员的积极性和创造力。通过职业发展和激励机制的建设，可以吸引和留住优秀的考试管理人才，进一步提升考试管理队伍的整体素质。

3.科学构建考试规范、程序和控制标准

科学构建考试规范、程序和控制标准是确保考试管理体系高效运作和考试质量的重要条件。规范、程序和控制标准的科学性直接影响考试的公正性、有效性和可靠性，因此，在构建考试管理体系时，应系统地制定和完善相关规范和标准。

（1）考试规范的制定应基于科学的理论和实践经验。考试规范包括考试内容的编制规范、试题的设计规范、评分标准的制定规范等。这些规范应充分考虑课程目标和教育测量的要求，确保试题的内容和形式能够准确衡量学生的学习效果。例如，在编制考试内容时，应依据课程目标和教学大纲，确保试题的覆盖面和难度适中；在设计试题时，应遵循科学的试题编制原则，如难度分布原则、信度与效度原则等，以保证试题的科学性和合理性。

（2）考试程序的构建应注重流程的规范化和系统化。考试程序包括考试安排、试卷管理、考场布置、监考管理等方面的内容。每一个环节的程序都应明确规定，包括时间安排、操作步骤、责任分工等。例如，考试安排应明确考试时间、地点和科目，并提前通知相关人员；试卷管理应包括试卷的保密、印刷、分发和回收等环节；考场布置应按照规定标准进行，以确保考试环境的公正和安全。通过系统化的考试程序，可以确保考试工作的顺利进行，并提高考试管理的效率和质量。

（3）在控制标准的制定方面，应建立科学的控制体系，以确保考试的公正性和可靠性。控制标准包括考试过程中的质量控制标准、考试结果的审核标准、考试异常情况的处理标准等。例如，在考试过程中，应建立质量控制标准，以确保试题的规范性和考试环境的稳定性；在考试结果的审核中，应制定审核标准，对成绩进行核对和复核，以确保评分的准确性；对考试中的异常情况，如试卷丢失等，应制定处理标准，及时采取相应措施。通过科学的控制标准，可以有效管理考试的各个环节，保障考试的公平性和可靠性。

4.完善良好的信息传输与反馈机制

完善良好的信息传输与反馈机制是课程考试管理体系构建的另一个重要条件。信息传输与反馈机制的有效性直接关系着考试管理的及时性、准确性和有效性，因此，在构建考试管理体系时，应特别重视信息传输与反馈机制的建设和优化。

（1）信息传输机制的建立应确保信息的准确性和及时性。考试管理涉及多个部门和人员，需要通过信息传输机制实现各方之间的信息流动和沟通。信息传输机制包括考试安排的通知、试卷的传递、成绩的发布等方面的内容。为确保信息的准确性和及时性，应建立系统的信息传输平台，如考试管理系统、内部通知系统等。通过这些平台，可以实现信息的快速传递和实时更新，减少信息传递中的误差和延迟。

（2）信息反馈机制的建立应确保考试管理的透明性和改进性。信息反馈机制包括考试结果的反馈、学生意见的收集、考试问题的处理等方面的内容。通过建立有效的反馈渠道，如在线反馈系统、意见箱、座谈会等，可以及时收集和处理考试中的问题和建议。反馈机制应确保学生和教师的意见能够得到充分听取，并根据反馈结果进行相应的改进。例如，针对学生对考试难度的反馈，可以对试题进行适当调整；针对教师对考试管理的建议，可以优化考试流程和规范。另外，在信息传输与反馈机制的建设过程中，应注重信息的安全性和隐私保护。考试管理涉及学生的个人信息和考试成绩等敏感数据，因此，在信息传输和处理过程中，应采取必要的安全措施，如数据加密、权限控制等，以保护信息的安全和隐私。通过建立安全可靠的信息传输与反馈机制，可以确保考试数据的安全性，并维护学生的权益。

（3）信息传输与反馈机制的建立还应注重信息的标准化和规范化。通过制定标准化的信息传输和反馈流程，可以确保信息的统一性和一致性。例如，可以制定信息传输的格式标准、反馈的处理流程标准等，以规范信息的传递和反馈。通过标准化的管理，可以提高信息传输与反馈机制的效率和质量，确保考试管理工作的顺利进行。

（三）课程考试管理体系构建的对策

高校课程考试管理是一个由多因素组成的相互制约、相互促进的封闭的动态系统，因此，改革高校课程考试管理应该坚持系统论的观点和方法。

在现代教育体系中，课程考试作为一种评估学生学业成果与教育效果的重要手段，其管理体系的科学构建对提升教育质量、保证教育公平性及促进人才培养具有至关重要的作用。然而，如何有效地构建一个高效、科学的课程考试管理体系，是当前高等教育领域亟待解决的核心问题之一。为了实现这一目标，有必要从多方面入手，对现行考试管理体系进行深刻反思和系统优化。

1.考试观念的深层次转变

（1）考试观念的深层次转变是构建科学考试管理体系的前提。传统的考试观念往往将考试视为对学生学业水平的简单测量工具，忽视了考试在人才培养过程中的综合作用。然而，考试不仅是对学生知识掌握程度的评价，更是教育教学质量的重要反馈机制。要正确认识考试的作用，尤其是考试在人才培养中的不可替代性，考试能够促进教育者重新审视考试的设计与实施，从而推动考试管理体系的科学化转型。

（2）思想和实践认知的同步提升也是至关重要的。高校领导、教师和管理人员需要在思想上明确考试的科学性，认识到考试不仅是检验学生学习成果的手段，更是推动教育教学改革、提高教学质量的重要工具。在实际操作中，应当重视考试理论的研究，掌握考试的运行规律和方法，从而使考试管理工作更具科学性和系统性。通过对考试理论的深入了解，教育工作者可以更好地设计考试内容、形式及评价标准，确保考试能够真实、全面地反映学生的学习情况和教学效果。

（3）将考试管理作为一个系统工程进行科学化管理是提高考试质量和人才培养效果的关键。考试管理不仅涉及考试的组织与实施，还包括考试内容的设计、考生的管理、考试结果的分析与反馈等多个环节。通过对考试管理过程进行系统性分析和优化，可以建立起科学、规范的考试管理体系。例如，可以运用系统工程的方法对考试流程进行建模与分析，从而发现和解决存在的问题，提高考试管理的效率与效果。

2.建立考试中心，完善考试管理制度

在考试观念转变的基础上，建立考试中心并完善考试管理制度是构建科学考试管理体系的关键步骤。考试中心的设立可以集中管理课程考试的各个环节，实现统一规划、组织和实施。这种统一管理的模式不仅能够提高考试管理的效率，还能够确保考试工作的规范性和公平性。考试中心应当负责考试的整体协调与实施，包括考试时间的安排、考试内容的审核、考务工作的组织等，从而形成一个系统化的考试管理网络。

建立和实施科学、严密的课程考试管理规章制度是考试中心运行的基础。完善的考试管理制度应包括考试计划的制订、考试内容的设计、考试实施的规范、考试结果的评估与反馈等方面。通过制定详细的规章制度，可以确保考试管理工作的规范性和一致性，减少考试过程中的随意性和不确定性。此外，规章制度的实施应当建立有效的监督机制，定期对考试管理工作的执行情况进行检查和评估，以确保各项规定得到切实遵守。

评估与研究也是完善考试管理制度的重要环节。通过对课程考试的实施效果进行评估，可以分析考试过程中的问题，发现制度上的不足，从而进行针对性的改进。这种评估可以采取多种形式，例如，问卷调查、数据分析、专家评审等，以获取全面、真实的考试实施情况。通过持续的评估与研究，可以不断优化考试管理制度，提高考试工作的科学性和有效性。

人员培训是考试管理体系构建中的关键一环。考试管理人员的素质和能力直接影响考试工作的顺利开展。因此，对考试管理人员进行系统的培训是必要的。培训内容应包括监考规范、考试违规处罚条例、考试管理软件的使用等方面，以确保考试管理人员能够熟练掌握相关知识和技能。此外，培训还应关注考试管理人员的职业道德教育，增强其责任感和服务意识，从而提升考试管理整体水平。

3.实施科学的教考分离对策

在高等教育体系中,教考分离作为一种有效的教学改革策略,旨在提高教学质量和评估的公正性。然而,教考分离的实施并非一蹴而就,而是需要综合考虑宣传动员、课程安排、教学大纲修订以及题库建设等多方面的因素。以下从加强宣传、科学安排课程、修订教学大纲及建立高质量题库四个方面进行详细论述。

(1)加强宣传统一思想。加强宣传、统一思想是实施科学的教考分离的前提。教考分离作为一种新兴的教育模式,其核心在于将教学与考试的职责明确区分,以提高教学质量和考试的公正性。然而,在实施过程中,教师和学生的思想统一至关重要。教育管理者需要通过多种渠道和方式,将教考分离的理念深入人心,使其成为全体教师和学生的共识。

宣传工作应包括理论宣传与实践指导两个方面。理论宣传方面,可以通过组织讲座、研讨会、培训班等形式,介绍教考分离的理论基础和实施意义,帮助教师和学生理解其必要性和长远利益。还可以通过发布相关政策文件、研究报告等,增强教考分离在学术界的权威性和公信力。实践指导方面,教育管理者需要提供具体的实施方案和操作指南,明确教考分离的具体操作流程及实施细节,从而使教师和学生在实际操作中能够得心应手。此外,思想统一的过程还需要解决可能存在的阻力和误解。例如,有些教师可能担心教考分离会影响教学质量,或者对新的考试模式缺乏信心。因此,在宣传过程中应着重解释教考分离如何通过客观公正的评估来提高教学效果,以及如何通过专业的培训和支持来帮助教师适应新的考试模式。通过针对性的宣传和解释,可以减少不必要的担忧和抵触情绪,促使全体师生形成一致的认知和积极的配合态度。

(2)科学合理地安排实行教考分离的课程。科学合理地安排实行教考分离的课程是确保其顺利实施的关键。课程安排应综合考虑课程性质、教学目标及教学内容等因素,确保教考分离的实施既符合教育规律,又能有效提升教学效果。首先,需要对课程进行分类,区分出适合实施教考分离的课程类型。一般而言,理论性强、内容稳定的课程较适合教考分离,如基础理论课程;而实践性强、内容不断更新的课程则可能需要较为灵活的教学与考试方式。

在课程安排过程中,应明确教学与考试的分离点。教学部分主要由教师负责,包括课程内容的讲授、知识点的讲解以及教学方法的应用等;而考试部分则由专门的考试机构或人员负责,包括考试题目的设计、考试的实施以及成绩的评定等。教师与考试人员之间应保持良好的沟通与协调，以确保教学与考试的内容一致性与有效性。此外，课程安排还需考虑到实施教考分离对教学资源的影响。教考分离可能会导致教师在课程准备和学生指导上的工作量增加，因此，需要合理调配教学资源，提供必要的支持和保障。例如，可以设立专门的教学支持团队，为教师提供教学资料、教学设计建议等支持；同时，也应建立有效的反馈机制，及时了解教师在教学过程中遇到的问题，并进行适时调整和改进。

（3）积极修订教学大纲，为课程实施教考分离建立前提条件。修订教学大纲是实现教考分离的基础性工作。教学大纲作为课程实施的指南，其内容直接影响课程的教学目标、教学内容及教学方法等方面。因此，为了顺利实施教考分离，需要对教学大纲进行科学修订，以确保其与教考分离的要求相适应。

第一，教学大纲的修订应明确教学目标和考试目标的独立性。在教考分离的模式下，教学目标主要关注学生的知识掌握和能力培养，而考试目标则侧重于对学生学习成果的客观评估。教学大纲应清晰地列出这两个方面的内容，并确保教学内容和考试内容的一致性。例如，教学大纲中应明确列出每个知识点的教学目标及其对应的考试要求，以便教师在教学过程中能够有针对性地进行教学和复习。

第二，教学大纲的修订还需关注课程内容的系统性和连续性。教考分离要求教师在教学过程中保持较高的系统性，而考试人员在设计试题时也需确保试题与教学内容的连贯性。因此，教学大纲应对课程内容进行合理的组织和安排，以确保每个教学环节之间具有良好的衔接性。同时，还需对课程的难度和重点进行科学划分，以确保学生能够在考试中反映其真实学习效果。

（4）建立高质量的题库，使教考分离更科学化。建立高质量的题库是实现教考分离科学化的重要措施。题库作为考试的基础，其质量直接决定了考试的公正性和有效性。因此，在教考分离的背景下，需要建立一个科学、规范的题库，以支持考试的实施和管理。

第一，高质量的题库应具备科学性和系统性。题库中的试题应覆盖课程的各个知识点，并且难度应适中，能够真实反映学生的学习水平。题库的设计应遵循科学的题型设置原则，包含选择题、填空题、简答题等多种题型，以全面评估学生的知识掌握情况。此外，题库的管理也需系统化，应建立完善的题库维护和更新机制，以确保题库的长期有效性和适应性。

第二，题库的建设需要依托有效的数据分析和统计。通过对学生的考试成绩和题目反馈进行数据分析，可以不断优化题库中的试题，剔除不合适的题目，增加有助于评估学生能力的新题目。这种数据驱动的题库建设方式能够提高题库的科学性和实用性，确保考试结果的客观性和准确性。

4.构建多样化的考试方式

在当代教育体系中，课程考试管理体系的构建必须以多样化的考试方式为核心，以全面评估学生的综合能力和实际水平。传统的考试方式虽在一定程度上能够测试学生的知识掌握情况，但其局限性也日益显现。因此，鼓励并实施多样化的考试方式，不仅可以克服单一考试方式的不足，还能为学生提供更多展现自我能力的机会，促进其综合素质的提升。

教师应根据课程的性质和考核重点选择灵活的考试方式。课程性质不同，所需的考核方式也应有所差异。例如，对理论性强的课程，可以选择闭卷考试、开卷考试等形式来测试学生对知识的掌握程度；而对实践性强的课程，则可能更适合通过操作考试、小组项目等方式来评估学生的实际操作能力和团队合作能力。通过这种方式，可以确保考试内容和形式与课程目标的一致性，从而更准确地测试学生的学习成果。

在国际上，多样化的考试方式已经得到广泛应用。例如，无人监考考试通过在线平台进行，能够提高考试的便利性；论文、开卷考试则允许学生在考试过程中使用参考资料，从而测试其综合运用知识的能力；阶段测试、小组项目和口试等形式则可以综合评估学生的学习进度、团队合作和口头表达能力。通过这些多样化的考试方式，教育者能够更全面地了解学生的综合素质和实际能力。

与国际上广泛采用的考试方式相比，我国高校的考试形式仍以传统的方式为主，如闭卷考试、开卷考试、口试、成果考试、操作考试、计算机及网上考试以及观察考核等。闭卷考试和开卷考试主要用于考查学生的知识记忆和理解能力；口试则通过口头语言测试学生的即时反应和语言表达能力；成果考试如设计、论文、报告等则考查学生的研究能力和写作水平；操作考试则通过实际操作测试学生的动手能力；计算机及网上考试则适用于大规模的自动化测试；观察考核则通过长期的观察记录学生的综合表现。这些考试形式各有其优缺点，能够不同程度地反映学生的能力。

然而，单一的考试方式难以全面评估学生的多方面能力，因此，建议将多种考试方式进行组合，以取长补短。通过灵活的考核方式，可以提高学生的学习主动性和自觉性，激发其创造性思维。例如，将闭卷考试与小组项目相结合，可以同时测试学生的理论知识和实践能力；将操作考试与阶段测试相结合，可以综合评估学生的操作技能和学习进度。这样的组合方式不仅能够全面评估学生的能力，还能促进其全面发展。

配套的改革措施也是实现考试方式多样化的必要条件。考试形式的改革需要配合教学思想、内容、方法、课程安排及师资队伍建设的全面改革。首先，教学思想的改革应强调学生中心的教学理念，鼓励教师根据学生的实际需求和课程目标选择适合的考试方式；其次，教学内容和方法的改革应关注课程内容的系统性和连贯性，确保考试方式能够有效反映学生的学习情况；课程安排应合理规划考试的时间和形式，避免考试形式的单一性；师资队伍的建设应注重培训教师的考试设计能力和评估技巧，以支持多样化考试方式的实施。此外，规范的教学政策和条件支持也需同步推进，以保障考试方式改革的顺利实施。

5.重视学期中的平时考试成绩

在课程考试管理体系构建中，学期中的平时考试成绩应当被赋予重要地位。学期中的平时考试成绩不仅能够全面反映学生在课程学习过程中的实际表现，还能够为课程教学提供及时反馈，从而有效推动教学过程的优化和学生学习效果的提升。对此，必须深入探讨其在课程管理中的作用以及实施对策。

（1）平时考试成绩作为对学生学习情况的日常监测工具，能够反映学生对知识的掌握情况、学习态度及其在课堂上的参与度。传统的课程考核体系往往过于依赖期末考试，而忽视平时学习的持续性评估，这种评估方式容易导致学生在学期末才开始集中复习，进而影响其真实学期学习成绩的体现。平时考试的实施，能够通过阶段性的测试，及时发现学生在学习中存在的问题，并据此调整教学策略和内容，从而实现对教学效果的动态调整与优化。

（2）对平时考试成绩的重视能够有效促进学生的学习积极性和主动性。相比于单一的期末考试，学期中的平时考试具有更强的阶段性和频率性，这种评估方式可以促使学生持续保持学习的紧迫感和自觉性，避免因期末考试压力而产生的短期复习现象。通过定期的小型测试和课堂测验，学生可以在学习的过程中不断检验和巩固自己的知识，提高对课程内容的理解和掌握程度。

（3）平时考试成绩的有效运用还能够促进教学过程的精准化和个性化。教师可以根据平时考试成绩的数据分析，识别学生的薄弱环节和学习困境，并在教学中有针对性地进行补救。通过定期的学业跟踪和反馈，教师能够更清楚地了解每位学生的学习进展，从而提供个性化的指导和支持，提高教学的针对性和实效性。

需要注意的是，为了充分发挥平时考试成绩的作用，需要构建科学的平时考试管理机制：①考试内容和形式应与课程目标和教学内容紧密对接，确保平时考试的设计能够真实反映课程要求和学生的实际能力；②应建立合理的评分标准和反馈机制，确保平时考试成绩的评定公正、客观，并能够为学生提供具体、可操作的改进建议；③应考虑平时考试频次的合理性，避免过多的考试对学生造成不必要的压力，同时也要确保考试的有效性和代表性。

6.考试要实行全程管理

在构建课程考试管理体系的过程中，实施全程管理是确保考试质量和公平性的重要措施。全程管理不仅涉及考试的各个环节，还包括考试的策划、实施、监控、评估等全过程，以保障考试的规范性、科学性和有效性。以下从全程管理的必要性、关键环节以及实施策略等方面进行探讨，以期为构建有效的考试管理体系提供参考。

（1）考试实行全程管理的意义。第一，全程管理的必要性在于它能够全面提升考试的公正性和科学性。考试作为教育评估的重要工具，其过程的每一个环节都对最终的考试结果产生影响。如果某一环节存在管理缺失或漏洞，可能会导致考试结果的不准确或不公正，从而影响对学生能力的真实评价。因此，通过全程管理，可以有效防范各种潜在风险和问题，以确保考试过程的每一环节都符合规范，保证考试结果的真实性和有效性。第二，全程管理能够有效提升考试的组织和实施效率。考试管理的全程控制要求从考试策划、资源配置、人员安排、设备保障、试卷保密等方面进行全面规划和管理。这种全方位的管理模式能够确保考试各个环节的顺畅运作，减少因为组织不善或资源不足带来的考试延误或混乱。此外，全程管理还能够及时发现和解决考试实施过程中出现的问题，提高考试的整体运行效率。

（2）考试实行全程管理的环节。在实际操作中，全程管理的关键环节包括以下方面：①考试策划与设计。在考试前期，必须进行详细的策划和设计。这包括制订考试方案，明确考试目标、内容和形式，确保考试设计与课程目标的高度一致。同时，还应设计合理的评分标准和评价体系，以确保考试结果的准确性和公正性。②资源和人员管理。资源和人员的合理配置是考试顺利进行的基础。应当提前准备好考试所需的设施和设备，如考试场地、计算机设备、试卷等，并确保这些资源的安全性和保密性。同时，还需要对监考人员进行培训，以提高他们的专业素养和管理能力。③考试实施与监控。考试实施阶段的管理至关重要，应确保每一个环节都按照预定的方案进行。在考试过程中，需要对考试环境进行监控，确保考试的公正性。同时，监控过程中应记录相关数据和信息，为后续的评估和分析提供依据。④考试评估与反馈。考试结束后，应对考试结果进行全面的评估和分析。通过对考试数据的分析，可以了解学生的学习情况和教学效果，并据此提出改进建议。考试评估还应关注考试过程中存在的问题，并采取措施进行改进。⑤考后处理与存档。考试结果的处理和存档也是全程管理的重要环节。需要对考试成绩进行准确录入和汇总，并妥善保存考试记录和资料，以备后续查询和审计。

7.促进网络化考试的改革

当前是知识和信息的时代，高校课程考试方式和内容应与时俱进，顺应知识和信息快速发展的局势，充分运用信息时代网络信息平台提供的方便，使考试管理既严肃、科学，又灵活、多样和开放。网络考试是指通过局域网或者互联网，并利用计算机进行考试的行为，网络考试和在线考试以及网上考试的概念都是一致的。网络化考试将传统考试的各种工作流程通过计算机实现信息化和电子化的管理，使各种考试可以在网络平台上实现，包括组卷系统、考试系统、阅卷系统、成绩查询分析系统、试卷制作管理系统。该种考试形式在实现无纸化考试的同时，也强化规范了教学评估的手段，适应多媒体教学的层次和水平，同时也提供了科学准确的教学研究数据，具有传统考试形式不具有的优势，具体如下。

（1）题库建设的科学性、全面性及难易程度。在我国高校，题库建设的科学性和全面性已成为提升教育质量的核心任务。为了满足高质量的科学性、全面性和难易程度的要求，必须建立一个系统化、标准化的题库。此类题库不仅需要涵盖各专业和学科的标准化要求，还应具备一定的规模和数量，以确保题库的全面性和适应性。高质量题库的建设应依托于由不同高校相同专业领域的优秀教师组成的命题机构。这些机构通过对历年考试题库的搜集、整理及分析，结合当前课程的发展现状，制定符合教学大纲的高质量试题。由于命题机构由具备丰富教学经验和专业知识的教师组成，其对试题的设计和设置将更加科学、全面、系统。试题的难易程度应根据课程的教学目标和学生的实际水平进行调整，以更好地测试学生的综合学习能力和实际应用能力。此外，试题库的建设和更新需要依据不同学校学生的考试效果进行动态调整，以保证题库的持续适应性和科学性。这种高质量的题库不仅能够提升考试的有效性，还能在多方面促进教学质量的提高，确保考试结果真实反映学生的实际学习水平。

（2）网络化考试对学生综合能力的培养。网络化考试通过优化试题的科学性、全面性和难易程度，有效地考核学生的综合学习水平和分析解决问题的能力。网络考试的实施不仅能够提高对学生学习效果的评价精度，还促使教师不断反思和改进教学方法、教学内容和教学水平。在网络考试环境下，教师能够设计出更具挑战性和深度的试题，以促进学生的自主学习和问题解决能力的培养。网络考试的多样化题型和即时反馈机制，使学生在考试过程中能够获得即时的学习反馈，进而调整学习策略，改进学习方法。这种考试方式要求学生不仅要掌握知识，还能够灵活应用知识解决实际问题，从而提高其综合学习能力。此外，网络化考试的实施也推动教师对教学内容和方法进行不断优化，以适应新的考核模式。这种良性互动促进了教学和学习的双向改进，形成了以学生为中心的教学环境。

（3）网络化考试的频次与心理压力管理。网络化考试的实施使得同一门课程可以在不同时间进行多次考试，这一变化有效地解决了传统考试频次不足以及一次性闭卷考试带来的心理压力问题。传统的闭卷考试通常安排频次较低，且考试压力集中在单次考试中，这可能导致学生在考试前承受较大的心理负担，并影响其正常发挥。而通过网络化考试，教师可以在学期中多次进行小规模的测试，这种频繁的考试形式不仅能更及时地评估学生的学习进展，还能缓解学生的考试压力。在网络化考试中，学生有更多机会进行知识的巩固和检验，这种分散的考试安排使得学习和考试成为一个持续的过程，帮助学生在相对宽松的环境中不断提升分析和解决问题的能力，从而减少因集中考试带来的紧张感，改善学习体验。

（4）网络化考试对防范舞弊的有效性。网络化考试在防范考试舞弊方面具有显著优势。通过网络化考试系统，教师可以明确考试范围，限制不必要的外部帮助，进而有效遏制"人情分"及抄袭等不正当行为。网络化考试通常配备有自动监控、随机生成试题软件，这些技术手段可以有效防止考试过程中的不正当行为。此外，网络化考试的实施还具有间接端正教风和学风的作用。通过规范化的考试流程和公正的评价机制，学生在考试中的诚信意识得到提高，教育的公平性和公正性得以保障，从而在更大程度上促进了学术环境的健康发展。

（5）网络化考试对成绩区分度、效度和信度的提升。网络化考试通过统一的高质量试题和科学的评价标准，有效地提升了考试成绩的区分度、效度和信度。高质量的试题库不仅涵盖广泛的知识点，还能够准确评估学生的综合学习能力。网络化考试的系统性和标准化评价机制确保了考试结果的科学性和准确性。试题的科学性、全面性以及难易程度的合理设计，使得考试成绩能够准确反映学生的真实水平，减少评分的主观性和偶然性。此外，通过大数据分析和算法优化，网络化考试系统可以实时调整和完善评分标准，提高考试成绩的区分度，确保其具有较高的效度和信度。

（6）网络化考试对人力资源的节约。实施网络化考试能够显著节约人力资源。在传统的考试模式中，教师需要投入大量时间和精力进行命题和阅卷，这不仅增加了教师的工作负担，还可能影响教学质量。网络化考试系统通过自动化的试题生成和评分功能，大幅度减少了教师在这些环节上的工作量。这使得教师可以将更多的精力和时间投入教学和科研活动中，从而提高整体教学水平和教学质量。同时，网络化考试还能够提高考试的效率，减少考试过程中的人工干预，进一步节约了人力资源。

（7）网络化考试对学生学习习惯的培养。网络化考试不仅具有科学性和全面性，还能有效促进学生运用网络信息进行科学知识的探索和学习。网络化考试配套的网络学习资源和复习资料，为学生的学习提供了便利。这种网络化学习环境促使学生将网络作为主要的学习工具，而不仅仅是消遣或娱乐的平台。在长期的网络课程资料查询和学习中，学生逐渐养成良好的上网习惯，提高自主学习的能力。此外，网络化考试还推动了网络教育资源的开发和利用，使学生能够在更广泛的知识领域进行探索和学习，从而培养其科学的学习方法和习惯。

（8）网络化考试的经济和社会效益。网络化考试具有显著的经济和社会效益，对构建节约型的可持续发展社会起到积极作用。通过网络化考试，传统的纸张和油墨等消耗性资源的需求大幅减少，从而降低了对土地和植被的消耗，减少了环境污染。网络化考试系统不仅能够节约资源，还能够减少考试过程中的物流和管理成本，从而提升教育资源的使用效率。这种资源节约型的模式不仅符合可持续发展的要求，还为社会的绿色环保贡献了力量，推动了教育领域经济和社会效益的提升。

（9）实施网络化考试的示范作用。高校在实施网络化考试方面的探索和实践具有重要的示范作用。作为科学技术创新的主要源泉，高等学校在推动科技成果转化为生产力方面发挥着重要作用。高校通过网络化考试的实施，不仅提升了教育质量，还为其他教育机构提供了可借鉴的经验和模式。网络化考试的成功实践能够促进其在社会各界的普及，推动整个教育体系的现代化进程。同时，高校的示范作用还能够促进科学技术的应用和推广，推动教育创新和发展，为全社会的科技进步和教育公平作出贡献。

第三节　教育中的质量管理实践

一、教育质量管理体系分析

（一）教育质量的保障体系

高等教育质量保障体系是确保教育质量的重要框架，涵盖设立的质量保障机构、制定的评估模式及指标体系，以及实施的一系列质量保障活动，该体系的核心目的是在高等教育规模扩展的背景下，提升高等教育的质量并促使其不断进步。高等教育质量保障体系通过系统的质量审计和评估，激励和支持各高等院校提升其教育质量，从而在国家未来发展中发挥不可替代的作用，并成为高等教育改革的重要组成部分。具体而言，高等教育质量保障体系的实施依赖于一整套政策和法律，这些政策和法律为体系的运行提供了必需的保障。质量保障机构的工作重点在于激励高等院校不断提升教育质量，并协助其实现质量的有效提升。同时，这些机构还肩负着向社会公众展示真实教育质量的责任，该体系分为外部保障体系和内部保障体系两大部分。

外部保障体系由全国性或地区性的专门机构组成，这些机构的成员通常包括高等教育领域及其相关领域的专家和权威人士。外部保障机构的主要任务是领导、组织、实施和协调高等教育质量鉴定活动，同时对高等院校内部质量保障活动进行指导和监督。

内部保障体系则负责高等院校内部的质量保障工作，包括学校内部设立的质量保障部门或机构，专注于学校内部的质量管理和提升。为了有效实施质量鉴定或监督，各高等院校的教育质量，必须制定和不断修订完善的评估模式及质量保障指标体系。这些评估模式和指标体系，或称评价或评估指标体系，提供了实际操作中的依据和标准，从而确保教育质量的保障工作能够顺利进行。

1.教育质量保障体系的要素

（1）保障目标。高等教育质量保障的目标是保障与提高高等教育质量，使高等教育满足国家与社会大众对高等教育质量越来越高的需求。高等教育质量保障体系的有效性主要看保障目标的达标程度，当各项工作的活动结果满足或超越既定目标时，这个保障体系就是有效的。保障目标主要表现为以下形式。

第一，官方目标。官方目标是国家教育行政部门对学校任务进行正式陈述的结果，具有强制性和规范性，这些目标通常由国家教育部门或其他相关行政机构制定，涵盖各级各类学校的总培养目标和具体培养目标。例如，在我国，国家教育的官方目标包括培养德、智、体、美、劳全面发展的社会主义建设者和接班人。这些目标对学校的教育管理工作起到规范和控制的作用，确保各类学校的教育方向和目标与国家的教育方针政策相一致。官方目标提供了一个宏观的框架，学校在进行具体实施时必须遵循这些指导原则，以保证教育工作的统一性和一致性。这种规范性的目标对确保教育质量和实现教育公平具有重要意义，因为它明确了国家对教育系统的要求和期望，为学校的教育活动提供了明确的方向和依据。

第二，实施目标。实施目标是学校在具体实施过程中根据国家规定的官方目标，结合本校的实际情况所制定的工作目标。这些目标是学校根据自身条件和实际需求，确定的具体任务和意图，具有实践性和可操作性。例如，一所学校可能根据国家教育目标，设定实施目标为提高某学科的教学质量，或增强学生的实践能力。这些实施目标不仅体现了学校对国家教育目标的理解和认同，还能更好地指导学校的日常工作。实施目标有助于将国家的宏观教育目标转化为具体的工作方向和行动计划，对学校的教学、管理和评估工作具有直接的指引和激励作用。

这种目标的设定能够增强学校的工作效率和教育效果，确保教育活动的实际操作符合预期的教育目标。

第三，操作目标。操作目标是学校在完成教育任务过程中制定的具体指标，通常具有明确的评价标准和评估程序。这些目标不仅包括质量指标，如学生的学业成绩和能力提升，还包括数量指标，如毕业生就业率和学科竞赛获奖数量。操作目标具有质、量双重规定性和可操作性的特点，是对学校工作进行评估、反馈和调控的重要依据。例如，一所学校可能设定的操作目标包括提高学生的综合素质测评分数、增加课堂参与度等。这些目标的明确规定使得学校能够对教育工作进行具体的评估和调整，以确保教育质量的持续改进。建立完善的操作目标体系是衡量高等教育质量保障体系有效性的关键指标，它能够帮助学校及时发现问题，采取必要的改进措施，从而优化教育过程和结果。

（2）保障主体。高等教育质量保障体系的保障主体涵盖广泛的参与者，包括政府部门、行业组织、教育管理机构、社会评价机构、企业以及高等院校自身，这些主体在高等教育质量保障体系中发挥着多重作用，协同合作，共同推动高等教育质量的提升。为深入探讨这一主题，以下将从各保障主体的职能、作用及其相互关系入手，全面分析高等教育质量保障体系中的保障主体。

第一，政府部门及其职能。政府部门作为高等教育质量保障体系的核心保障主体，主要包括教育部及其下属机构、地方教育行政部门等。政府部门的主要职能是制定和执行国家教育政策，设定高等教育的质量标准和要求，进行质量监督和评估。政府部门通过立法、政策指导和资源配置，在保障高等教育质量方面发挥了重要的引导作用。

第二，行业部门与专业评价委员会。行业部门和专业评价委员会在高等教育质量保障体系中扮演着重要的角色。行业部门包括各类行业协会和专业组织，它们通过制定行业标准、开展专业认证等方式，推动高等教育与行业需求对接，确保教育质量符合实际应用需求。专业评价委员会则负责对特定学科或专业进行评价，提供专业性建议，帮助高校改进课程设置和教学质量。这些组织通过建立行业标准和开展认证，促进了高等教育质量的行业适应性和实用性。

第三，高等院校及其自我保障。高等院校作为高等教育质量保障体系的主体之一，承担着直接的质量保障责任。高校需要建立内部质量保障体系，包括制定教学质量管理规范、开展自我评估和内部审计等。高校的内部质量保障机制，涵盖课程建设、教学方法、师资队伍建设、学科发展等方面。通过建立系统的内部评估和改进机制，高校可以实现对教育质量的自我监控和提升。例如，许多高校建立了质量监控中心，负责收集和分析教学数据，实施教学改进措施，确保教育质量的持续提升。

第四，社会评价机构与企业。社会评价机构和企业作为高等教育质量保障体系的重要补充力量，为教育质量提供了外部视角和实际反馈。社会评价机构，如教育评估机构和认证机构，负责对高校及其课程进行独立评估，提供客观评价和建议。企业则通过参与校企合作、提供实习和就业机会，为高等教育提供实际的需求反馈。这种社会参与机制不仅为高校提供改进教育质量的方向，还能够帮助学生更好地适应职业发展需求。

第五，多元主体的协作与合力。高等教育质量保障体系的有效运行依赖于保障主体之间的协调与合作。政府部门、行业组织、高等院校和社会评价机构等各方需要共同努力，形成合力，共同推动教育质量的提升。例如，政府部门可以通过制定政策和标准，指导行业组织和高等院校的质量保障工作；行业组织则可以通过提供行业标准和认证，帮助高校改进课程设置；社会评价机构则可以通过独立评估，提供客观反馈。这种多元主体的协作机制，确保了高等教育质量保障体系的全面性和有效性。

（3）保障客体。高等教育质量保障体系的保障客体是高等教育质量本身。高等教育质量是一个复杂的概念，涉及学校的各个方面，包括专业、课程、教师、学生和教学活动等。保障客体的全面性和多样性要求质量保障体系必须综合考虑各个方面的因素，以确保教育质量的全方位提升。

第一，高等教育质量的内涵与复杂性。高等教育质量的内涵丰富且复杂，涵盖人才培养、科学研究和社会服务等多方面。高等教育质量不仅体现在学生的学业成绩上，更体现在学生的综合素质、实践能力和创新能力的培养上。此外，教育质量还包括学校在科学研究和社会服务中的表现，这些都是衡量高等教育质量的重要指标。例如，高校的研究成果和社会服务项目对社会发展和科技进步的贡献，反映了高校在知识创新和社会责任方面的能力。

第二，学校及其主要活动作为保障客体。高等学校作为高等教育质量的主要实施机构，其人才培养、科学研究和社会服务等活动过程及其结果是保障的核心客体。学校在课程设置、教学方法、师资队伍建设等方面的表现，直接影响教育质量的高低。例如，课程内容的设置是否符合行业需求、教学方法是否有效、师资队伍是否专业，这些都是衡量高等教育质量的关键因素。学校需要通过不断优化这些方面的工作，确保教育质量的提升。

第三，保障客体的多层次与多维度。高等教育质量保障的客体具有多层次和多维度的特点。除关注学生的学业成绩和综合素质外，还需关注学校的整体运营和发展。例如，学校的管理模式、资源配置、政策执行等，都会对教育质量产生影响。保障客体的多层次性要求质量保障体系能够从多个角度进行分析和评估，以确保教育质量的全面提升。

第四，实际操作中的保障客体。在实际操作中，保障客体的工作涉及对与教育质量相关的各种因素进行综合管理。这包括对课程内容的更新和优化、教师的培训和评价、学生的学习效果和综合素质的评估等。通过对这些因素的综合保障，可以有效提升教育质量。例如，课程内容的更新需要根据行业需求和学科发展进行调整；教师的培训和评价需要建立科学的标准和机制；学生的学习效果和综合素质的评估需要采用多种方法进行全面考查。

（4）保障实施载体。保障实施载体是确保高等教育质量保障体系有效运作的重要组成部分。信息作为保障实施载体，扮演着系统运行的关键角色，确保系统的"能源供给"，维持系统的有序运行。信息是指能够传递和处理的数据和知识，是任何系统有效运行的基础。在高等教育质量保障体系中，信息包括教学数据、评估结果、质量反馈等，这些信息为质量保障工作提供了必要的支持和依据。信息的有效管理和利用，能够提升质量保障工作的效率和准确性。

第一，信息在质量保障体系中的作用。信息在高等教育质量保障体系中发挥着多重作用。首先，信息为质量评估提供了数据支持，通过收集和分析教育质量相关的数据，可以进行科学的评估和分析；其次，信息为质量改进提供了依据，通过对评估结果和反馈信息的分析，可以制定和实施改进措施；最后，信息为系统运行提供了保障，通过建立信息管理平台，确保信息的及时传递和有效利用，支持系统的有序运行。

第二，信息的收集与管理。信息的收集与管理是保障实施载体的核心环节。有效的信息收集需要建立科学的数据采集和处理机制，包括数据采集工具、数据管理系统和数据分析方法。通过建立信息管理平台，整合各种信息资源，确保信息的准确性和及时性。例如，学校可以建立教学管理系统，收集学生成绩、教师评价等数据，并通过数据分析和处理，为质量保障工作提供支持。

第三，信息的利用与反馈。信息的利用与反馈是确保质量保障体系有效运行的关键环节。通过对信息的分析和反馈，可以发现教育质量中的问题，并进行针对性的改进。例如，通过对学生反馈信息的分析，可以了解课程内容和教学方法的效果，并根据反馈结果进行调整。信息的反馈机制能够促进质量保障工作的不断改进，确保教育质量的持续提升。

第四，信息技术的应用。信息技术的应用是提升质量保障体系效率的重要手段。通过信息技术，可以实现数据的自动采集和处理，提升信息管理的效率和准确性。例如，利用数据分析工具和智能化系统，可以对教学数据进行深入分析，发现潜在的问题，并制定改进措施。信息技术的应用不仅提高了质量保障工作的效率，还增强了系统的智能化和自动化水平。

2.教育质量保障体系的功能

高等教育质量保障体系的功能问题是高等教育质量保障体系研究的基本理论问题之一，高等教育质量保障体系的内涵决定高等教育质量保障体系具有以下几个方面的功能。

（1）鉴定功能。高等教育质量保障体系的核心功能之一是鉴定功能，它通过对高等学校教育质量的评估和审查，判断其是否达到预定的标准和目标。具体而言，高等教育管理者利用质量保障体系中确立的标准，系统性地对各个高等院校进行质量评鉴。这一过程不仅包括对课程设置、教学方法、师资队伍、教学设施等方面的检查，还涵盖对学生学习成果和毕业生就业情况的分析。通过这种综合评估，高等教育管理者能够明确高校的教育质量是否符合国家或行业的最低要求，从而对学校的办学水平作出科学、客观的判断。例如，高校的课程设置与行业需求不匹配，或教学成果未能达到既定的标准，鉴定功能帮助发现这些问题并促使相关部门采取改进措施。这种鉴定不仅能够帮助学校自我审视和提升，也为教育管理部门提供了重要的决策依据，有助于优化资源配置、调整政策方向，进而推动整体高等教育质量的提升。

（2）监督功能。监督功能是高等教育质量保障体系中的另一个重要组成部分，它通过评审报告和社会公布的方式，对高校的教育教学活动进行有效的监督。具体而言，教育管理部门会依据高等学校自身的质量自评或外部评审专家的报告，了解学校日常教育活动的实际质量。这些评审报告通常会公开发布，让社会公众和相关利益方能够了解学校的质量状况，并据此作出判断和决策。社会舆论和公众的评价对学校的声誉和竞争力有直接影响，因此，高等学校必须重视质量保障活动，以保持良好的社会形象。此外，学校内部也应通过建立制度化的质量保障体系，进行自我监督，以确保各项教育活动的执行符合预定目标。这种内部和外部的双重监督机制，确保了学校教育质量的持续改进，有助于发现和解决问题，提高教育质量。

（3）导向功能。导向功能是高等教育质量保障体系中极为关键的一环，通过系统的评估和反馈，帮助高等学校了解社会对教育结构和质量的需求及期望。具体而言，高等教育质量保障体系能够为高校提供有关社会需求、行业标准及竞争对手表现的有价值信息。这种信息帮助高校识别自身在满足社会需求方面的优势和不足，了解与其他学校的差距。通过对这些信息的分析，高校能够明确自身的发展方向，调整教育教学活动，以更好地符合社会和行业的要求。例如，如果评估结果显示某高校的课程设置与行业需求脱节，学校可以据此调整课程内容，增加实践环节，提升学生的就业竞争力。这种导向功能不仅有助于学校的自我改进，也推动了教育质量的整体提升，使高等教育更加贴近社会和市场的实际需求。

（4）激励功能。高等教育质量保障体系的激励功能通过对学校的质量评估和结果公开，激发高等学校对教育质量的关注和提升。具体来说，当学校能够从质量保障体系中得到客观的评估反馈时，它们会更清晰地认识到自身的优点和不足，从而促使学校进行自我反思和改进。这种自我反思不仅提升了学校的质量意识，还增强了学校的责任感。例如，高校在评估报告中看到自己在教学、科研或社会服务方面表现优异时，会受到鼓励和激励，进一步提升其工作的积极性和效率。反之，当评估结果显示某些方面存在不足时，学校会更加重视改进措施，以提升整体质量。此外，教育质量评估报告的公开使得其与学校的社会声誉和公众形象直接相关，这种外部压力促使学校持续改进、不断提高教育质量，从而推动学校在教学、科研和社会服务等方面的全面发展。

3.教育质量保障体系的方法

（1）评估法。评估是一种用于对某一对象或过程进行评价的手段，其结果通常以等级、数字、字符或描述性语言的形式呈现。常见的评估结果包括百分比、等级区间（如1~4）或字符等级（如A~F），以及描述性评价（如优秀、良好、满意、不满意）。评估的核心在于对被评估对象进行客观的评价，并非直接关注质量的改进。它主要侧重于对结果的量化，易于产生客观的分数或等级，从而为决策提供依据。然而，这种量化的评估方式可能容易忽视质性的改进需求，对某些领域的发展和进步，单纯的量化评价往往难以全面反映其实际情况。尽管评估在提供即时反馈和数据支持方面具有优势，但它并不直接针对质量改进制订行动计划，而是更多地用来进行标准的测量和比较。因此，评估在一定程度上可能会走向量化而忽视更深入的质性分析，这可能会影响对实际改进措施的实施和效果的全面把握。

（2）认证法。认证是一种由合法授权的机构或协会对教育机构、学科项目或课程进行的质量评估过程，旨在确认其是否符合既定的教育标准和资源要求。认证通常涉及启动性评估和阶段性评估，其主要目的是对教育机构或项目进行公认的质量评估，并推动其持续改进和提升。认证的过程不仅关注教育机构是否符合一定的标准，还关注其质量的持续改善。认证的结果通常以"通过"或"未通过"来表述，有时也会使用等级分数来明确结果。认证过程可以提供教育机构所需的合法性和权威性，如授予办学许可、资格认证或外部资助资格等。这种认证不仅对教育机构具有重要意义，还会对学生的资助资格和专业学位获取产生影响。认证的双重目标在于质量的评估和改进，通过认证，教育机构能够获得社会认可，同时也能在认证的反馈中找到提升自身质量的方向，确保其持续发展和优化。

（3）审核法。审核法是高等教育质量保障体系中对评估和认证结果进行最终审查的关键步骤。审核由教育行政部门或第三方评价机构负责，主要目的是对高等教育质量进行综合性和最终性的评价。审核的过程不仅包括对认证结果的审查，还涉及对整体质量保障体系的评估。审核的重要性在于，它不仅是质量保障的最后一道防线，也是纠正和完善质量保障体系的机制。通过设立标准和进行实地考察，审核能够确保教育机构和项目在质量管理中的公平性和公正性。审核过程通常需要建立动态的机制，贯穿于整个质量保障体系建设中，以便于及时发现问题并进行调整。这种动态的审核机制确保了高等教育质量的持续改进和适应性，使得质量保障体系能够不断适应新的挑战和需求，维持教育机构和项目的高质量水平。

（二）教育质量的监控体系

1.教育质量监控原则

教育质量的监控体系是确保教育过程和成果符合既定标准和目标的核心机制。构建一个有效的教育质量监控体系，需要遵循一定的原则，以确保其科学性、有效性和公正性。

（1）科学性原则。科学性原则要求监控体系必须基于科学的理论和实践，使用系统化的评估方法和工具。这意味着监控体系应建立在教育质量评估的理论基础上，结合教育研究成果，制定出具有操作性的评估指标和标准。同时，应采用数据驱动的方法，确保评估结果的客观性和准确性，例如，利用统计分析和数据挖掘技术对教学过程和结果进行全面的分析。

（2）公正性原则。公正性原则强调监控体系在实施过程中必须公平、公正，不偏袒任何一方。监控活动应基于客观的数据和事实，避免主观偏见的干扰。为此，监控体系应确保评估过程的透明度，所有评估标准和方法应公开透明，接受相关方的监督。

（3）系统性原则。系统性原则要求监控体系必须具备全面性和连贯性，即覆盖教育过程的各个方面，包括课程设计、教学实施、学生学习成果等。监控活动应形成闭环，通过对各环节的连续监控和反馈，确保教育质量的持续改进。

（4）适应性原则。适应性原则即监控体系应具备一定的灵活性，以适应教育环境和需求的变化。教育质量监控体系需要根据教育政策的变化、社会需求的调整以及技术发展的进步，及时进行调整和优化，以保持其有效性和前瞻性。通过遵循这些原则，教育质量监控体系能够在保证科学性和公正性的同时，推动教育质量的全面提升，确保教育目标的实现。

2.教育质量监控保障

教育质量的保障是确保教育活动及其成果达到预期标准的基础。构建完善的教育质量保障体系，需要从多个层面入手，以提供全面的支持和保障。首先，政策保障是保障体系的核心。政策保障涉及国家和地方政府制定的相关法律法规、政策文件以及教育标准。这些政策为教育质量监控提供了法律依据和实施指南，确保监控活动的规范性和合法性。其次，机构保障是保障体系的重要组成部分。各级教育行政部门、高等教育质量保障机构以及独立的评估机构在教育质量保障中发挥着关键作用。机构保障包括设置专门的质量保障机构，如教育评估中心、教学质量监控办公室等，这些机构负责制定和实施教育质量监控的具体措施，并对教育质量进行定期评估和审查。再次，资源保障是支持教育质量保障活动的基础。资源保障包括资金、人员和技术等方面的支持。教育质量监控活动需要足够的财政资金用于评估工具的开发、数据采集和分析等；同时，需要具备专业的评估人员和技术支持团队，以保证监控活动的有效实施。最后，培训保障也不可忽视。对教育质量监控人员的培训不仅能提升其专业能力和评估水平，还能确保监控过程的规范性和准确性。培训内容应包括评估方法、数据分析、报告撰写等方面的知识，以提升其专业素养。通过这些保障措施的综合运作，教育质量监控体系能够在实际操作中实现有效的质量保障，确保教育过程和成果的持续改进和优化。

3.教育质量监控环节

教育质量的监控体系包括多个关键环节，这些环节共同作用，以实现对教育质量的全面监控和有效管理。首先，规划环节是监控体系的起点。在这一阶段，需根据教育目标和标准，制订详细的监控计划和评估方案。规划环节包括明确监控的目标、范围和内容，选择合适的评估指标和方法，以及设定监控的时间节点和频率。通过科学的规划，能够确保监控活动的系统性和针对性，为后续的监控工作奠定基础。其次，实施环节是监控体系的核心。在这一阶段，按照规划方案，具体执行监控活动，包括数据的采集、分析和处理。实施环节涵盖对教学过程、学生学习和教育成果的定期评估，可以使用多种评估工具和方法，如问卷调查、课堂观察、考试成绩分析等，以全面获取相关数据。实施环节的有效性直接影响监控体系的质量，因此需要严格按照既定程序操作，并确保数据的准确性和可靠性。再次，反馈环节是监控体系的关键。在这一阶段，根据监控结果，形成评估报告，并将其反馈给相关方，包括教育管理部门、高等学校和社会公众。反馈环节不仅要传达评估结果，还要提供改进建议和措施，帮助学校和管理部门了解问题所在，并采取相应的整改措施。最后，改进环节是监控体系的收尾。在这一阶段，根据反馈意见和评估报告进行必要的改进和调整。改进环节包括对教育质量保障体系的优化、对教学活动的调整以及对教育政策的修订等，以确保教育质量的持续提升。通过这些环节的有序配合，教育质量监控体系能够实现对教育过程的全面监控和有效管理，从而推动教育质量的不断提升。

二、全面质量管理（TQM）教育中的教学质量管理实践

全面质量管理（TQM）理论在很长的一段时间内作用于企业生产，改善了企业的生产环境和管理模式，促进了企业的生产和发展，推动了企业的建设。随着时代的发展，人们越来越重视对全面质量管理理论的研究工作，并将其广泛地应用到教育领域。"在高等教育的教育质量管理中融入全面质量管理理论，需要将高校的教育工作视为一种多功能、多层次的系统，对与教育质量相关的要素进行全方位、系统性的分析，最终达到提升高等教育教学质量的目的，为国家培养更多优秀的人才。"[1]

（一）教学质量系统的设计

全面质量管理（TQM）理论的核心在于其全员、全过程、全方位的管理原则，这为高等教育质量管理系统的设计提供了理论基础。教学质量系统作为一种目的性明确的人工系统，其设计必须体现完整性、导向性、科学性和合理性的特征。这一系统的目标在于将教学质量的各个要素进行系统化管理，明确质量标准，并最终形成一个有效的教学质量体系。

第一，完整性要求教学质量系统覆盖教育过程的各个方面，从课程设计、教学实施到结果评价，确保没有环节被忽视。系统应包括教学目标设定、教学内容和方法的选择、教学过程的监控，以及教学成果的评估等环节。通过对这些环节的全面覆盖，系统能够保证教育质量的全方位控制和改进。

第二，导向性强调系统的设计应以明确的教育目标为导向。这意味着教学质量系统的构建必须依据学校的战略目标和教育使命，确保所有质量标准和指标都紧密围绕学校的发展方向和教育目标展开。例如，系统中的评价标准应与学校的教学目标和学生的学习需求相一致，从而有效引导教育实践活动。

第三，科学性和合理性则要求系统设计基于科学的理论和实践经验。教学质

---

[1] 孙婳.全面质量管理理论在高等教育质量管理中的应用[J].教育信息化论坛，2021（11）：59.

量系统的评价标准和方法应建立在教育研究和实践的基础上，利用统计分析和数据驱动的方法进行质量评估。这不仅有助于确保评价的客观性和准确性，还能够提高系统的效能和可靠性。例如，通过运用教育统计学中的回归分析方法，可以对教学质量的影响因素进行量化分析，从而提供科学的改进建议。

通过将这些原则融入教学质量系统的设计，能够构建一个科学、系统和有效的教学质量管理体系。这一系统不仅为高等教育的质量保障提供了理论和实践支持，还为教学质量的持续改进和优化奠定了基础。

（二）教学指挥决策系统的设计

在高等教育质量管理中，教学指挥决策系统的设计是关键环节之一。该系统作为教育教学组织管理和质量监控的核心，承担着保障教学指令贯彻落实和提升管理效率的重要功能。全面质量管理的全员、全过程、全方位的基本原则为指挥决策系统的设计提供了指导框架，确保系统能够有效地支撑教育质量的提升和管理。

第一，教学保障指挥系统是指挥决策系统的核心组成部分。该系统主要负责制定和实施教学政策、规划和策略，确保教育目标的实现。教学保障指挥系统的设计应包括明确的决策流程、责任分工和反馈机制。决策流程需涵盖从政策制定到执行的各个环节，确保每一项决策都有明确的依据和实施步骤。同时，系统需要明确各级管理人员的职责，确保教学指令能够迅速而有效地传达和执行。

第二，专家决策咨询系统为教学指挥系统提供专业支持。专家决策咨询系统汇集了教育领域的专业人士和学术专家，通过提供科学的建议和评估，帮助学校制定和调整教学政策。这一系统的设计需要包括专家的遴选标准、咨询流程和意见反馈机制。专家的遴选应基于其专业背景和实践经验，确保其能够提供有价值的决策支持。咨询流程应包括问题的提出、专家意见的收集和分析，以及最终决策的形成和实施。

通过建立教学保障指挥系统和专家决策咨询系统，高等教育机构能够实现对教学工作的有效管理和支持。这些系统不仅提高了教学指令的执行效率，还为教育质量的提升提供了科学的决策依据。

（三）教学质量评价系统的设计

教学质量评价系统是高等教育质量管理的关键环节，涉及对教学活动和成果的综合评估。该系统的设计需要综合考虑教学过程中的各个因素，以科学的评价标准和方法对教育质量进行客观评价。全面质量管理的全员、全过程、全方位的原则为教学质量评价系统的设计提供了指导，确保系统能够全面、系统地反映教育质量的各个方面。

第一，评价标准的制定是教学质量评价系统设计的基础。评价标准应包括教学目标的达成度、教学内容的科学性、教学方法的有效性、学生的学习成果等方面。标准的制定需要结合教育目标和课程要求，以确保评价的全面性和针对性。例如，教学目标的达成度可以通过学生的考试成绩、作业完成情况和课堂表现等指标进行评价；教学内容的科学性则可以通过对教材和教学材料的审查来进行评价。

第二，评价方法的选择则是确保评价结果准确性的关键。教学质量评价方法应包括定量和定性两种方式，结合问卷调查、课堂观察、考试成绩分析等多种手段进行综合评估。定量方法如统计分析可以提供客观的数据支持，而定性方法如课堂观察和学生反馈能够提供对教学过程的深入理解。例如，通过对学生的期末考试成绩和课程作业的分析，可以量化教学效果；通过对课堂互动和学生反馈的观察，能够获得对教学方法的质量的主观评价。

第三，评价结果的应用是教学质量评价系统的重要环节。评价结果应用于制定改进措施和优化教学过程，以提升整体教育质量。例如，根据评价结果，学校可以调整课程设置、改进教学方法和增强师资培训，从而有针对性地解决教学中存在的问题。评价结果的反馈应包括对教学活动的改进建议和实施计划，以确保评价的实际效果。

（四）教学质量信息反馈系统的设计

教学质量信息反馈系统是高等教育质量管理的重要组成部分，其主要功能在于信息的传递、收集和整理，该系统的设计需要确保信息的准确性、及时性和全面性，以支持教学质量的改进和管理。首先，信息传递机制是教学质量信息反馈系统的核心。信息传递机制需要建立起从信息源头到决策层的畅通渠道，确保各类教学质量信息能够迅速、准确地传递到相关部门和人员。信息传递机制的设计应包括信息的收集、整理和分发流程，以确保信息的及时更新和准确传递。例如，定期的质量评估报告和学生反馈信息应通过电子邮件、内部系统等方式及时传递给教学管理部门和决策者。其次,信息收集和整理是反馈系统的重要环节。信息收集应包括来自不同来源的教学质量评价信息,如学生的意见、教师的反馈、课程的评估结果等。信息整理则涉及对收集到的信息进行分类、分析和汇总,以便为决策提供依据。例如,通过定期的问卷调查和座谈会收集学生对课程的评价,并将这些信息进行整理和分析,从而识别出教学中存在的问题和改进的方向。另外,反馈机制的实施则确保了信息的有效使用。反馈机制应包括对信息的分析和决策过程的支持,以便根据反馈信息制定改进措施。例如,根据学生的课程评价和教师的教学反馈,学校可以调整教学计划、改进课程内容和教学方法。反馈机制还应包括对改进措施的跟踪和评估,以确保信息反馈的实际效果。

(五)教学质量保障系统的设计

教学质量保障系统是确保高等教育质量的基础设施,其设计必须结合全面质量管理的原则,提供多方面的支持和保障。该系统的构建应涵盖校内外的支持保障、信息技术的支持保障以及教学科研的支持保障,以确保教学质量的稳定提升和持续改进。

第一,校内外的支持保障是教学质量保障系统的重要组成部分。校内支持包括财政资金、设施设备、人员培训等方面的保障,这些支持能够为教学质量的管理和监控提供必要的资源。例如,学校应加大对教学设备的投入,更新教学设施,提升教学环境;同时,学校还需对教师进行专业培训,提高其教学水平。校外支持则涉及政府部门、行业协会、社会机构等方面的支持,例如,政府可以提供政策指导和财政资助,行业协会可以提供专业标准和认证,社会机构可以参与教学质量的评估和监督。

第二,信息技术的支持保障为教学质量保障系统提供技术支持。信息技术的应用能够提升质量监控的效率和准确性,支持数据的采集、分析和反馈。例如,通过建立教学管理系统和质量监控平台,可以实时收集和分析教学数据,提供科学的决策依据。此外,信息技术的支持还包括在线评估工具和数据分析软件的应用,以提高质量管理的智能化和自动化水平。

第三,教学科研的支持保障是确保教学质量持续改进的基础。教学科研支持包括对教育研究的资助、教学改革的推动和科研成果的应用。例如,学校可以设立教育研究基金,支持教学方法和课程内容的研究与开发;同时,学校还可以推动教学改革，应用最新的科研成果于教学实践中，以提升教学质量。

通过这些保障措施的综合运作，高等教育机构能够构建一个科学、系统和高效的教学质量保障系统，从而实现对教育质量的全面管理和提升。

第四节 教育的信息化管理实践

一、教育中的数字教学资源管理

（一）教育中数字教学资源的特征

与传统教学资源相比，数字教学资源在数量、结构、分布、传播范围、类型、载体形态、内涵、控制机制、传递手段等方面都有明显的差异，呈现出很多新的特征。

1. 处理数字化的特征

处理数字化是信息技术中的关键过程，涉及将声音、文本、图形、图像、动画和视频等各种类型的信息从模拟信号转换为数字信号。这个过程首先使用转换器将模拟信号经过抽样和量化处理，转化为离散的数字形式。由于数字信号以二进制形式存在，其复制和传输的可靠性远高于模拟信号。数字信号能够有效地进行压缩、解压和纠错处理，这使得在数据传输和存储过程中能够保持信息的完整性和准确性。数字化不仅提高了信息处理的效率，还显著减少了传输中的噪声干扰和数据丢失问题。随着技术的进步，数字化处理技术变得更加精细和智能化，能够支持更高质量的信息传输和存储需求。这种可靠性和灵活性使得数字信号在各种应用场景中得到了广泛使用，包括教育、娱乐、通信等领域。

2. 显示多媒化的特征

多媒化的特征是指利用现代多媒体计算机技术，能够同时存储、传输和处理多种形式的媒体资源。这些媒体资源包括声音、文本、图形、图像和动画等，与传统仅依赖文字或静态图片的信息处理方式相比，多媒化的技术提供了更为丰富和生动的表达形式。多媒体技术的应用使得信息呈现更加直观和互动，能够有效地提高学习者的参与感和兴趣。例如，在教学过程中，通过整合视频、音频和互动图像，教师可以创建更具吸引力的课程内容，从而提升学生的学习效果。这种多样化的媒体资源不仅能够满足不同学习风格和需求，还能增强信息传达的效果，使学习体验更加全面和沉浸式。多媒化的特征正在推动教育和培训领域的创新，为学习者提供更多元和高效的学习方式。

3.传输网络化的特征

传输网络化指的是通过网络技术实现信息的远程传输。这种技术使得数字信息可以跨越地理限制，快速传递到世界的任何角落。学习者只需要一台具备网络连接的计算机，就可以随时随地访问所需的信息资源，无论是在线课程、电子书籍还是互动学习平台。网络化的传输不仅使得教育资源的获取变得更加便捷，还促进了教育资源的共享和普及。通过互联网，教育机构能够将优质的教育资源推广到更广泛的受众中，突破了传统教育的时间和空间限制。这种网络化的传输模式为教育领域带来了前所未有的机会，使得教育变得更加灵活和开放，同时也推动了在线学习和远程教育的发展，提升了全球范围内的教育公平性。

4.教学过程智能化的特征

教学过程智能化是指利用先进的教学软件和专家系统对教学过程进行实时监控、数据分析和个性化指导。智能化教学系统能够根据学生的学习特点和需求，自动选择最合适的教学内容和方法。这些系统不仅能够实时发现学生的错误，还能够分析错误的根源，并提供针对性的辅导和建议。通过数据采集和分析，智能化系统能够识别学生的学习模式和习惯，从而提供量身定制的学习支持。这样的系统不仅提高了教学的针对性和效率，还增强了学生的学习体验和成效。智能化教学系统能够实时反馈学习进展，为教师和学生提供数据驱动的决策依据，从而推动教学质量的持续提升。这种智能化的教学方式正在改变传统教育的模式，为教育过程的优化和个性化提供了强有力的支持。

（二）教育中数字教学资源的来源

数字化教学资源主要来源于三种途径：现有教学资源的数字化改造、师生共同创作数字化资源、由专业人员开发建设。

1.现有教学资源的数字化改造

随着信息技术的迅猛发展，传统教学资源的数字化改造已经成为提高教育质量和教学效率的重要途径。现有教学资源的数字化改造不仅是教育现代化的必然趋势，也是提升教学资源利用效率、扩大资源覆盖范围的有效手段。通过对传统教学资源进行数字化处理，教育机构能够实现资源的高效管理和广泛共享，从而推动教育质量的提升。

（1）教材和教辅材料的数字化是现有教学资源数字化改造的核心任务之一。传统的纸质教材和教辅材料通常存在查阅不便、更新滞后等问题，而数字化版本则能够实现快速检索、更新和分发。通过将纸质教材转换为电子书、PDF文档或互动多媒体内容，教师和学生可以随时随地访问和使用这些资源。例如，许多高校已经将经典教材和课程资料数字化，提供在线阅读和下载服务，使学生能够更方便地获取学习资料。

（2）教学课件的数字化改造也是数字资源改造的重要方面。教学课件作为教师传授知识的主要工具，其数字化能够显著提升课堂教学的互动性和生动性。传统的幻灯片和演示文稿通过数字化处理，能够加入更多的多媒体元素，如视频、音频和动画，增强教学效果。同时，数字化课件还可以通过网络平台进行分享和交流，促进教师之间的经验交流和资源共享。例如，教师可以利用教学管理系统上传和分享自己制作的课件，供其他教师参考和使用。

（3）教学评价工具的数字化是现有资源数字化改造的重要组成部分。传统的纸质试卷和评估工具通过数字化转化为在线测试和评估系统，使得学生的考试和作业提交更加便捷，同时也提高了评估的客观性和自动化水平。例如，许多在线学习平台提供自动评分和反馈功能，能够实时评估学生的学习效果并提供个性化的反馈，帮助教师及时调整教学策略。

2.师生共同创作的数字化资源

师生共同创作的数字化资源作为一种新兴的教育资源形式，能够有效促进教学内容的丰富性和多样性，这种资源的开发方式不仅激发了师生的创造力，也提升了教学资源的针对性和实用性。在教育教学过程中，师生共同参与数字化资源的创作，能够形成更多符合实际需求的教学资源，从而增强教学效果和学习体验。

（1）师生共同创作的过程有助于促进教学资源的个性化和定制化。教师和学生共同参与的资源创作，可以根据具体的教学需求和学习目标进行内容设计，从而使教学资源更具针对性。例如，教师在教学过程中可以与学生一起制作课程相关的视频讲解、互动练习和案例分析，这些资源不仅符合课程要求，还能够反映学生的实际需求和兴趣，从而提升学习效果。

（2）师生共同创作的资源具有较高的参与感和互动性。通过共同创作，教师和学生能够在合作中深入交流，增强对课程内容的理解和掌握。这种互动不仅有助于教师了解学生的学习状况和需求，还能够激发学生的学习兴趣和主动性。例如，教师可以邀请学生参与课程内容的设计和优化，鼓励他们提出改进建议和创意，从而提升资源的实际应用价值。

（3）师生共同创作的数字化资源能够促进教学的创新和改革。传统的教学资源往往由教师单方面提供，而共同创作的资源则能够引入多元化的观点和创意，推动教学方法和内容的创新。通过这种方式，教师和学生能够共同探索新的教学模式和学习方式，从而不断改进教学质量和效果。例如，学生在共同创作过程中可能会提出新的学习策略或工具，这些创新的尝试有助于推动教育教学的改革和发展。

3.专业人员开发建设的资源

在教育数字化的进程中，专业人员开发建设的资源扮演着至关重要的角色。这些资源的开发通常包括初期制作、素材集成、内容标引和质量检查等环节，每个环节都对资源的最终质量和实用性起着重要作用。通过专业人员的精心开发和建设，教育机构能够获得高质量的数字化教学资源，从而有效支持教学活动和提升教育质量。

（1）初期制作是专业人员开发数字化教学资源的起点，这个阶段包括确定资源的需求、制订开发计划和进行初步设计。专业人员需要根据教学目标和用户需求，确定资源的类型和内容。例如，在开发一个新的在线课程时，开发团队首先需要进行市场调研，了解课程的目标受众和需求，然后制订详细的开发计划，包括课程结构、内容模块和互动设计等。在初期制作阶段，还需要进行内容的编写和编辑，确保资源的内容符合教育标准和要求。

（2）素材集成是资源开发过程中的关键环节。在这一阶段，专业人员需要将各种教学素材进行整合，包括文本、图像、音频、视频等多种形式的内容。素材集成的目的是形成一个完整的教学资源,能够满足教学需求和提升教学效果。例如,在开发一个数字化教材时,开发团队需要将教材内容与相关的图示、案例分析和练习题等素材进行整合,以确保教材的全面性和实用性。素材集成还需要考虑资源的兼容性和互操作性,以便在不同的平台和设备上进行使用。

(3)内容标引是数字化资源开发中的重要步骤。标引的目的是对资源内容进行分类、标记和组织,以便于后续的检索和使用。内容标引需要采用标准化的标记和分类方法,确保资源的结构清晰、信息检索方便。例如,在开发一个在线学习平台时,开发团队需要对课程内容进行详细的标引,包括课程主题、知识点、难度等级等信息,从而便于学生和教师在平台上进行搜索和定位。

(4)质量检查是资源开发过程的最后阶段,也是确保资源质量的关键步骤。在这一阶段,专业人员需要对数字化资源进行全面的审查和测试,以发现和纠正潜在的问题。质量检查包括对资源内容的准确性、完整性和一致性进行验证,以及对资源的功能和性能进行测试。例如,开发团队需要对教学视频的播放效果、互动功能的正常运行进行检查,以确保资源能够在实际使用中稳定运行。质量检查还需要考虑用户反馈和评价,根据实际使用情况进行必要的改进和优化。

(三)教育中数字教学资源的类型

我们可以从不同的角度对数字教学资源进行分类:依据多媒体对象的属性,可以分为文本、图形、图像、动画、声音、视频等类型;从教学资源的存储和传输的角度,可以分成计算机的本地资源、校园网的学校内部资源、互联网的远程教学资源;从对教学资源应用的角度,可分为课件、教学网页、专题学习网站、教学素材库、积件五种类型。下面着重从应用的角度介绍对数字教学资源的分类。

1.课件

课件是教育中常用的一种数字教学资源,主要指教师在教学过程中所使用的电子演示文稿。课件通常包括文字、图像、视频、动画等多种媒介形式,旨在辅助教师讲解课程内容,提高课堂教学的互动性和视觉吸引力。通过课件,教师能够系统地展示课程大纲、重点知识和教学目标,使学生更容易理解和掌握复杂的学科内容。此外,课件的使用能够促进知识点的多角度呈现,通过图表和动画等形式帮助学生建立概念的直观理解。课件不仅可以在课堂上直接展示,还可以作为教学资料在课后进行复习和巩固。现代课件制作工具的多样性和功能性使得课件的设计变得更加灵活和个性化，从而能够更好地适应不同学科的教学需求。高质量的课件有助于提升教学效果，使课堂教学更加生动有效，是数字教学资源中不可或缺的重要组成部分。

2.教学网页

教学网页是指由教育机构或教师创建并发布在互联网上的教学资源页面。这些网页通常包含课程信息、教学资源、作业要求以及互动讨论平台等。教学网页的主要功能是提供一个集中化的信息展示和交流平台，使得学生可以方便地获取与课程相关的所有信息和资源。通过教学网页，教师能够实时更新课程内容、发布重要通知以及提供学习支持，学生则可以随时访问这些信息，进行自主学习和复习。教学网页的互动性还体现在提供在线讨论和问答功能，促进师生之间、学生之间的交流与合作。现代教学网页通常还支持多媒体内容的嵌入，如视频讲解、在线测试等，使得教学资源更加丰富和多元化。教学网页的使用能够大幅度提升教学的灵活性和学生的学习便捷性，是数字教育环境中不可或缺的重要平台。

3.专题学习网站

专题学习网站是指围绕特定学科或主题建立的在线学习平台。这些网站通常汇集了与主题相关的各种学习资源，如研究论文、教程、案例分析、互动练习等，旨在为学习者提供深入的专题学习支持。专题学习网站的设计通常以某一学科领域或特定研究方向为核心，通过系统化和结构化的资源整合，帮助学习者深入理解和掌握相关知识。与通用的教育资源相比，专题学习网站提供的内容更加专业和详尽，适合需要深入研究某一领域的学生和研究者。此外，这些网站还可能包括互动功能，如论坛、在线讲座和专家咨询，进一步促进学习者的知识交流和问题解决。专题学习网站不仅为学习者提供了丰富的资源，还通过专业化的内容和功能设计提升了学习的针对性和深度，是高水平学术研究和深入学习的重要工具。

4.教学素材库

教学素材库是指集中存储各种教学资源和资料的数字平台。这些素材库通常包括教学视频、课件、习题、教案以及其他辅助教学的材料。教学素材库的主要功能是为教师和学生提供一个方便的资源访问和管理平台，支持教学过程中的各种需求。教师可以在素材库中查找和下载适用于自己课程的教学资源，并根据需要进行调整和应用；学生则可以利用素材库中的练习题和复习材料进行自我学习和提高。教学素材库的内容通常经过精心筛选和分类，以确保资源的质量和适用性。现代教学素材库还支持搜索功能和资源分享，进一步提升了使用的便利性和效率。通过集中化的资源管理和共享，教学素材库能够显著提高教学资源的利用率，并促进教育资源的整合和优化，是提升教学质量的重要手段。

5.积件

积件是指在教育过程中积累的各种教学资源和工具的集合。这些积件可能包括教学课件、案例分析、实验数据、教学视频等多种形式的资源，旨在为教师和学生提供系统化的学习和教学支持。积件的特点在于它的多样性和长期性，这些资源经过长期积累和整理，可以形成一个全面的教学资源库。教师可以利用积件来丰富自己的教学内容和教学方法，学生则可以通过积件获得更加广泛和深入的学习材料。积件的管理通常涉及资源的分类、更新和维护，以确保其在教学过程中的有效性和实用性。此外，积件的积累和共享还能够促进教师之间的经验交流和资源共享，提升整个教育系统的资源利用效率和教学水平。通过系统化的积件管理和应用，教育过程中的资源和工具能够得到更有效的整合和利用，为教学质量的提升提供有力的支持。

（四）教育中数字教学资源的获取

1.数字教学资源获取的方法

（1）文本素材获取。文本素材的获取是数字教学资源创建的基础环节，涉及多种方法和技术手段。传统上，文字输入主要依赖人工录入，虽然这种方法可靠，但耗时耗力。近年来，随着技术的进步，文字输入方法得到了显著提升。手写汉字识别系统和扫描仪的应用，使得书面文本转化为数字文本变得更加便捷。此外，语音识别技术的应用也开始普及，通过语音输入可以直接将口述的内容转换为文字，提高输入效率。

在数字化文本资源的实际操作中，文本抓取工具（如Snagit）扮演着重要角色。这类工具能够从各种数字格式的文档中提取文字，并将其应用到文字处理软件中进行编辑和整理。通过文本抓取工具，可以高效地从网络文章、电子书以及其他数字内容中获取需要的文本信息。当前，这些工具支持多种文字编辑器，极大地简化了文本资源的获取和整理过程。

此外，先进的文本处理软件也提供了丰富的编辑功能，包括格式调整、内容重组和语法检查等。这些功能使得获取的文本能够更好地满足教学需求，并保证内容的准确性和一致性。综上，文本素材的获取方法逐步从传统的人工录入向自动化、智能化方向发展，为数字教学资源的构建提供了有力支持。

（2）图形、图像素材获取。图形和图像素材的获取是数字教学资源制作中不可或缺的一部分。图像素材的来源和采集方法多样化，为教育内容的丰富性和表现力提供了广泛的选择。传统的图像采集方法包括使用扫描仪对纸质图像进行数字化，这种方式适用于将纸质教材、图表和手绘插图转换为数字格式。扫描仪能够高质量地捕捉图像细节，生成的数字图像便于编辑和应用。数字化仪和图像创作工具也是图像素材获取的重要手段。数字化仪能够将实物对象转换为数字图像，适合用于扫描图纸和艺术作品。图像创作工具则允许用户从零开始设计图形和图像，通过绘图软件创造符合教学需求的视觉素材。

另外，从屏幕、动画或视频中捕捉图像是另一种获取图像素材的方法。通过使用屏幕截图工具和视频捕捉软件，可以从数字内容中提取需要的图像片段，这对获取互联网资源或视频中的静态图像尤为重要。综上，图形和图像素材的获取方式涵盖多种技术手段，为教育资源的视觉表现提供了丰富的素材选择。

（3）音频素材获取。音频素材的获取和制作对数字教学资源的丰富性和互动性具有重要意义。音频素材的采集方法多种多样，每种方法都能够满足不同的教学需求和技术要求。

第一，通过计算机声卡和麦克风的组合，可以直接采集语音并生成WAV文件。这种方法适用于录制讲解、课程说明和其他语音内容。通过音频编辑软件对录制的语音进行剪辑、调整和优化，可以获得高质量的音频素材，用于教学中的讲解和互动环节。

第二，利用计算机声卡的MIDI接口，从乐器中采集音乐或使用MIDI键盘创作音乐，是另一种获取音频素材的方法。MIDI文件可以用于音乐教育、音效设计等领域。通过MIDI接口，可以捕捉乐器演奏的音符和节奏，并生成数字音频

第五章 教育管理的具体实践

文件,这为音频资源的多样性和创意提供了更多可能性。

第三,软件合成和转换技术也在音频素材获取中发挥了重要作用。专门的软件可以抓取CD或VCD光盘中的音乐,并生成相应的音频素材。声音编辑软件则允许对这些素材进行剪辑和合成,最终生成所需的声音文件。此外,音频格式转换软件能够将声音文件转换为不同的格式,以适应各种播放设备和应用需求。通过这些技术手段,教育机构能够获得多样化的音频素材用于丰富教学内容和增强学习体验。

(4)视频素材获取。视频素材的获取在数字教学资源的制作中起着关键作用,尤其在需要展示动态内容和实际操作的教学场景中。视频素材的采集方法主要包括使用视频捕捉卡、视频编辑软件以及屏幕录制工具。

(5)动画素材获取。动画素材的获取对数字教学资源的表现力和生动性具有重要影响。动画的制作方式主要分为二维动画和三维动画两大类,每种类型的动画制作都涉及不同的技术和工具。

二维动画的制作相对简单,通过使用Flash等软件,可以实现对平面图形和简单动作的动画表现。二维动画软件提供了丰富的绘图和动画制作工具,使得用户能够创建形象生动、效果明确的动画内容。这种动画适用于教学演示、图示解释和互动教学等场景,能够有效地辅助教学内容的传达。

相比之下,三维动画的制作过程更加复杂,但其立体感和逼真效果更为显著。三维动画制作需要考虑灯光、摄像机角度、模型细节等多种因素。常用的三维动画软件如3D Studio Max,提供了强大的建模、渲染和动画功能,使得用户能够创建高质量的三维动画素材。这种动画适用于需要高度视觉表现的教学场景,如虚拟实验、复杂机制演示等。

2.数字教学资源的查询与检索

(1)查询与检索的工具。在数字教学资源的管理与利用中,查询与检索工具扮演了至关重要的角色。查询与检索工具的核心功能在于帮助用户快速高效地找到所需的教育资源,这些工具通常包括搜索引擎、数据库管理系统、数字图书馆平台等。搜索引擎如Bing等通过对互联网内容的索引和分析,提供了强大的信息检索能力,使用户能够在海量的网络信息中迅速定位到相关资源。教育领域专用的搜索引擎,如ERIC(Education Resources Information Center),则提供了针对教育专业文献和教学资源的深入检索功能。数据库管理系统（DBMS）如MySQL、Oracle等则在教育机构内部用于管理和检索大量的教学数据和资源，通过优化的数据库查询语句，支持高效的数据存取和处理。数字图书馆平台，如JSTOR、PubMed等，专注于提供学术文章和研究资源的检索服务，这些平台通常集成了高水平的索引和检索技术，能够处理复杂的查询需求，并提供丰富的过滤和排序选项。此外，现代的教育资源管理系统（LMS）也集成了多种检索工具，允许教师和学生在教学和学习过程中轻松访问各种资源。这些工具的多样性和功能的提升，显著增强了数字教学资源的可获取性和利用效率。

（2）查询与检索的方法。查询与检索方法的有效性直接影响数字教学资源的获取效率和质量。常见的查询与检索方法包括关键词检索、布尔逻辑检索、自然语言检索以及高级检索等。关键词检索是最基本的方法，通过输入特定的关键词，用户可以快速找到相关的资源。这种方法的效率很高，但其准确性和全面性往往取决于用户选择的关键词的准确性和相关性。布尔逻辑检索则利用布尔运算符（如AND、OR、NOT）来精确控制检索结果，从而提高检索的精准度。例如，通过使用"AND"运算符，可以将多个关键词结合，从而缩小检索范围，找到更相关的资源。自然语言检索则允许用户以自然语言进行查询，系统通过语言处理技术理解查询意图，并返回相关结果。这种方法对用户的友好性较高，适合非专业用户使用。高级检索方法则提供了更多的过滤选项，如日期范围、作者、文献类型等，帮助用户更精确地获取所需信息。结合使用这些方法，可以显著提高检索的效率和准确性，使得用户能够更快地找到高质量的教学资源。此外，随着人工智能技术的发展，智能推荐系统和语义检索技术也开始应用于查询与检索，进一步提升了资源检索的智能化和个性化水平。

（3）查询检索资源的保存。在数字教学资源的查询与检索过程中，资源的保存和管理是确保资源长期可用和高效利用的关键环节。资源的保存涉及数据存储、备份以及管理策略等多方面。数据存储是资源保存的基础，通常需要选择合适的存储介质和技术，如云存储、数据库系统或本地硬盘。云存储因其可扩展性和高可用性，越来越成为资源保存的主流选择。其能够保证数据的安全性和可靠性，同时提供方便的访问和共享功能。数据库系统则适用于需要处理大量结构化数据的场景，通过数据库的管理和优化，可以有效提升数据的存取速度和处理能力。备份是资源保存中的重要措施，通过定期备份可以防止数据丢失或损坏，确保资源在发生意外时能够迅速恢复。备份策略包括全量备份、增量备份和差异备份等，选择合适的备份策略可以提高数据恢复的效率。资源的管理策略同样关键，包括资源的分类、标注和更新等。分类和标注有助于资源的快速检索和访问，而定期更新则可以确保资源的时效性和相关性。通过综合运用这些保存和管理措施，可以有效提升数字教学资源的长期利用价值，确保其在教学过程中的持续性和有效性。

（五）教育中数字教学资源的集成

有了数字教学资源，并不等于就有了教学课件，还必须有一个课件集成的过程，也就是对数字教学资源进行组织的过程。这就需要用集成工具来创作和整合各类数字教学资源。教师可以根据教学需要，选用适当的媒体工具，组织和编排从资源库中选出的资源，从而创作出适合教学实际的、具有教学特点的课件。

（六）教育中数字教学资源库的建设

1.数字教学资源库存储的要求

数字教学资源库的建设是现代教育数字化转型的核心环节，其存储要求直接关系到资源库的有效性与可持续性。一个高效的数字教学资源库必须满足数据完整性、安全性、可访问性和可维护性等多方面的要求，以保障教学资源的高质量管理和使用。

（1）数据完整性。数据完整性是指数字教学资源库中信息的准确性和完整性。为了确保数据完整性，需要在资源库的设计阶段就建立严格的数据规范，包括文件格式、元数据标准以及版本控制等。数据应按照既定的标准进行录入和存储，避免因格式不一致或数据丢失而影响资源的有效性。定期备份是保障数据完整性的关键措施，通过备份可以在系统故障或数据损坏的情况下迅速恢复资源，确保教学活动不受影响。

（2）数据安全性。数据安全性涉及资源库中信息的保护，防止数据被非法访问、篡改或丢失。为保障数据安全，首先需要建立完善的用户权限管理系统，限制敏感数据的访问权限，确保只有授权用户才能访问特定信息。此外，数据加密技术的应用可以增强数据在存储和传输过程中的安全性。资源库还应配备防火墙、入侵检测系统等技术设施，以抵御各种网络攻击和安全威胁，维护系统的整体安全性。

（3）数据可访问性。数字教学资源库的设计必须保证数据的高可访问性，即用户能够在需要时迅速获取所需的信息。为了实现这一点，资源库需要设计高效的检索系统，包括详细的索引和分类体系，支持多种检索方式如关键字、分类标签等。此外，系统的高可用性也是数据可访问性的重要保障，通过设置冗余系统和负载均衡机制确保资源库在高负荷情况下也能稳定运行，从而避免因系统宕机或故障影响用户访问。

（4）数据可维护性。数据可维护性是指资源库在长期使用过程中如何进行有效的更新和维护。建立健全的资源管理流程是实现数据可维护性的基础，包括定期审查和更新资源内容，确保信息的时效性和准确性。资源的淘汰和替换策略也需要明确，以处理不再适用或陈旧的资源。此外，系统的可扩展性应支持资源的不断增加和技术的更新换代，以适应日益变化的需求和技术发展。

（5）用户体验。用户体验是评价数字教学资源库建设成功与否的重要指标。资源库应提供直观友好的用户界面和清晰的导航结构，以便用户能够快速找到所需的资源。用户界面的设计应考虑到不同用户群体的需求，包括教师、学生和管理员等。此外，资源库应支持多种访问设备，如电脑、平板和手机，确保用户在不同设备上都能获得一致的使用体验。

2.数字教学资源库管理的模式

数字教学资源库的有效管理是确保资源质量和利用效率的关键，涉及文件目录管理、专题资源网站管理以及学科资源网站管理等多方面。每种管理模式都有其独特的功能和作用，通过合理的管理模式可以提升资源的可用性和组织效果。

（1）文件目录的管理。文件目录管理是数字教学资源库中最基础的管理模式之一。该模式通过建立系统化的文件分类和命名规则，确保资源的有序存储和高效检索。首先，需要制定明确的文件分类标准，将资源按照类型、学科、主题等维度进行分类。其次，资源的命名规则应当规范，确保文件名称能够准确反映资源的内容和类型。此外，文件目录管理还包括版本控制和文件的历史记录管理，以跟踪文件的变更情况并防止版本冲突。有效的文件目录管理可以提高资源的组织效率，减少资源重复和遗漏的情况，提升用户的检索体验。

（2）专题资源网站管理。专题资源网站管理是指针对特定教学主题或领域建立和维护专题资源网站。这些网站通常集中展示某一专题的相关资源，如教学视频、课件、案例分析等，以满足特定教学需求。专题资源网站的管理包括内容的规划和更新、用户的访问权限控制以及资源的质量审查。为了确保专题网站的有效性，需要制定详细的内容策略，包括资源的筛选标准和更新频率。同时，专题网站应具备良好的用户界面设计和导航功能，以方便用户浏览和获取所需资源。此外，管理者还需定期审查和更新网站内容，以确保资源的时效性和相关性。

（3）学科资源网站管理。学科资源网站管理为特定学科建立资源网站，以支持学科教学和研究。学科资源网站通常涵盖该学科的核心知识点、教学资源和研究资料等，旨在为教师和学生提供全面的学科支持。管理学科资源网站需要关注资源的全面性和深度，确保涵盖学科内的主要知识领域和前沿动态。管理者需要建立系统的资源采集和更新机制，以不断丰富网站的内容。此外，学科资源网站应提供高效的搜索和筛选功能，以帮助用户快速找到相关资源，并支持学科相关的交流和讨论平台，促进学科内的学术交流和合作。

3.数字教学资源库建设的注意事项

数字教学资源库的建设是一个系统工程，需要综合考虑多方面的因素，以确保资源库的功能和效果。以下是建设数字教学资源库时需要特别注意的关键点。

（1）明确建设目标。在资源库建设初期，必须明确资源库的建设目标和定位。这包括确定资源库服务的对象（如教师、学生、研究人员）、资源库的功能需求（如资源存储、检索、共享），以及资源库的战略目标（如提升教学质量、支持科研工作）。明确的建设目标可以为资源库的设计和实施提供清晰的方向，确保建设工作能够围绕目标展开，避免资源浪费和功能不匹配的问题。

（2）选择合适的技术平台。技术平台的选择对数字教学资源库的建设和运营至关重要。应选择支持大规模数据存储和高效检索的技术平台，同时考虑系统的兼容性和扩展性。平台应具备稳定的性能，能够处理大量用户的并发访问，并支持多种数据格式和访问方式。技术平台的选择还需要考虑到未来的技术更新和升级需求，以确保资源库能够适应技术的变化和发展。

（3）建立完善的资源管理体系。资源管理体系的建立包括资源的采集、整理、存储、维护和更新等多方面。应制定详细的资源管理流程，包括资源的录入标准、分类规则、质量检查和版本控制等。资源管理体系还需包括资源的评价和反馈机制，以不断改进资源的质量和使用效果。通过建立完善的管理体系，可以提高资源的组织效率和利用价值，确保资源库能够长期稳定运行。

（4）加强用户培训和支持。用户培训和支持是数字教学资源库建设的重要环节。通过为用户提供培训和支持，可以帮助他们熟悉资源库的使用方法和功能，提高资源的使用效率。培训内容应包括资源的检索和获取、资源的上传和管理，以及常见问题的解决方法。此外，资源库应提供技术支持和帮助文档，以便用户在使用过程中遇到问题时能够获得及时的帮助。

（5）关注数据隐私和版权问题。数据隐私和版权问题是数字教学资源库建设中的重要考量。资源库应遵循相关法律法规，保护用户数据的隐私和安全。在资源的使用和共享过程中，需要严格遵守版权法律，确保资源的合法性和授权性。为此，资源库应建立数据隐私保护和版权管理机制，包括用户数据的加密存储、版权声明的标注，以及资源使用的授权管理。

（6）评估和改进。数字教学资源库的建设是一个持续的过程，需要定期进行评估和改进。通过对资源库的使用情况和用户反馈进行评估，可以识别资源库的优点和不足，并制定改进措施。评估内容应包括资源的质量、系统的性能、用户的满意度等方面。改进措施应包括技术优化、资源更新、用户培训等，以不断提升资源库的功能和服务水平。

（7）保障资源的可持续发展。数字教学资源库的可持续发展需要综合考虑资源的更新和维护、技术的升级和扩展，以及资金的保障等方面。资源库应建立长远的发展规划，包括资源的持续更新、技术的迭代升级，以及预算的合理配置。通过保障资源库的可持续发展，可以确保其长期为教学和研究提供稳定的支持和服务。

（七）教育中数字教学资源的应用

在现代教育中，数字教学资源以其丰富的多媒体属性发挥着重要作用。这些资源可以依据其属性分为文本、图形、图像、动画、视频剪辑和声音等不同类别，每种类型在教学中都有其独特的功能和应用方式。

第一，文本。文本在计算机多媒体环境下的作用与传统文字相似，主要用于描述事实、总结规律和编写教学提纲等。然而，多媒体环境下的文本具备"超文本"功能，这使得文本不仅是静态的文字信息，还可以通过链接提供更多的背景信息和延伸内容。这种技术支持使得教学信息的组织变得更加灵活和高效，教学顺序的安排也可以根据需要动态调整，从而提供更为丰富的学习体验。

第二，图像。图像在教学中用于直观展示内容，与传统图片功能相似。但计算机中的图像在制作、修改、存储和呈现方面具有显著优势，能够提供更高的清晰度和视觉效果。此外，图形由于其小巧的体积和灵活的呈现方式，越来越广泛地应用于教学中。这些图形可以有效地简化复杂概念，增强学生的理解和记忆。

第三，动画。动画的引入使得动态信息的传递成为可能。动画能够强调教学要点、展示过程中的变化和运动，从而改善教学效果。目前，动画已成为计算机多媒体技术在教学中应用的典型代表，其动感和互动性能够显著提升学习的参与感和兴趣。

第四，视频剪辑。视频剪辑作为计算机多媒体与传统影视媒体之间的桥梁，具备强大的时间和空间表现能力。视频剪辑能够真实地展示景观和事物的发展变化，为教学提供直观的视听体验。它与动画的存储格式和回放技术类似，能够高效地传递丰富的信息。

第五，声音。声音在教学中能够烘托气氛和突出区域特征。在计算机操作过程中，声音还可以用作提示音，帮助学生更好地进行操作。数字化声音的应用不仅提升了声音质量，还在播放控制等方面提供了更大的便利性。声音的运用能够丰富教学的表达方式，增强学习体验。

二、教育中的多媒体教室构建与管理

随着现代高科技在教育领域的应用，多媒体教学环境——多媒体教室的建设在高校飞速发展。多媒体教室的建立不仅提高了教学效益和教学质量，同时为传统教学模式提供了新的平台。如何充分、合理、安全、科学地构建、管理多媒体教室，满足多媒体教学需求，保障多媒体教学的正常进行是当前教学管理部门亟待研究和解决的问题。

（一）多媒体教室的构建

1.多媒体教室构建的原则

（1）实用性原则。在构建多媒体教室时，实用性原则是设计的核心。实用性原则要求多媒体教室的设计与配置必须满足实际教学需求，以确保教室内所有设备和设施的功能能够有效支持教学活动。这包括选择适合的多媒体设备，如投影仪、智能白板、音响系统等，以便教师能够顺畅地进行演示和讲解。同时，教室布局应便于教师和学生的互动，确保视听效果的最佳化，并提供充足的空间以适应不同教学场景和活动需求。例如，设备应设置在教师能够方便操作的位置，同时保证学生能清楚地看到所有展示内容。除此之外，教室的设计还应考虑易于维护和管理，减少故障率，确保在教学过程中不受干扰。综上，实用性原则要求多媒体教室在设备选择、布局设计、功能配置等方面都应以实际教学效果为导向，使其成为一个高效、便捷的教学环境。

（2）可靠性原则。可靠性原则是多媒体教室构建中的关键设计考量，它涉及系统的稳定性、安全性和长期运作能力。首先，教室内的设备和系统必须具备高可靠性，以确保在教学过程中不会出现系统故障或设备失灵的情况。选择经过验证的品牌和型号以及定期维护和更新，是保证设备长期稳定运行的基本措施。此外，系统设计还需考虑到人机安全，设备应具备必要的安全防护措施，避免对使用者造成伤害或损失。例如，电气设备应配备适当的绝缘保护和紧急停机装置。其次，系统的设计应包括有效的技术支持和服务管理手段，以便在出现问题时能够快速响应和修复。这些措施不仅有助于提升教学效率，还能降低因设备故障导致的人工和资金成本。总之，可靠性原则确保多媒体教室在各类教学活动中能够稳定、高效地运行，为用户提供安全、优质的服务。

（3）兼容性原则。兼容性原则是多媒体教室设计的重要考量，它要求系统能够与不同厂家、不同型号的设备无缝连接和相互操作。在实际应用中，教师和学生可能需要使用来自不同厂商的设备，如投影仪、电脑、音响等。因此，设计时必须确保各种设备之间的兼容性，以实现系统的顺畅运行和功能的充分发挥。这意味着多媒体教室的控制系统应具备广泛的兼容性，能够支持各种接口和通信协议，确保不同品牌和型号的设备能够协同工作。对那些需要频繁更换或升级的设备，兼容性原则还应考虑到系统的灵活性和适应性，以便未来设备更替时，现有系统能够继续有效使用。此外，系统的兼容性也涉及与外部网络和其他教学资源的连接能力，以便教师可以利用各种数字资源进行教学。总之，兼容性原则的实施可以显著提高多媒体教室的灵活性和实用性，确保不同设备和系统能够无缝集成，提升教学效率。

（4）先进性原则。在多媒体教室的构建中，先进性原则要求设备和技术的选型应适应当前及未来技术的发展方向，特别是中央控制系统的软件需具备领先水平。首先，选择符合最新技术标准的设备，如高分辨率的显示器、先进的音响系统和高效能的计算机，可以显著提升教学的质量和效果。先进的技术不仅能够提供更清晰、更生动的教学内容，还能支持更复杂的教学活动，如虚拟现实（VR）和增强现实（AR）应用。其次，中央控制系统的软件是多媒体教室技术的核心，它需要具备强大的功能和灵活的操作界面，以便教师对各种设备进行统一控制和管理。选择功能强大、用户友好的控制软件，可以大幅提升教学操作的便捷性和效率。此外，先进性原则还要求设计教室时要考虑到技术的更新换代，系统应具备一定的前瞻性，以便未来能够方便地进行技术升级和设备更替。综上，先进性原则的实施可以确保多媒体教室在技术上始终保持领先地位，为教学活动提供高效、创新的技术支持。

（5）扩展性原则。扩展性原则在多媒体教室的设计中占据重要位置，强调系统应具备良好的扩展能力，以适应未来教学需求的变化。首先，多媒体教室的设计需要支持与互联网的连接，这样可以方便教师和学生访问以及利用外部教学资源，如在线课程、教育平台和云存储。通过网络连接，教室可以方便地接入各种网络资源，丰富教学内容，提升教学效果。其次，教室系统应具备灵活的扩展接口和模块，以便在未来根据需要添加新的设备或功能。例如，教室中可以预留额外的接口和槽位，以便未来安装新的投影仪、音响设备或其他多媒体工具。此外，扩展性原则还涉及系统的兼容性和升级能力，设计时应考虑到未来技术的发展，确保现有系统能够轻松适应新的技术标准和设备。总之，扩展性原则的实施可以使多媒体教室具有较强的适应性和未来发展潜力，确保系统能够不断满足变化的教学需求。

（6）安全性原则。在多媒体教室的构建中，安全性原则是至关重要的，它涉及设备的保护、用户的安全以及系统的防护措施。首先，设备安全是重中之重，包括防火、防盗和防止物理损坏等方面。教室中的设备应配备必要的防护措施，如防盗锁、监控系统和防火材料，以减少意外事故的发生。其次，人机安全也是设计的重要考虑因素，设备应符合安全标准，避免对使用者造成电击、热伤或其他伤害。操作台和其他设备应根据实际规格进行定制，以确保其安全稳定性，并避免因设备故障对用户造成风险。再次，系统的安全性还包括信息保护和数据安全，教室内的计算机和网络系统需要具备必要的安全防护措施，如防火墙、加密技术和定期的数据备份，以保护教学数据和用户隐私。最后，多媒体教室还应制定并实施相应的安全操作规程和应急预案，以应对突发情况。总之，安全性原则的实施可以有效保障多媒体教室的设备安全、用户安全以及系统的稳定运行，为教学活动提供一个安全可靠的环境。

（7）便捷性原则。便捷性原则在多媒体教室的构建中旨在简化设备操作流程，提高教学效率。首先，教室设计应减少教师在教学过程中遇到的操作烦琐问题，例如，通过一键开关系统或远程控制系统来简化设备的操作。这种系统可以通过继电器控制设备的开关，避免教师在上课前后手动操作多个设备，节省时间和精力。其次，便捷性还体现在系统的操作界面和管理功能上，控制系统应具备直观易用的界面，便于教师快速掌握和使用。同时，系统应支持远程监控和管理，教师可以在教室外通过移动设备或计算机对设备进行控制和调整。除此之外，教室的设计还应考虑到设备的布局和配件配置，确保设备在教室内的摆放位置合理，便于教师和学生的操作和使用。最后，定期的维护和技术支持也是便捷性的重要组成部分，以确保系统能够高效稳定地运行。总之，便捷性原则的实施可以显著提升教学操作的效率和舒适度，为教师和学生提供更加便捷的教学体验。

2.多媒体教室构建的内容

多媒体教室的构建应根据构建原则，科学、合理地选择设备。设计多媒体操作台，根据学科需要及拟建多媒体教室的位置、形状、大小、座位数量，相对集中地构建多媒体教室。根据管理方式，可分为单机型和网络管理型多媒体教室。

（1）单机型多媒体教室的构建。单机型适合多媒体教室相对分散的区域，或是对设备要求较简单的部分学科的多媒体教学。

第一，电子书写屏。电子书写屏的使用省去了显示器，并替代了黑板的传统书写功能。目前主要产品有Wacom、伯乐、鸿合等，其主要功能为同屏操作、同屏显示、具备风格各异的书写笔、自动排版、文书批改、手写识别、动态标注、后期处理等。电子书写屏的使用可有效避免多媒体教室设备因使用粉笔灰尘过多而导致出现故障、影响设备的使用，尤其是投影机因灰尘过多而频繁保护停机以及液晶投影机的液晶板因灰尘过多产生物理性损伤，同时提供给教师洁净的教学环境，有益于教师的身心健康。

第二，中央控制器。采用具有手动调节延时功能的中央控制器，设定时间控制投影机、功放、投影幕布、计算机等设备的开关，保证投影机散热充分，延长投影机灯泡和液晶板的使用寿命，并防止多个设备同时通电或断电对设备的损坏。

第三，投影机。根据多媒体教室的大小配置不同亮度和对比度的品牌液晶投影机，一般情况下，亮度和对比度越高，投影机价格越高。因多媒体教室的后期耗材消费主要是投影灯泡，品牌投影机的选用将有效避免投影灯泡购置的困难，保证质量；同时要注意选择高使用寿命和灯泡亮度稳定的 UHP 冷光源灯泡的投影机。

第四，扩音系统。扩音系统的配置需根据多媒体教室的大小、形状及教学声音环境要求选择，应选用无线话筒，利于教师在教学时方便表现其形体语言。目前使用的扩音设备有两类：壁挂式和组合式，两者都具备线路输入功能，能满足相应音源的扩音需要。有的学校多媒体教室使用移频增音器，教师在短距离内脱离了话筒的束缚，但过多地衰减了低频和高频，且扩音效果也不能令人满意。

第五，操作台。操作台应根据设备规格进行科学合理地设计定制，满足使用的方便性（如教学需用设备接口的安装），并兼顾防盗性。操作台门锁采用电控锁，通过中央控制器实现一键开、关机，即一开即用、一关即走，极大地方便了教师使用。

单机型多媒体教室在构建中应根据多媒体教学特点采取优化措施，不用录像机、DVD、展示台、卡座等不常用或多余设备，使整个系统简洁明了，利于教学与管理。

（2）网络管理型多媒体教室的构建。网络管理型多媒体教室适合于多媒体教室相对集中的区域，根据各学科需要构建功能不同的多媒体教室。该配置与单机型多媒体教室配置的不同在于采用网络中央控制系统，操作可采用网络远程控制和本地控制，增加了监控系统，其相关功能如下。

第一，中控系统。网络管理型多媒体教室采用的是网络中央控制系统，包含教室网络中控和总控软件。该系统高集成度，接口丰富、功能强大。内嵌网络接口，采用TCP/IP技术，可通过校园网互联，实现远程集中控制。包括网络、软件、手动面板三种控制方式选择，具备延时功能，防止通断电时对设备的损坏。

第二，操作台。操作台与单机型多媒体教室相同的是根据设备规格合理地设计定制，满足使用的方便性（如教学需用设备接口的安装），并兼顾防盗性。操作台门锁的开启可通过网络远程控制，也可本地操作，即与中控系统联动的控制锁同时也是操作台的门锁。多种设备联动实现系统的一键开机、关机，即一开即用、一关即走，方便使用。

第三，监控点播系统。监控系统的使用利于管理人员远程掌握教学动态，通过相关控制软件使得教师所用计算机屏幕内容与上课音视频同步录制，通过该系统实现即时点播和转播功能。

第四，对讲系统。对讲系统的使用有利于即时发现、解决问题。目前对讲实现方式有多种，如双工对讲系统、半双工对讲系统、电话方式对讲系统、网络IP电话方式等。

（二）多媒体教室的管理

目前高校教学基本建设不断发展，多媒体教室不断增加，只有不断完善多媒体教室的管理才能保证多媒体教学的正常进行。

1.多媒体教室的管理制度

多媒体教室的管理制度是保障教室有效运行和提升教学质量的基石。在现代教育环境中，制定科学合理的管理制度不仅可以提高多媒体教室的使用效率，还能够确保教学资源的优化配置和教师与学生的满意度。管理制度的构建应当涵盖以下方面。

（1）资源分配制度。资源分配制度是多媒体教室管理的核心内容之一。合理的资源分配能够确保不同课程和教学活动对多媒体设施的公平使用。资源分配制度应明确各类教学活动的优先级、使用时间的分配原则，以及如何处理时间冲突等问题。为了有效实施这一制度，可以引入预约系统，将资源分配的管理自动化，提高管理的透明度和公正性。

（2）使用规范制度。使用规范制度对确保多媒体教室的良好运行至关重要。使用规范应包括设备操作指南、设备维护要求、教室环境管理等内容。具体而言，应对设备的操作进行详细的说明，以减少使用过程中的误操作或损坏。同时，还应制定设备日常维护和保养的规范，以确保设备的长期稳定运行。此外，教室环境管理制度应涵盖清洁卫生、设备整理和使用后状态恢复等方面，以保障教室的整体使用体验。

（3）培训与支持制度。培训与支持制度是提升教师和学生对多媒体设备使用能力的关键。培训制度应包括定期的培训课程和技术支持，以帮助教师熟练掌握多媒体设备的操作和维护技能。技术支持应提供及时的故障排除和技术咨询服务，以确保教学活动不受设备问题的影响。此外，还可以设立专门的技术支持团队，负责日常的技术服务和设备维护，进一步提升多媒体教室的管理效率。

2.多媒体教室的管理系统

多媒体教室的管理系统可以分为多媒体教室教学管理系统和多媒体教室网络控制管理系统，这两个系统相辅相成，共同推动多媒体教室管理的智能化和高效化。

多媒体教室教学管理系统主要用于管理多媒体教室的预约、资源分配和使用情况。传统的人工安排多媒体教室的方法效率较低，容易出现预约冲突和资源浪费。为了解决这些问题，必须开发适合本校实际的多媒体教学管理系统，实现智能化预约和资源管理。该系统应具备用户友好的界面和强大的后台管理功能，支持教师在线预约教室、查看教室使用情况和提交设备需求等操作。同时，系统应具备数据分析功能，能够生成教室使用报告，帮助管理人员优化资源配置和制定改进措施。

多媒体教室网络控制管理系统则关注对多媒体设备的远程控制和监控。该系统通过网络连接，实现对教室内各种多媒体设备的集中控制和管理。网络控制系统能够实时监控设备的运行状态，及时发现并处理设备故障，提高设备的使用效率和可靠性。此外，系统应具备远程操作功能，支持管理人员在任何地点对教室设备进行设置和调整，从而提高管理的灵活性和响应速度。通过网络控制管理系统，管理人员可以实现设备的统一管理，减少维护成本，确保多媒体教学活动的顺利进行。

在系统建设过程中，需考虑系统的兼容性和扩展性，以适应未来技术的发展和需求的变化。同时，系统的安全性也是一个重要方面，应确保系统数据的保密性和完整性，防止未经授权的访问和数据泄露。

3. 多媒体教室的管理人员

以人为本是多媒体教室管理中的重要原则，管理人员的角色和任务对教室的正常运作和教学质量的提升至关重要。在加强多媒体教室硬件建设的同时，管理技术队伍的建设也应得到充分重视。管理人员不仅要负责教室的建设和管理，还需承担技术培训和支持的任务，以适应不同学科教师对多媒体技术的需求差异。

（1）多媒体教室管理技术队伍的建设是保障多媒体教学正常进行的关键。管理人员需具备扎实的技术基础和丰富的管理经验，能够有效地处理设备故障、维护设备运行稳定性。同时，管理人员还需不断学习和掌握最新的多媒体技术，以便在技术更新换代时能够及时调整和优化管理策略。

（2）教师技术培训是多媒体教室管理中的另一项重要任务。由于高校各学科教师对多媒体技术的掌握程度存在差异，管理人员应根据教师的实际需求提供相应的技术培训。培训内容包括设备操作指南、教学软件的使用、常见问题的解决等，旨在提高教师的技术水平，帮助他们更好地利用多媒体资源进行教学。

（3）为教师和教学服务是管理人员的重要职责。管理人员应关注教师在教学过程中遇到的问题和困难，及时提供技术支持和解决方案。通过与教师的密切沟通，了解他们的需求和反馈，管理人员可以不断改进管理工作，优化多媒体教室的使用体验。加强服务意识，提升服务质量，是实现多媒体教室管理目标的重要保障。

4. 多媒体教室的管理方式

多媒体教室的管理方式可以分为自助式管理和服务式管理。这两种管理方式各有特点，在不同的教学环境和需求下可以灵活运用，以实现最佳的管理效果。

自助式管理是一种以自主操作为主的管理方式，主要依赖于技术手段和系统功能。教师和学生可以通过自助系统进行多媒体教室的预约、设备的操作和管理等。这种方式的优势在于提高了管理效率，减少对人工管理的依赖，使得教室的使用更加灵活和便捷。自助式管理系统通常包括预约平台、设备操作界面和故障报告系统等功能，支持用户自主完成相关操作。同时，该方式还可以通过数据统计和分析功能，提供使用情况的报告，帮助管理人员了解教室的使用状况和需求。

服务式管理则强调以服务为导向,通过人工干预和支持来进行管理。管理人员在这种方式下负责教室的预约安排、设备维护、技术支持等工作。服务式管理的优势在于能够提供更加个性化和贴心的服务,满足教师和学生的具体需求。管理人员可以根据使用情况和反馈,及时调整管理策略,解决实际问题。此外,服务式管理还可以通过定期沟通和回访,了解用户的满意度和建议,从而不断改进管理服务。

在实际应用中,自助式管理和服务式管理可以根据具体情况进行组合和互补。例如,在日常使用中可以主要依赖自助式管理系统,提高管理效率;而在遇到复杂问题或特殊需求时,可以通过服务式管理提供个性化支持。这种灵活的管理方式可以最大限度地满足多媒体教室的管理需求,提高教学质量和用户满意度。

思考与练习

1.在高等教育的现代化进程中,学科信息监测管理体系构建具有哪些意义?

2.如何做好高校课程考试管理是高校教学管理工作的一项重要内容,在课程考试管理体系构建中需要遵循哪些原则?

3.目前高校教学基本建设不断发展,多媒体教室不断增加,简述多媒体教室管理有哪些方式。

第六章

教育途径的创新实践

在教育领域,创新实践正引领着新时代的变革。互联网视域下的教育创新突破了传统教育的时空限制,通过网络平台实现了教育资源的广泛共享。现代信息技术的发展为教育带来了新的工具和方法,提升了教学的效率和质量。新媒体视角下的学习方式,使教育更加贴近学生需求。数字化时代的到来则进一步推动了教育模式的变革,促进了教学内容的数字化与智能化。本章将探讨这些教育途径的创新实践,揭示其对教育发展和教学效果的深远影响。

第一节　互联网视域下的教育创新

一、互联网视域下的教育思维创新

（一）教育理念的转变

在互联网时代，教育理念经历了根本性的转变。传统教育模式以知识的传授和记忆为核心，重视教师在课堂上的主导作用。然而，互联网环境下的教育则强调知识的应用、创新能力的培养以及学生主体性的发挥。这种转变不仅反映在教育目标的调整上，更体现在教育方法和策略的演变中。

第一，从知识传授到知识应用的转变。传统教育模式强调教师将知识传递给学生，学生则通过重复记忆和练习来掌握这些知识。互联网时代的到来改变了这种单向的知识传递模式。网络资源的丰富性使得学生可以自主获取各种知识，而不仅仅依赖于课堂上的信息，这种知识获取的自由度促使教育理念从单纯的知识传授转向知识应用和创新能力的培养。学生不再只是知识的接收者，更是知识的应用者和创造者。

第二，以学生为中心的教育理念。互联网环境下的教育理念强调以学生为中心，这种理念主张关注学生的个性化发展、兴趣爱好以及自主学习能力。传统教育中教师主导课堂，学生被动接收信息，互联网时代的教育则鼓励学生积极参与、发挥主动性和创造力。以学生为中心的教育不仅增强了学生的学习动机，还促进了他们的自主学习能力和批判性思维的发展。在这种教育模式下，教师的角色转变为学习的引导者和支持者，学生的学习过程更加灵活和自主。

第三，个性化学习与多样化评价。互联网时代的教育还推动了个性化学习和多样化评价的实现。借助大数据和人工智能技术，教育系统可以根据学生的学习进度、兴趣爱好和能力水平提供个性化的学习资源和建议。同时，多样化的评价方式也使得学生的学习成果得到了更全面的评估。与传统的统一标准化考试不同，互联网环境下的评价方式更加注重学生的综合能力和实际表现，包括项目作品、在线讨论和同伴评价等。这种个性化和多样化的评价体系有助于全面了解学生的学习情况和发展潜力。

（二）学习方式的变革

互联网技术的应用推动了学习方式的深刻变革。传统的课堂学习模式被打破，学习方式的多样化和灵活性成为互联网教育的显著特点。这种变革不仅消除了学习的时间和空间限制，也提供了更多的选择和机会。

第一，在线学习的兴起。在线学习作为互联网时代的主流学习方式，极大地改变了传统教育的模式。学习者可以通过各种在线平台和自学网站进行学习，不再受限于传统课堂的时间安排。这种灵活的学习方式使得学习者能够根据自己的兴趣和需求选择学习内容，并以自己的节奏进行学习。在线课程的普及还使得优质教育资源得以广泛传播，学习者可以随时随地获取世界各地的知识和技能。这种学习方式的多样化和灵活性，为学习者提供了更多的学习机会和可能性。

第二，虚拟协作与互动学习。互联网技术的应用还促进了虚拟协作和互动学习的兴起。传统的课堂学习主要依赖面对面的互动，而互联网环境下的学习则通过在线讨论、协作项目和虚拟课堂等方式实现互动。学习者可以通过网络平台参与实时讨论，分享观点和经验，从而提高学习效果。同时，虚拟协作项目使得学习者可以与来自不同地区的同学共同完成任务，增强了跨文化交流和团队合作能力。这种虚拟协作和互动学习的方式，打破了地理和时间的限制，使得学习变得更加灵活和高效。

第三，自主学习与资源整合。互联网时代还促进了自主学习和资源整合的实现。学习者可以利用各种在线资源进行自主学习，根据自己的兴趣和需求选择学习内容。互联网平台上的大量开放课程、电子书籍和视频讲座，为学习者提供了丰富的学习资源。此外，学习者还可以通过在线工具和应用进行知识的整合和应用。比如，学习者可以使用在线笔记、知识管理软件等工具，将学习过程中获得的知识进行整理和复习。这种自主学习和资源整合的能力，使得学习者能够更好地掌握和应用知识，提升学习效果。

二、互联网视域下的教育技术创新

在互联网快速发展的背景下，教育领域经历了前所未有的技术创新。这些创新不仅极大地推动了教育模式的转型，也为教学实践提供了新的方法论。以下从技术应用、平台构建和智能工具三个方面对互联网视域下的教育技术创新展开分析，旨在全面揭示技术创新对教育体系的深远影响。

（一）技术应用的广泛性与深度

互联网技术的应用使教育领域的资源获取与知识传播变得更加便捷和高效。具体而言，网络技术的普及带来了在线学习平台的崛起，如MOOC、SPOC（小规模限制性开放课程）等，这些平台利用互联网的便捷性，将优质教育资源推送给全球各地的学习者，打破了传统教育资源的时空限制。通过这些平台，学习者可以随时随地进行学习，极大地拓宽了学习的时间和空间维度。此外，互联网技术的应用也使得教育内容的个性化和智能化成为可能。通过数据挖掘和学习分析技术，教育平台可以根据学生的学习进度和兴趣爱好提供量身定制的学习内容和建议。这种个性化的学习体验不仅提升了学习效果，也激发了学生的学习兴趣和主动性。

（二）教育平台构建的创新

互联网环境下，教育平台的构建呈现出多样化和智能化的趋势。传统的教育平台主要以静态信息展示为主，现代的教育平台则融合了多种互动技术，如视频会议、实时讨论、在线测试等。这些互动功能的加入，不仅增强了师生之间的实时沟通，也提升了学习的参与感和互动性。例如，虚拟课堂技术的应用，使得教师能够在虚拟环境中进行实时授课，学生可以通过在线平台进行讨论和提问。这种互动式的教学模式，打破了传统课堂的局限，创造了更加灵活和动态的学习环境。此外，教育平台的开放性和共享性使得教师和学生可以便捷地分享学习资源和教学经验，进一步促进了教育资源的流动和知识的传播。

（三）智能工具的引入与应用

智能工具的引入是互联网视域下教育创新的重要组成部分。近年来，人工智能技术在教育领域的应用越来越广泛，从智能辅导系统到教育机器人，这些智能工具的出现，极大地推动了教育的个性化和智能化发展。

智能辅导系统利用自然语言处理技术和机器学习算法，能够实时分析学生的学习情况，提供针对性的反馈和建议。例如，一些智能辅导系统能够根据学生的答题情况自动生成练习题，并提供详细的解题步骤和解析。这种系统不仅提高了教学的效率，也帮助学生在自主学习过程中获得更多的支持。

教育机器人则通过模拟人类教师的行为，为学生提供个性化的教学支持。教育机器人能够与学生进行对话，解答问题，甚至进行一对一的辅导。这些智能工具的应用，不仅丰富了教学手段，也为学生提供了更加灵活和个性化的学习体验。

第二节　现代信息技术与教育创新

一、现代信息技术的认知

现代信息技术（MIT）是指近年来发展迅速、广泛应用于各个领域的技术集合，它涉及数据处理、信息传递和通信的各个方面。现代信息技术的核心包括但不限于以下方面。

第一，计算机技术。计算机技术是现代信息技术的基础，包括计算机硬件、操作系统、编程语言、数据库管理系统等，它提供了处理、存储和管理信息的核心能力。随着计算机技术的发展，从最初的主机计算机到现代的个人计算机、服务器和云计算平台，计算机技术的演变推动了信息技术的不断进步。

第二，互联网技术。互联网技术是现代信息技术的重要组成部分，包括网络协议（如TCP/IP）、网络架构（如互联网和局域网）、Web技术（如HTML、CSS、JavaScript）以及各种网络服务（如电子邮件、即时消息、社交媒体平台）。互联网技术使得信息能够在全球范围内迅速传播，并且支持各种在线服务和应用的开发与使用。

第三，移动通信技术。移动通信技术涵盖无线通信、移动网络（如4G、5G）以及相关的移动设备（如智能手机、平板电脑），这类技术提供了即时连接和通信的能力，使得信息和通信能够在移动环境中进行，并推动了移动应用和服务的发展。

第四，数据存储和管理技术。数据存储和管理技术涉及数据库系统（如关系型数据库和非关系型数据库）、数据仓库、数据湖和大数据技术。它们提供了高效存储、管理和分析大量数据的能力，支持数据驱动的决策和业务分析。

第五，人工智能与机器学习。人工智能（AI）和机器学习（ML）技术是现代信息技术中的前沿领域，包括自然语言处理、计算机视觉、智能决策系统等。这些技术使计算机能够模拟人类智能，进行数据分析、模式识别和预测等复杂任务。

第六，信息安全技术。信息安全技术涉及保护信息系统和数据不受未授权访问、泄露或破坏的措施，包括加密技术、防火墙、入侵检测系统以及安全认证技术。这些技术确保了数据的隐私性、完整性和可用性。

第七，云计算技术。云计算技术提供了按需访问计算资源和服务的能力，包括计算能力、存储和应用服务等。通过虚拟化和分布式计算，云计算使得企业和个人能够以灵活、可扩展的方式使用计算资源。

第八，物联网（IoT）。物联网技术涉及将物理设备通过网络连接起来，实现设备之间的数据交换和互动。这些技术使得物理世界的对象可以被智能化管理和监控，广泛应用于智能家居、工业自动化、健康监测等领域。

第九，虚拟现实（VR）与增强现实（AR）。虚拟现实和增强现实技术通过计算机生成的环境和信息增强用户的现实体验。VR创造沉浸式虚拟环境，而AR则将虚拟信息叠加到现实世界中，广泛应用于娱乐、教育、培训和医疗等领域。

二、现代信息技术对教育创新的影响

现代信息技术的飞速发展对教育创新产生了深远的积极影响，尤其是在教育模式和教学方法的革新方面。信息技术通过引入多样化的数字工具和平台，改变了传统的教育方式，推动了教育模式的转型。例如，互联网技术的普及使得在线学习成为可能，学生可以通过网络课程、电子书籍和教育平台获取丰富的学习资源，而不再受限于传统课堂的时间和空间。这种变革不仅提升了学习的灵活性，还使得优质教育资源能够广泛传播，打破了地域限制，给更多学生提供平等的学习机会。此外，信息技术还促进了个性化学习的发展，借助数据分析和人工智能技术，教育系统可以根据每个学生的学习进度和兴趣爱好，提供量身定制的学习内容和建议，从而满足学生的个性化需求。这种个性化学习的实现，不仅增强了学生的学习动机，还提高了他们的自主学习能力，增加了学生全面发展的可能性。

此外，信息技术还为教育评估和教学互动方面带来了显著的进步。传统的教育评估通常依赖于标准化考试，难以全面评价学生的综合能力。然而，现代信息技术的发展使得多样化的评估方式成为可能，例如，通过在线测试、项目作品和同伴评价等手段，教育者可以更全面地了解学生的学习成果和实际能力。同时，虚拟现实和增强现实技术的应用为教学互动提供了新的方式，这些技术能够创造沉浸式的学习环境，提升学生的学习体验和参与感。通过虚拟现实和增强现实的结合，学生可以在模拟的场景中进行实践和探索，加深对知识的理解和应用。这种技术驱动的互动学习，不仅提高了课堂的趣味性和参与度，也帮助学生在真实世界的情境中应用所学知识，从而有效提升了学习效果。综上所述，现代信息技术为教育创新带来了极大的推动力，通过丰富的数字工具和灵活的教学方法，极大地改善了学习体验和教学质量，从而推动了教育的全面进步。

三、现代信息技术创新教育的实现路径

现代信息技术的飞速发展为教育领域带来了深刻的变革。在探讨现代信息技术创新教育的路径时，可以从以下三个方面展开。

（一）技术整合与教育目标的适配

现代信息技术的整合不仅是工具的引入，更是教育目标和教学策略的全面重构。为了有效融入现代信息技术，教育目标的设定必须与技术应用形成有机结合。这种整合需要明确技术如何服务于教育的总体目标，并设计出与之相适应的具体实施方案。具体而言，教育工作者应当根据课程目标和学生的实际需求，选择适合的技术工具。例如，在进行批判性思维训练时，可以利用数据可视化工具，帮助学生分析复杂的信息并得出结论。这种技术整合的路径，不仅要求教师具备对技术的深刻理解，还需根据教育目标的变化调整技术应用策略。通过对教育目标与技术工具的适配，教育系统能够更高效地实现知识传授和能力培养的双重目标。

（二）信息技术对教学策略的重塑

信息技术的应用对传统教学策略提出了新的挑战和机遇。传统的教学方法往往依赖于教师主导和线性的教学流程，而现代信息技术的介入则推动了教学方法的多样化和互动性。例如，基于网络平台的协作学习和项目驱动学习（PBL）可以显著增强学生的参与感和自主学习能力。网络教学平台允许教师设计互动性强

的学习活动，如虚拟讨论、实时反馈和跨地域的协作任务。这种方法不仅打破了时空的限制，也促使教学策略向以学生为中心的方向发展。教师需要根据信息技术的特点，重新构建教学活动，以适应不同学习者的需求。信息技术的引入，使教学策略更加灵活和个性化，进而提升教学效果。

（三）数据驱动的教育评估与反馈机制

数据驱动的教育评估是现代信息技术在教育中进行应用的重要部分。信息技术使得教育评估不再局限于传统的纸笔测试，而是转向基于大数据分析的动态评估模式。通过学习管理系统（LMS）和教育数据挖掘（EDM），教师可以实时获取学生的学习数据，如参与度、作业完成情况和在线活动轨迹。这些数据不仅能够帮助教师及时了解学生的学习状态，还可以支持个性化教学和精准干预。数据驱动的评估机制允许教师根据实时反馈调整教学策略，提供针对性的辅导，进而提升学生的学习效果。此外，这种机制还促进了教育决策的科学化，通过对数据的分析，可以识别教学中的问题并进行系统性的改进。

第三节 新媒体视角下的教育创新

一、新媒体视角下教育创新的条件

在新媒体时代[①]，教育创新不仅仅是技术应用的延伸，更是教育理念和实践的深刻变革。新媒体作为一种颠覆性技术，其对教育领域的影响深远且广泛。要实现有效的教育创新，必须满足一定的条件，这些条件涉及技术基础、师资素质、制度保障以及文化氛围等方面。

第一，技术基础的完善。新媒体视角下的教育创新要求技术基础的全面完善。这不仅包括硬件设施，如计算机、平板等，还涵盖软件支持系统，如教育管理系统、学习平台及互动应用等。技术基础的完善是教育创新的前提条件。它确保了新媒体技术能够顺利融入教学过程，为教师和学生提供稳定的技术支持。无论是课堂教学还是课外辅导，技术基础的可靠性直接影响新媒体教育工具的使用

---

① 新媒体时代是一个以数字技术为基础，强调互动性、即时性和个性化的信息传播环境。在这个时代，传统媒体的模式正在被打破，新兴媒体平台和技术正在塑造新的信息传播和消费方式。

效果。例如，智能教室的建设，配备先进的多媒体教学设备和高效的网络支持，使得信息的传递更加迅捷和准确，进而提高教学质量和效率。

第二，师资队伍的专业素养。师资队伍的专业素养是新媒体教育创新的核心条件。教师不仅需要掌握新媒体技术的基本操作技能，还应具备将这些技术有效整合到教学活动中的能力。教师的技术素养和教学能力的提升是实现新媒体教育创新的关键因素。这要求教师不仅要接受相关的培训，还要不断更新知识，保持对新技术、新方法的敏感性和适应性。此外，教师需要具备一定的创新思维能力，能够设计出符合教育目标的新媒体应用场景，并能灵活调整教学策略，以适应不断变化的教育需求。

第三，制度保障的健全。新媒体教育创新需要一个健全的制度保障体系。这包括政策支持、资金投入、管理机制等方面。相关教育部门应制定相应的政策，鼓励和支持新媒体技术在教育中的应用。同时，财政投入应向新媒体教育领域倾斜，确保学校和教育机构能够获得必要的技术资源和资金支持。此外，管理机制的健全也是至关重要的，需要明确新媒体教育的实施标准和评估指标，建立起有效的监督和反馈机制，以保证新媒体教育创新的实施过程能够高效、有序地进行。

第四，文化氛围的营造。教育创新不仅依赖于技术和制度，更需要一个积极的文化氛围。新媒体教育创新要求教育工作者、学生及家长等各方能够形成一种积极接受、乐于探索的文化氛围。这种文化氛围有助于推动新媒体技术的广泛应用，促进教学模式的不断优化。在这种氛围中，教师和学生能够主动尝试新的教育工具和方法，家长则能够积极支持和参与子女的新媒体学习活动。此外，教育机构和社会应加强对新媒体教育成功案例的宣传，提升全社会对新媒体教育价值的认同，从而形成一个良好的创新环境。

二、新媒体视角下教育创新的策略

在新媒体环境下，教育创新不仅要具备上述条件，还需要采取具体的策略，以有效地实现教学目标，这些策略包括课程设计的创新、教学方法的改革、评价体系的完善以及跨学科的合作等方面。

第一，课程设计的创新。新媒体视角下的课程设计需要突破传统教学模式的限制，融入更多互动性和参与性元素。课程设计应充分考虑新媒体技术的特点，设计出能够利用其优势的教学活动。例如，利用虚拟现实技术进行沉浸式学习，利用增强现实技术进行互动式学习，都是设计创新课程的有效手段。这种课程设计不仅能够提高学生的学习兴趣，还能增强他们的实践能力和综合素质。此外，课程设计还应关注个性化学习，运用大数据分析学生的学习行为和需求，提供量身定制的学习内容和资源。

第二，教学方法的改革。新媒体环境下的教学方法改革应以促进学生自主学习和合作学习为核心。传统的教师主导型教学模式逐渐被以学生为中心的教学方法取代。在新媒体的支持下，教师可以设计出更多的自主学习任务，例如，线上学习模块、互动讨论平台等，鼓励学生自主探索知识，培养他们的学习主动性。同时，合作学习也在新媒体环境中得到了更好的支持。教师可以利用在线协作工具、社交平台等促进学生之间的交流与合作，增强他们的团队合作能力和沟通能力。

第三，评价体系的完善。新媒体环境下的评价体系需要更加全面和多元化。传统的评价体系主要依赖于考试成绩，而新媒体教育环境下的评价应涵盖学生的全过程，包括他们在学习过程中的参与情况、合作表现以及创新能力等方面。为了实现这一目标，评价体系可以引入多种评价方式，例如，形成性评价、动态评价和同行评价等。此外，评价工具也应多样化，除传统的纸笔测试，还可以利用在线测验、电子档案袋等方式，对学生的学习过程和成果进行全面评估。这种多元化的评价体系能够更全面地反映学生的真实学习情况，为教师提供更加科学的教学反馈。

第四，跨学科的合作。新媒体环境下的教育创新需要跨学科的合作。教育创新往往涉及多个学科的知识和技能，单一学科的教学难以满足综合性的教育需求。通过跨学科的合作，能够将不同学科的知识和方法进行整合，创造出更加丰富和多样化的教学内容。例如，将信息技术与艺术教育结合，通过创意设计和编程等方式，培养学生的综合素质和创新能力。跨学科的合作不仅能够丰富教学内容，还能够提升学生的综合应用能力，培养他们的批判性思维和解决问题的能力。

第四节　数字化时代下的教育创新

当前，"高校教育新形态是以数字技术为基础的智慧教育，其重心在于以数字技术赋能高校教育教学，使教育教学提质增效，助力教育强国建设。"[1]数字化时代下的教育创新主要包括以下方面的内容。

第一，建立健全数字化平台，吸纳优质教学资源。在教育数字化时代，高校教育新形态的建设需要建立健全的数字化平台，以吸纳优质教学资源。具体而言，高校应加强校内数字网络平台的建设，营造良好的数字化教育环境，加速教育资源的数字化改造。应完善校内数字化服务平台，为广大师生提供多类型、体系化、高质量的数字教育资源，丰富数字教育服务供给，拓展教育资源的内容。这些数字化教育资源不仅应涵盖各专业的优质教学内容，还应包含职场技能和职业介绍等，为学生未来的就业和职业选择提供支持。基于此，应充分利用数字技术带来的教育红利，深入实施教育数字化，充分发挥高校的资源优势，汇集数字化优质资源，构建高校数字教育资源中心，发挥各部门的联动能力，推动教育资源服务中心的建设。此外，应树立数字思维，深刻认识教育数字化的核心，通过大数据、人工智能等现代科技，促进教育公平，消除教育跨地域发展不平衡的问题。

第二，构建高校数字素养发展新机制，提升教师数字素养。在教育数字化时代，高校教育新形态的建设与发展需要构建数字素养发展新机制，提升师生的数字素养。数字素养发展新机制应针对校内师生的数字素养提升，解决教师数字素养不足问题。构建这一机制需进行全过程、全阶段的改革，包括创新数字化教学空间、教学评价和教学过程，以高质量的教育内容和模式支撑数字教育的发展。具体而言，高校可以创新数字化评价工具，实施无感式、伴随式数据采集，实现各学段全过程纵向评价和德、智、体、美、劳全要素横向评价；构建师生数字素养标准体系与测评模型，全面提升数字素养与技能，促进师生发展。此外，高校需具备数字意识和数字思维，营造良好的校园数字环境，普及教育数字化转型的重要意义，使师生明晰数字技术对教育教学的影响。为了提升教师的数字素养，高校可以利用数字技术进行教师素养评价，建立数字素养发展档案，并依托人工智能技术，开展专项培训，全面提升教师的数字素养，推动智慧教育和教育数字化进程。

第三，完善数字基础设施建设，发挥数字技术优势。在教育数字化时代，高校教育新形态的建设需要完善数字基础设施，发挥数字技术的优势。这包括完

---

[1] 陈路舟.教育数字化时代高校教育新形态的建设与发展对策[J].延边大学学报（社会科学版），2024，57（1）：136.

善高校的数字基础设施建设，加强网络覆盖，引入5G技术、大数据、人工智能等，同时推进教育新型基础设施建设，加强校内外的信息联动，避免数字孤岛或信息孤岛的出现。完善的数字基础设施能够改善数字化教学条件，发挥数字技术的优势，促进教育均衡发展。在此基础上，高校应加快构建灵活开放的教育体系，协同多方共同建设数字化教育基地，实现优质资源的多方共享，成立数字教育体系或数字教育示范区。利用数字技术创设新的教育应用场景，以学生的发展和需求为中心，充分发挥数字技术的优势，推动教育创新。

思考与练习

1.互联网视域下需要进行教育思维创新，其主要包括哪两个方面？

2.何为现代信息技术，主要包括哪些内容？

3.新媒体时代，教育创新是技术应用的延伸，也是教育理念和实践的深刻变革，实现有效的教育创新需要满足哪些条件？

结束语

　　本书从教育的基础理论出发，深入探讨了教育的核心体系、具体模式的构建、多元实践、管理实践以及创新实践等多方面，旨在为读者提供一个全面、系统、具有前瞻性的教育理论与实践指导。通过本书的学习，希望能够激发读者对教育领域的深入思考，引导他们积极探索和实践新的教育理念和方法。此外，随着社会的不断发展和技术的不断进步，教育的形态、内容和方法都将继续发生深刻的变化。期待读者能够在本书的基础上，不断拓宽自己的视野，深化对教育理论与实践的认识，从而为推动教育的改革和发展贡献自己的力量。

参考文献

一、著作类

[1] 沛西·能.教育原理[M].王承绪，等译.北京：人民教育出版社，1992.

[2] 陈坤华，彭拥军，陈杰.现代教育学[M].湘潭：湘潭大学出版社，2012.

[3] 代静.高等教育管理与教学研究[M].西安：西安交通大学出版社，2017.

[4] 丁兵.当代高校教育管理研究[M].西安：西北工业大学出版社，2018.

[5] 董玲.高校美育课程建设与艺术审美研究[M].北京：国家行政学院出版社，2018.

[6] 郭亦鹏.高校教学管理信息化建设[M].长春：吉林大学出版社，2016.

[7] 郭志辉.大学生创新创业教育研究[M].成都：电子科技大学出版社，2016.

[8] 侯瑞刚.新时代高校学生管理工作创新研究[M].北京：中国水利水电出版社，2019.

[9] 扈中平.现代教育学[M].北京：高等教育出版社，2011.

[10] 贾玉霞，姬建锋.教育学[M].西安：陕西人民出版社，2017.

[11] 焦连志.大学生创新创业教育研究[M].长春：吉林人民出版社，2019.

[12] 吕村，谭笑风.高校教育管理与教学研究[M].长春：吉林文史出版社，2020.

[13] 孙连京.高校教学管理理论与实践[M].南昌：江西高校出版社，2019.

[14] 王宝堂.当代高等教育管理与实践路径研究[M].青岛：中国海洋大学出版社，2018.

[15] 王金祥.高校学生管理工作研究[M].沈阳：辽宁大学出版社，2012.

[16] 王作亮，张典兵.教育学原理[M].徐州：中国矿业大学出版社，2015.

[17] 钟玉海.高等教育学[M].合肥：合肥工业大学出版社，2009.

[18] 周海涛，李虔，年智英，等.大学教师发展：理论与实践[M].北京：教育科学出版社，2015.

二、期刊类

[1] 陈亮.高校美育课程建设的系统审思及优化策略[J].黑龙江科学，2022，13（13）：139.

[2] 陈路舟.教育数字化时代高校教育新形态的建设与发展对策[J].延边大学学报（社会科学版），2024，57（1）：136.

[3] 韩亚梅.高校学生管理的新路径研究[J].山西青年，2022（6）：153.

[4] 郝志军.学科课程渗透劳动教育：理据与路径[J].中国教育学刊，2021（5）：75.

[5] 黄巨臣.高等教育学学科建设再思考：本质、理论与方法[J].江苏高教，2020（12）：26—29.

[6] 江海潮，向国成.现代人本教育模式实践的人本要求研究[J].当代教育理论与实践，2011，3（4）：45.

[7] 李枭鹰，陈武元.高等教育学逻辑起点研究的"四个反思"[J].江苏高教，2021（12）：16—23.

[8] 宁睿.高校学生管理的强化路径与价值讨论[J].现代营销（创富信息版），2018（10）：162.

[9] 冉祥华.中国现代美育理论的确立及实践生成[J].商丘师范学院学报，2014，30（1）：88.

[10] 任青路，金惠妍.校企合作背景下高校人才培养模式的研究与构建[J].才智，2024（13）：152.

[11] 王建华.高等教育学的知识重建[J].厦门大学学报（哲学社会科学版），2020（5）：39—47.

[12] 王晶晶."双主体"：高校师生关系的重构[J].江苏高教，2017（8）：64.

[13] 肖楠.教育理论视野下高校教学管理机制的完善策略[J].中国成人教育，2014（19）：32—33.

[14] 薛文涛.高等教育学学科：多重意蕴、发展困境及突破[J].现代教育管理，2019（12）：16—22.

[15] 于海.互联网背景下智慧体育教学环境设计策略[J].武汉冶金管理干部学院学报，2021，31（2）：81.

[16] 张栋.高校课程管理：内容·主体·路径[J].四川文理学院学报，2022，32（5）：158.

[17] 朱玥霖.创新人才培养视域下高校教育管理开展路径研究[J].科教导刊，2022（24）：23.